S.F.

V.

Herbert Heckmann

# *Die Trauer meines Großvaters*

Bilder einer Kindheit

S. Fischer

2. Auflage: 6.–7. Tausend

Satz: Fotosatz Reinhard Amann, Aichstetten
Druck und Bindung: Clausen & Bosse, Leck
Printed in Germany 1994
ISBN 3-10-030203-6

Wir wollen vom Weinen doch lieber zum Lachen
als zum Gähnen übergehen.
*Gotthold Ephraim Lessing*

## *Die Trauer meines Großvaters*

Soll ich mit meinem Großvater beginnen oder mit seiner Trauer? Da die Trauer in vielerlei Gestalt schon vor meinem Großvater die Menschen bedrückte, müßte ich zuerst von ihr reden. Aber kann man von ihr reden, ohne der Menschen zu gedenken, die unter ihr litten? Natürlich tun das viele, und sie erheben die Trauer ganz in das Reich des Allgemeinen, wo alle Katzen grau sind und der Hund des Saturn schwarz. Allgemeine Worte sind leicht zu fangen – wie die Fliegen im Herbst. Aber welche Einsicht hat man dabei gewonnen? Daß die Trauer sehr traurig ist? Und die Fliegen im Herbst sehr müde?

Also beginne ich mit meinem Großvater. Was geht mich Ihr Großvater an? werden Sie fragen, ein Mann, den Sie gar nicht gekannt haben? Nichts! muß ich antworten, aber warten Sie ab. Vielleicht glimmt doch ein bißchen Interesse in Ihnen für meinen Großvater auf, der sich, Sie sollen das wissen, sein Leben lang nicht um das scherte, was andere Leute über ihn sagten.

Ich lernte meinen Großvater kennen, als mein Bewußtsein sich der Welt öffnete, das heißt, als ich den ersten Schritt machte und auf die Nase fiel.

»Das nenne ich einen guten Anfang«, soll er ausgerufen haben, und ich soll nach Ohrenzeugenberichten jämmerlich geplärrt haben, aber das bezog sich keineswegs auf die Anwesenheit meines Großvaters, sondern auf meine blutige Nase. Wer nicht gefallen ist, kann nicht aufstehen.

Mein Großvater war ein Mann von fast einsneunzig ohne Hut und mit einem Schnauzbart, der sich wie ein finsteres Tor über seinen Mund spannte. Wenn er redete, tanzte der Schnauzbart, aber mein Großvater redete nicht viel. Er zog es vor zuzuhören – und er tat dies mit einer derartigen Angespanntheit, daß dem Redenden das Wort auf der Zunge verdorrte. So hatten viele Leute Respekt vor ihm, ohne zu wissen warum. Wenn er ging, hatte man fast den Eindruck, ein Gebäude würde sich fortbewegen. Sein Schritt beherrschte das Trottoir. Er hatte Schuhgröße 46. Das waren keine Schuhe mehr, sondern Boote, und mein Großvater wirkte in ihnen wie ein Kapitän auf hoher See. Er ging sehr zielstrebig, selbst auf Spaziergängen, bei denen es um kein Ziel ging. 230 Pfund wog er, und so etwas mußte bewegt werden. Er schaute stets geradeaus. Wenn er seinen Hut zog, glich das einem Staatsakt.

Mein Großvater fuhr jedoch auch ein Fahrrad, das er liebevoll Hirsch nannte. Die Art und Weise, wie er es bestieg, war sehenswert; daß es überhaupt gelang, ein Wunder. Mit einem Schwung des rechten Beines führte er einen hohen Bogen über den Sattel aus und stieß sich mit dem linken Fuß vom Boden ab. Das Fahrrad zitterte, mein Großvater zitterte und beruhigte sich erst nach einigen Metern kurviger Fahrt. Herr Dapper, ein pensionierter Nachbar, der seine freie Zeit mit der Betrachtung der Nachbarschaft verbrachte, rief ihm einmal nach, er sitze auf dem Fahrrad wie ein Affe auf dem Schleifstein. Daraufhin hielt mein Großvater umständlich an, stieg ebenso umständlich ab und forderte den Kritiker seiner Fahrweise auf, sich doch einmal selbst in den Sattel zu schwingen. Herr Dapper schaute sich das Fahrrad sehr genau an und schüttelte den Kopf. Der Sattel sei ihm viel zu hoch, meinte er.

Mein Großvater lachte höhnisch und sagte mit einem ironischen Seitenblick auf Herrn Dapper: »Feiglinge leben von Ausreden.«

Mein Großvater war kein Feigling. Schon allein die Tatsache, daß er überhaupt im hochgestellten Sattel seines Fahrrads fest sitzen blieb, ohne eine Miene zu verziehen, dürfte ein nicht geringes Argument für seine Furchtlosigkeit sein. Er selbst hatte nie von seiner Tapferkeit und seinen Heldentaten geredet, wie das viele taten, die im Ersten Weltkrieg gewesen waren. So erzählte uns Herr Dapper, der Wiederholungen liebte, wie er bei Sedan einmal ganz allein und ebenso furchtlos ein französisches Maschinengewehr erobert habe.

»Gott sei Dank hat es in Wirklichkeit gar nicht so viele Kriege gegeben, wie der Dapper behauptet, in ihnen eine Heldentat vollbracht zu haben.«

»Was hast du denn im Krieg gemacht?« fragte ich.

Mein Großvater zupfte versonnen an seinen Schnauzbartspitzen und schaute an die Decke, wo er immer hinschaute, wenn ihm etwas nicht paßte.

»Nichts!« gab er zur Antwort.

»Nichts?«

»Nichts für den Krieg.« Mehr sagte er nicht. Seine Augen schlossen sich über eine Erinnerung, und seine Finger trommelten ungeduldig auf die Tischplatte. Das war, wie ich schon oft festzustellen Gelegenheit hatte, ein Zeichen, daß er allein sein wollte. Leicht vornübergebeugt saß er da, als ich das Zimmer verließ.

»Was hat er nur?« fragte ich meine Mutter.

»Er kann nicht vergessen, daß er im Krieg seine Frau verloren hat, deine Großmutter, meine Mutter. Sie haben ihn von der Front nach Hause geschickt, und als er ankam, war sie schon beerdigt.«

Auf der Fotografie über dem Schreibtisch meines Großvaters trug meine Großmutter einen breiten Sommerhut, der ihr Gesicht halb überschattete. Ihre dunklen Augen glänzten, und sie hatte den linken Arm in die Seite gestemmt. Mit der rechten Hand stützte sie sich auf einen Schirm. Im Hintergrund sah man einen Springbrunnen. Je länger ich auf die Fotografie starrte, um so mehr hatte ich den Eindruck, daß meine Großmutter lächelte. Einmal hatte ich meine Mutter zu meinem Vater sagen hören: »Er sollte wieder heiraten.«

Ich nahm an, daß damit nur mein Großvater gemeint sein konnte. Wenn ich auch damals die Geheimnisse der Erotik noch nicht recht durchschaute, so war mir doch aufgefallen, daß mein Großvater, der auf die Sechzig zuging, dann und wann mit einer Frau bei uns erschien und sich sehr ungewöhnlich aufführte. Es war jedesmal eine andere, muß ich wahrheitsgemäß hinzufügen, allesamt seltsame Wesen, denen er sein Interesse zuwandte, im Gegensatz zu ihm zart und zerbrechlich. Er nannte sie seine Verhältnisse und versuchte sich neben ihnen so klein zu machen, wie er nur konnte. Es gelang ihm jedoch nicht, so daß die Verhältnisse bald wieder entschwebten und den Duft eines Parfüms oder einen weißen Handschuh oder einen Regenschirm hinterließen.

Jedesmal bevor mein Großvater mit einem Verhältnis ausging, rasierte er sich derart stürmisch, daß es ihm nicht gelang, mit dem Alaunstein das Blut zu stillen. Er klebte kleine Papierstückchen auf die Wunden, die ihn sehr lächerlich aussehen ließen. Das Schlimmste waren jedoch seine Anzüge, mit denen er sich seinen Verhältnissen anzupassen versuchte. Gewöhnlich trug er nur unauffällige graue Anzüge, die er noch nicht einmal mit einem Taschentuch in der Brusttasche verzierte. Wenn er jedoch auszugehen gedachte, ging er, wie meine Mutter meinte, entschieden zu weit. So brachte er es einmal fertig, in einem taubenblauen Anzug und mit gelblichen Schuhen einer Dame in einem knallroten Kleid und einem schwarzen Hut den Arm anzubieten. Da sah mein Großvater gar nicht wie mein Großvater aus, sondern wie ein Flaneur. Obendrein zwinkerte er mir noch zu.

»Vater, das steht dir überhaupt nicht!« stellte meine Mutter leicht entsetzt fest.

»Kleider machen Leute«, erwiderte mein Großvater und schwang sein Stöckchen gegen einen unsichtbaren Rivalen.

Einmal ist er nicht nur aus Rasierwunden blutend nach Hause gekommen. Er hatte sich mit einigen SA-Leuten geprügelt, die sein Verhältnis angepöbelt hatten, weil es stark geschminkt war. Mein Großvater war ein Kavalier der alten Schule, ja man kann schon sagen, der mittelalterlichen Schule, der sogar einen Drachen getötet hätte, um eine bedrängte oder beleidigte Frau zu retten. Im Grunde seines Herzens war er jedoch ein friedfertiger Mensch, der sich alle Mühe gab, nicht wie ein friedfertiger Mensch zu wirken. Dreizehn Jahre hatte er eine Uniform getragen. Er war bei den Hanauer Ulanen gewesen, was zur Folge hatte, daß er zu jedem Pferd, das er erblickte, eine persönliche Beziehung herzustellen versuchte. Den Reitern und Kutschern gefiel das gar nicht, und es kam schon einmal vor, daß sie ihm eifersüchtig mit der Peitsche drohten.

Fünf Jahre vor dem Ersten Weltkrieg hatte mein Großvater Abschied vom Militärdienst genommen, um nach Kamerun zu gehen. Er kam jedoch schon nach einem Jahr wieder zurück und schenkte einem Mädchen mit tizianrotem Haar einen breiten Sommerhut, das in diesem Hut seine Frau wurde.

»Er ist nur nach Afrika gegangen, um von dort seiner Braut einen Hut zu holen«, sagten die Hanauer.

War das nicht Grund genug?

Im ersten Kriegsjahr starb meine Großmutter. Viel, viel später hat dann meine Mutter den Hut als junge Frau getragen und mit ihm die Aufmerksamkeit eines jungen Mannes auf sich gelenkt, der mein Vater wurde. Als ich zur Karnevalszeit mit eben diesem Hut, als Pancho Villa verkleidet, auf die Straße wollte, um gegen Indianer, Cowboys, Seeräuber und dergleichen mit Zündblättchen zu kämpfen, erwischte mich mein Großvater an der Haustür und beschlagnahmte meine Kopfbedeckung. Ohne Hut fühlte ich mich als Pancho Villa unvollständig und ließ mich von meiner Mutter zum Indianer einröten. Der Hut landete in unserer Mansarde, wo er auf einem Stoß Noten seinen endgültigen Platz fand. Er verdeckte Clementis Sonaten und bewahrte sie vor dem Staub.

Mein Großvater wohnte in der Wohnung über uns, und wenn ich nicht schlafen konnte, hörte ich seine Schritte noch bis spät in die Nacht. Jeden Abend aß er mit uns und kommentierte mit lauter Stimme die Ereignisse der Welt. Als Deutschland in die Tschechoslowakei einmarschierte, sagte er über einen dampfenden Kartoffelkloß hinweg, der auf seiner Gabel steckte: »Daran werden wir uns den Mund verbrennen.«

Ich besuchte ihn sehr oft in seiner Wohnung. Über dem Sofa im Wohnzimmer hing Böcklins Toteninsel, die meine ganze Kindheit verdüsterte, nicht zuletzt deswegen, weil ich allen Ernstes glaubte, daß jeder, der je einen Fuß auf diese Insel setzt, unweigerlich sterben müsse. Auf der anderen Seite des Wohnzimmers wuchs ein Bücherschrank fast bis zur Decke. Mein

Großvater las, um besser einschlafen zu können. Meist gelang es ihm gerade noch, den Zeigefinger zwischen die Seiten zu schieben, an denen er gescheitert war, so daß das Buch wie ein riesiger Fausthandschuh wirkte. Eine ruhige Heiterkeit beherrschte dann das Gesicht meines Großvaters, die er durch bizarre Schnarchgeräusche vertiefte. Ich kann mich erinnern, daß er mit Hilfe der *Hosen des Herrn von Bredow* eines gewissen Willibald Alexis einen ganzen Sommer lang Sonntag nachmittags den Schlaf fand.

Mein Großvater war ein Genie der Pünktlichkeit. In jedem Zimmer seiner Wohnung tickte eine Uhr, selbst in der Toilette hing eine Wanduhr, die jedoch genau sieben vor zwölf stehengeblieben war. Ich war fest überzeugt, daß sie eingeschlafen war, und versuchte, sie durch Hypnose wieder zum Weitertikken zu bringen. Sie tat mir jedoch den Gefallen nicht und zeigte in störrischer Hartnäckigkeit sieben vor zwölf an, ob es nun morgens, mittags oder abends war.

Auch bei anderen Gelegenheiten versagte mein hypnotischer Blick, vor allem dann, wenn ich die Glaubwürdigkeit von Ausreden mit ihm zu verstärken suchte.

»Du übertreibst«, sagte mein Großvater, der ein geradezu selbstmörderisches Verhältnis zur Wahrheit hatte. Das zeigte sich besonders in der Zeit, als jeder in Deutschland einen rein arischen Stammbaum vorweisen mußte.

»Hat man denn schon einmal so etwas gehört! Wenn Adam und Eva unsere Stammeltern sind, müssen wir doch alle miteinander verwandt sein«, folgerte mein Großvater und wedelte zornig mit den Formularen. Nach eine Weile fügte er nachdenklich hinzu: »Ob das immer etwas Gutes bedeutet, wage ich zu bezweifeln.«

Für einige Wochen galt dem Stammbaum, an dem seine Familie sich in die Vergangenheit verästelte, sein Hauptinteresse, und er führte mit einer Reihe von Bürgermeister- und Standesämtern den regsten Briefverkehr. So sehr ich ihn auch bedrängte, er behielt die Ergebnisse seiner Nachforschungen für sich. Der Stammbaum wuchs, und je mehr er wuchs, um so unruhiger wurde mein Großvater. Er saß bis spät bei meinen Eltern, und seine Stimme drang bis in mein Schlafzimmerchen, aber was er sagte, konnte ich nicht verstehen.

Einmal hörte ich meinen Vater laut schreien: »Das darfst du auf keinen Fall angeben.«

»Und ob!«

In meinen Träumen fiel ich von zahllosen Stammbäumen. Tagsüber konnte ich vor Neugier nicht stillsitzen. Vor Verzweiflung las ich *Die Hosen des Herrn von Bredow*, mußte jedoch schon nach ein paar Seiten feststellen, daß mir meine eigenen Hosen näher waren.

Meine Freunde und Feinde hatten Stammbäume, die bis in die graue Vorzeit reichten. Einer erklärte gar voller Stolz, sein Vater habe eine direkte Linie zu Karl dem Großen verfolgen können. Unser Stammbaum versandete buchstäblich. Schon nach einigen Generationen sei er im Chaos der Geschichte verschwunden, erklärte mein Großvater, und ich war gezwungen, die Lücken in der Vergangenheit meiner Familie mit meiner eigenen Phantasie aufzufüllen.

Warum unser Stammbaum so ein Kümmerling war, sollte ich erst viel später erfahren, als sich keiner mehr um einen reinen, aufrecht deutschen Stammbaum kümmern mußte und man auf eine andere nicht minder hektische Art und Weise die Vergangenheit durchforstete, diesmal jedoch die eigene.

Meine 1914 verstorbene Großmutter, die mir auf der Fotografie so ermunternd zulächelte, war Jüdin. Als zweijähriges

Kind wurde sie von einer Hanauer Familie adoptiert, die hugenottischer Herkunft war. Juden galten in meiner Kindheit als Schädlinge, und Herr Dapper behauptete mit ernstem Gesicht: »Die Juden arbeiten am Untergang Deutschlands.«

Mein Großvater verbot mir daraufhin, mein Ohr weiterhin Herrn Dappers Reden zu leihen, die dieser unaufgefordert hielt, wann sich ihm die Gelegenheit dazu bot. Sie bot sich ihm häufig, und mein Großvater war der Meinung, daß Herr Dapper sich noch im Schlaf um den Verstand rede.

In der Schule lernten wir, daß der nordische Mensch allen andern Rassen überlegen sei. Das nahmen die meisten meiner Klassenkameraden zum Anlaß, sich als nordische Menschen zu fühlen. Meine einzige nordische Tat war, daß ich bei der Lektüre von Felix Dahns *Kampf um Rom* wie ein Schloßhund heulte. Ich will dies jedoch keineswegs als eine Heldentat hinstellen. Tränen seien unmännlich, erklärte Herr Kroll, der uns in das deutsche Wesen einzuführen versuchte. Er sagte zu Beginn jeder Unterrichtsstunde so laut »Heil Hitler«, daß mein Freund Atzel meinte, davon könne einem das Trommelfell platzen.

Von meiner Großmutter wußte ich recht wenig. Sie sei zwanzig Jahre alt gewesen, als die Fotografie von ihr aufgenommen wurde, erzählte meine Mutter.

»So jung werde ich auch einmal sein«, erwiderte ich und erschrak, als mich meine Mutter auslachte.

Sie habe gern gelacht, erfuhr ich noch, und habe auf dem Pferd eine gute Figur gemacht. Außerdem sei sie eine Leseratte gewesen. Den Ausdruck »Stammbaum« fand ich in Verbindung mit ihr fehl am Platz. Auch fiel es mir schwer, mich in die Zeit vor dem Ersten Weltkrieg zurückzuversetzen, als die Frauen lange Kleider trugen, die Haare hochgesteckt hatten und mit Vorliebe vor Springbrunnen verweilten.

»Es wird eine Zeit kommen«, prophezeite mein Großvater, »in der sie das Holz ihrer Stammbäume verfeuern müssen, um nicht an ihrer Herzenskälte zu erfrieren.«

Damit war das ebenso leidige wie aufwendige Thema vom Tisch, und mein Großvater veränderte sich von Tag zu Tag. Er verlor an Gewicht, Falten überzogen seinen Hals, und seine militärische Haltung bog sich allmählich ins Zivile. Es kam jetzt schon einmal vor, daß er mit einer abrupten Bewegung seine Uhr aus der Westentasche herausriß, sie aufklappte und sekundenlang betrachtete.

Als der Krieg begann, brachte er mit Reißzwecken eine große Landkarte von Europa über seinem Schreibtisch direkt neben der Fotografie meiner Großmutter an und markierte die Kriegsschauplätze mit Stecknadeln, die sich bald über ganz Europa ausbreiteten, so daß die Landkarte schließlich einem Nadelkissen glich. Von den Zeitungen, die morgens wie schlaffe Zungen aus den Briefkästen hingen, behauptete mein Großvater, daß die Lügen in ihnen die Farbe von Druckerschwärze angenommen hätten, daß die Wahrheit in ihrer schlichten Form nicht weiter auffiele und man über sie hinwegsehe als etwas, was sich von selbst verstehe; indes die Phrase, die große Maskenbildnerin, immer von neuem betrüge.

»Warum so viele Worte machen, wenn man mit ein paar Worten auch nichts sagen kann.«

Meinem Großvater verfaulte die Sprache auf der Zunge.

»Vater, dir muß man aber auch jedes Wort aus der Nase ziehen«, klagte meine Mutter.

Nur wenn der politische Zorn über ihn kam, wurde er beredt und laut. Er spuckte die Worte nur so heraus und vergaß vor lauter Aufregung zu essen. Ich muß gestehen, daß mich diese Ausbrüche ängstigten.

»Der hergelaufene Gefreite aus Österreich wird uns ins Unglück stürzen.«

Ich machte mich auf meinem Stuhl so klein, wie ich konnte. Der Krieg pochte an unsere Fenster; Frauen trugen Schwarz und schoben ihre Kinderwagen langsam durch unsere Straße.

Mein Großvater war Inspektor bei der Reichsbahn und fuhr jeden Morgen mit seinem Fahrrad in den Dienst, wie er sich ausdrückte, um am späten Nachmittag unternehmungslustig zurückzukehren. Es kam durchaus schon einmal vor, daß er auf dem Fahrrad pfiff. Singen habe ich ihn selten gehört. Er war einfach zu ungelenk für die Musik. Seine Stimme klang wie ein Steingeröll.

Wenn er in unsere Wohnung trat, klirrten die Gläser in der Vitrine. Meine Großmutter soll es trotz großer Anstrengungen nicht gelungen sein, aus ihm einen Tänzer zu machen. Er stand fest auf seinen Füßen.

Auf einem Betriebsausflug seines Büros nach Rüdesheim, auf dem ich ihn begleiten durfte, wurde er nach ein paar Gläschen ein anderer Mensch und dirigierte mit dem Taktstock, den ihm der Kapellmeister überlassen hatte, den Radetzkymarsch. Eine Woge der Begeisterung schien seinen Körper vom Scheitel bis zur Sohle zu erfassen, und ich fürchtete, er könne das Gleichgewicht verlieren. Aber er schien sich eher in den Boden zu drehen. Schweiß spritzte aus seinem Gesicht, und seine Jacke flatterte wie eine Fahne. Als er kurz vor dem Ende, als die Zuhörer schon anfingen, grölend Beifall zu klatschen, den Taktstock in die Menge warf und dann mit weiten Schritten den Saal verließ, lief ich hinter ihm her. Auf der Heimfahrt sagte er mit einem weinduftenden Seufzer: »Mach dich nie zum Narren der andern, es reicht, wenn man sein eigener Narr ist.«

Auf der Heimfahrt lärmten die Betrunkenen im Zug. Der Rhein, der im Mondlicht silbern glänzte, kroch wie eine riesige Schlange neben uns her. Als jemand »Es zittern die morschen Knochen« anstimmte, begann mein Großvater mit kratzender Stimme: »Der Mond ist aufgegangen«. Er hielt bis zur letzten Strophe durch und schlief dann ein. Die Gesichter der Mitfahrenden schienen in der schlechten Beleuchtung kreidebleich. Der Zug raste in die Nacht.

Jedesmal, wenn ich mit meinem Großvater zusammen war, hatte ich den Eindruck, als wolle er mit der Welt Streit anfangen. Aber so sehr ich mich auch bemühte, den Grund seiner Verbitterung herauszufinden, er ließ mich im ungewissen zappeln. Wenn ich ihm allzusehr auf die Nerven ging, wehrte er sich mit dem Satz: »Es ist nicht gut, wenn man alles weiß.«

Sagen Sie das einmal einem Jungen von zehn Jahren, der glaubt, daß alles, was er nicht weiß, ein unerträgliches Defizit darstellt.

Zu Beginn des Krieges hatte man sich in unserer Straße sehr viel zu erzählen; Briefe von der Front wurden ausführlich kommentiert, und die Siegesmeldungen, die aus den kleinen, schwarzen Volksempfängern herausbellten, verführten zu draufgängerischen Reden, so daß Kriegsveteranen, die im Ersten Weltkrieg eine Niederlage hatten hinnehmen müssen, am liebsten auf der Stelle zur Front geeilt wären, um diesmal bei den Siegern zu sein. »Du alter Eisengockel!« beschimpfte Frau Scheib ihren Mann. Herr Dapper stand vom Alkohol angefeuert an seinem Zaun und verkündete lauthals, er wolle die Fahne tragen.

Mein Großvater zog es vor, in seinem Garten, den er gepachtet hatte und der nur knapp hundert Meter von seiner Wohnung entfernt lag, wie der gute Pangloss hingebungsvoll Unkraut zu jäten. Dann verschwand er ganz im Grünen, und die Amseln umzeterten ihn. Manchmal ließ er sich aber auch auf der von Stachelbeersträuchern umsäumten Bank nieder, wo er über die beste aller Welten nachdachte, die er nicht ändern konnte. Mein Großvater liebte seinen Garten, und der Garten liebte ihn. So gediehen die Kürbisse so gut unter seiner Fürsorge, daß einem angst werden konnte. Ausgehöhlt, mit gezacktem Mund, riesigen Augen und einer runden Nase versehen und im Innern von einer Kerze erleuchtet, wirkten sie wie Ungeheuer, die Geistergläubigen schrille Angstschreie entlockten. Auch Herr Dapper ließ sich von einem solchen Kürbiskopf erschrecken, den ich auf seinem Briefkastenpfosten plaziert hatte. Als ich meinem Großvater von dieser unrühmlichen Reaktion erzählte, war er entzückt und meinte, wenn es ein französisches Maschinengewehr gewesen wäre, hätte Herr Dapper sicherlich mehr Mut gezeigt. Herr Dapper freilich verkündete entrüstet, er sei von Kommunisten überfallen worden, was mein Großvater mit der Bemerkung quittierte, er habe gar nicht gewußt, daß Kürbisse für die klassenlose Gesellschaft kämpfen.

Natürlich hatte der Garten auch noch andere Vorteile. Er ernährte uns und stopfte die Lücken, die die Lebensmittelkarten nicht ausfüllen konnten. Irgendwo hatte mein Großvater gelesen, daß in den Bohnen all das enthalten sei, was man zum Leben, zum Überleben brauche. Also bepflanzte er jedes freie Eckchen seines Gartens mit Bohnen, und wir lebten von diesen Bohnen: vom Januar bis zum Dezember und wiederum vom Januar bis zum Dezember.

Die Bohne ist ein demiurgisches Nahrungsmittel, das den ganzen Körper engagiert. Erst viel später las ich, daß Pythagoras seinen Schülern den Genuß von Bohnen verboten habe.

Mein Großvater war kein Pythagoräer. Er konnte beim besten Willen keine Harmonie der Sphären aus dem Weltall heraushören. Es war Krieg, und der Lärm triumphierte. Eine Brandbombe fiel in den Garten und verwandelte das saftige Grün in einen eklig schwarzen Brei, den mein Großvater sofort in das Erdreich grub. Er nahm die Herausforderung des Krieges an.

Im März 1944, als schon mehrere Häuser in unserer Siedlung den Bomben zum Opfer gefallen waren und mein Vater mir aus Rußland schrieb, ich solle fleißig sein, packte mein Großvater kurz entschlossen unsere Koffer und schickte uns zu Verwandten aufs Land. Eine Woche später trafen mehrere Bomben das Haus, in dem wir zwölf Jahre zusammengelebt hatten. Mein Großvater konnte ein paar Habseligkeiten retten, Bücher, zwei Uhren, das Silberbesteck und Bettücher, und brachte sie uns in einem rissigen Koffer. Als er in unser Zimmer trat, das man uns in einer Kegelbahn notdürftig eingerichtet hatte, blieb er lange stumm vor uns stehen. Seine Haare und seine Augenbrauen waren versengt, und er roch nach Brand.

Unvermittelt sagte er zu seiner Tochter: »Ich denke oft an deine Mutter. Mein Gott, war das eine schöne Zeit.« Ein Lächeln kroch vorsichtig über sein Gesicht. »Jetzt bin ich ein Pelikan in der Einöde und eine Nachteule in den Ruinen.«

Er gab mir einen leichten Stoß gegen die Schulter. Er sah wie ein riesiger Kegel aus, den die Kugel nicht getroffen hatte, ein trauriger Sieger.

## *Anfänge*

Nicht geboren zu sein, sei das höchste Glück auf Erden. Ich wurde geboren und habe somit mein Glück verscherzt, doch Hand aufs Herz, was hätte ich zu erzählen, wenn ich nicht geboren worden wäre. Man ist da, so daß sich alle Spekulationen über das Gegenteil erübrigen.

Bis zu meiner Zeugung reichen meine Erinnerungen nicht. So weiß ich nicht, ob mein Vater überhaupt an mich als Konsequenz seiner Lust gedacht hat. Meine Mutter wollte mich, wie sie mir später erzählte. Ich tat ihr den Gefallen und kam am 25. September 1930 auf die Welt, just zu der Zeit, als die NSDAP bei der Reichstagswahl 18,3 Prozent der Stimmen gewonnen hatte.

Ort des im wahrsten Sinne des Wortes einmaligen Ereignisses, denn keiner kann zweimal in denselben Fluß steigen, war das Marienkrankenhaus in Frankfurt, in dem ich meinen ersten Schrei ausstieß. Vielleicht hat sich eine fromme Schwester bekreuzigt, vielleicht haben sich Hebamme und Arzt gefragt, ob es denn opportun sei, gerade in diesen Zeiten wirtschaftlicher Not und politischer Hysterie geboren zu werden, aber die Liebe richtet sich nicht nach Börsennachrichten und politischen Leitartikeln. Sie läßt sie eher vergessen. So muß es wenigstens meinem Vater ergangen sein, der damals in einer Bank arbeitete, nachdem er sein ganzes Geld durch die Inflation verloren hatte. Er ist daraufhin Fotoamateur geworden, um wenigstens auf diese Weise in den Besitz der schönen Dinge des Lebens zu kommen. Im Morgenlicht des 25. September machte er die erste Aufnahme von mir. Auf der erhalten gebliebenen Fotografie bin ich in rembrandtschem Dunkel zu sehen, wie ich gähne. Sehr erhebend habe ich wohl nicht ausgesehen, und mein Großvater soll zu seiner Tochter gesagt haben: »Häßliche Babys werden die schönsten Menschen.«

Das muß nicht unbedingt zutreffen, doch hat es damals meine Mutter getröstet, und das war das einzige, worauf es ankam. Mein Vater hielt an der Gewohnheit fest, alle großen und kleinen Ereignisse meines Lebens, aber auch meine Grimassen mit der Kamera aufzunehmen. Er hatte sie fast immer in Reichweite. Überall lauerten die Gelegenheiten, und er wollte nicht das Nachsehen haben. Er schaute beim Fotografieren sehr düster drein, wie er auch beim Geigenspiel ein sehr unglückliches Gesicht machte. Warum, weiß ich nicht, spielte er doch sehr gut Geige, und auf seinen Aufnahmen waren die Personen stets zu erkennen.

Mich, seinen ersten Sohn, fotografierte er sehr oft, und an Hand dieser Fotografien kann ich mir heute ein einigermaßen reiches, wenn auch gestelltes Bild von meiner Kindheit machen, als mich meine Mutter in einem hochrädrigen Kinderwagen durch die Bergerstraße schob, begleitet von Harras, einem Neufundländer, der jeden anknurrte, der mich näher in Augenschein nehmen wollte.

Es muß eine schöne Zeit für mich gewesen sein, in der ich an der Brust meiner Mutter lag, schlief und verdaute. Es war eine Zeit ohne Wörter, ohne Verstehen, und die Angst hatte noch keinen Namen. Das war gut so, denn Frankfurt teilte nicht dieses Glück mit mir. Die Nazis kämpften gegen die Kommunisten, die Stadt gegen die Taubenplage und mein Vater um die Sicherung seines Berufs. Der Kurs der Reichsmark prägte den Alltag, während ich in den Windeln lag und die Dinge zu unterscheiden und zu begreifen lernte.

Der erste große Schmerz, der in mein Bewußtsein drang, war ein Hundebiß. Als ich schon halbwegs laufen konnte, mehr nach den Seiten ausbrechend als zielstrebig, versuchte ich, auf dem ohrenkranken Harras zu reiten. Er schüttelte mich ab und schnappte nach mir. Der faule Atem des Hundes stieg in meine Nase, schwarzes Fell deckte mich zu. Dieser Biß war für mich so etwas wie ein Ritterschlag zum Saturnkind. Ich habe mehr geschrien, als es der Schmerz verdient hätte.

An meine Beschneidung, die in meiner Familie üblich ist, kann ich mich nicht mehr erinnern, dafür empfand ich jedoch seitdem einen unerklärlichen Haß gegenüber Frisören in weißen Mänteln. Kurz vor meinem zweiten Geburtstag zogen wir aus einer Mansardenwohnung mit schrägen Wänden im Haus meiner Großmutter, Obernhainer Straße 6 am Prüfling, in eine ebenso enge Mansardenwohnung in der gerade fertig gewordenen Tornowstraße der Kuhwaldsiedlung. Meine Mutter wollte auf eigenen Füßen stehen. Von der neuen Mansardenwohnung konnte man durch ein kleines Fensterchen den Flugplatz Rebstock sehen, von dem Ballons aufstiegen, die ich für fliegende Augen hielt. Warum, weiß ich nicht. Ich hatte überhaupt sehr seltsame Vorstellungen, die ich ernster nahm als die Wirklichkeit. Mag sein, daß ich aus diesen Gründen Skeptiker wurde. Doch zunächst lernte ich sprechen, und ich muß, wie mir meine Mutter erzählte, ein großer Wortverwandlungskünstler gewesen sein. So sagte ich nicht Sofa, auf dem sich mein Vater von seiner Arbeit ausruhte, sondern Schlong, nicht Löwe, den ich vom Zoo und von Abbildungen in Brehms Tierleben her kannte, sondern Löbel. Auch verwandelte ich das Radio in Radrio, und von mir sprach ich, wenn ich mich auf einer Fotografie entdeckte, vom »Herbertchen, wie es noch klein war«. Es kam aber auch vor, daß ich in einer Phantasiesprache redete, die weder andere noch ich verstanden. Ich hatte die Vorstellung, als Namensgeber nicht an Konventionen gebunden zu sein. Mein Großvater nannte mich einen Anarchisten, was ich für ein unanständiges Wort hielt. So kann man sich irren.

Ich war ein sehr unruhiges Kind und stellte die Geduld meiner Mutter auf eine harte Probe. Nur mit Mühe konnte sie mich auf Spaziergängen an der Hand halten. Oft entriß ich mich der mütterlichen Obhut und stürmte davon, wobei ich fast immer auf die Nase oder auf einen anderen Körperteil fiel, so daß ich stets mit frischen wie mit halbgeheilten Wunden übersät war. Mein Vater war der Meinung, daß ich eine ausgesprochene Begabung für Stürze hatte. Den Heilungsprozeß meiner Wunden verlängerte ich noch, indem ich sie immer wieder aufkratzte. Damals wußte ich noch nichts von Dädalus, und da ich schon bei den Griechen bin, auch nichts von Ödipus. Dafür kannte ich den heiligen Rochus, dem ich sogar, wenn auch nur äußerlich, ähnelte, und Harras leckte meine Wunden, wenn wir sonntags meine Großmutter in Bornheim besuchten.

Der Schmerz sei der Beginn des Bewußtseins, sagten die alten Philosophen. Wie soll ich also heute beklagen, was mir damals das Bewußtsein schärfte!

Mein Vater wie meine Mutter trugen außerhalb der Wohnung stets einen Hut. Mein Vater, der zwei Zentimeter kleiner war als meine Mutter, was ihn zu einem sehr aufrechten Gang antrieb, sah damit sehr ernst aus, wie er überhaupt nur schwer zu einer gewissen Heiterkeit fand. Wenn er einmal lachte, wurde er ein anderer Mensch. Dann packte es ihn wie ein Sturm, und er war hinterher ganz erschöpft. Er zog gewöhnlich den Spaß in spöttischen Dosen vor. Er besaß zwei Hüte, einen für den Alltag, mit dem er sich kaum von den anderen männlichen, die Straßen füllenden Hutträgern unterschied, und einen für Sonn- und Feiertage, der etwas kecker war und meinen Vater aus der Anonymität heraushob. Einmal hat er mir diesen Hut in einer übermütigen Laune über den Kopf gezogen und gefragt, was ich denn jetzt sehe. »Den Kohlenkeller«, soll ich geantwortet haben.

Meine Mutter besaß ein Dutzend Hüte, die sie nach Laune und nach den Wetterbedingungen benutzte. Sie klopfte immer mit dem Fingerknöchel gegen den Barometer im Wohnzimmer, wenn sie das Haus verließ. Sie besaß einen sicheren Geschmack für ihre Kleidung und für ihre Hüte und achtete darauf, daß auch ich proper angezogen war, wenn ich mich der Öffentlichkeit stellen mußte, wie bei Spaziergängen oder beim Besuch meiner Großmutter in Bornheim. Das verlangte jedoch einen braven wie phlegmatischen, zumindest fast bewegungslosen Auftritt, zu dem ich mich jedoch beim besten Willen nicht bequemen konnte. Das hatte zur Folge, daß meine Kleidung unter den Bekundungen meiner Lebensfreude und Ausgelassenheit zu leiden hatte. Aber da alles Irdische vergänglich ist, machte meine Mutter kein allzu großes Theater, wenn meine Kleidung unter mir selbst zu leiden hatte. Wegen eines Winkelrisses fand sie die Weltordnung nicht gefährdet. Sie las mir tüchtig die Leviten, um nachher über sich selbst zu lachen. Genauso schnell, wie sie in Rage geriet, beruhigte sie sich wieder. Zur Versöhnung backte sie jedesmal einen Streuselkuchen. Ich kann nicht verschweigen, daß sie sehr viele Streuselkuchen backte.

Sie nähte mir meine Hosen und Jacken selbst. Diese fielen immer etwas zu groß aus, so daß ich hineinwachsen konnte. Auf diese Weise waren meine Hosen am Anfang zu lang, und mein Jäckchen hing recht locker um meine Schultern. Das änderte sich jedoch, und nach dem üblichen Wachstum waren schließlich meine Knie hosenfrei. Wenn die Hosen dann sichtbar zu kurz und meine Jacke zu eng waren, erbte beides mein jüngerer Bruder, der jedoch breiter gebaut war als ich, so daß er dieses Erbe nicht immer antreten mußte. Er war dreieinhalb Jahre nach mir auf die Welt gekommen und neigte zu einer unerschütterlichen Beschaulichkeit, während ich nach der Meinung meines Großvaters Hummeln im Hintern hatte und nachdrücklich bewies, daß der Mensch es unmöglich allein in einem leeren Zimmer aushalten könne. Mein Bruder brachte diese Geduld auf.

Mein Vater lebte ebenfalls sehr eingekehrt. Das einzige, was ihn begeisterte, waren seine Familie und seine Kamera. Beides verstand er sehr gut miteinander zu verbinden. Wann immer sich ihm die Gelegenheit dazu bot, knipste er seine Familie: beim Spaziergang, beim Blumenpflücken, vor dem Römerberg, im Schwimmbad, im Garten meiner Großmutter und im Zoo. Seine Lieblingsmotive waren: dicke Hummeln, die auf Blüten saßen, mein Bruder beim Betrachten der Hummeln, meine Mutter beim Betrachten meines Bruders und ich beim Betrachten meiner Mutter. Wenn er uns in diesen meditativen Arrangements fotografierte, die er sehr genau vorbereitete, mußten wir so tun, als würden wir gar nicht fotografiert. Gelungen ist uns das nie, so daß mein Vater schließlich dazu überging, uns vor-, neben-, unter- und übereinander, soweit das möglich war, zu postieren und erst dann auf den Auslöser zu drücken, wenn wir einen gewissen Anflug von Natürlichkeit zeigten. Fast jeder halbwegs historische oder malerische Fleck in Frankfurt und Umgebung wurde durch unsere Anwesenheit fotografisch aufgewertet. Schnell kamen wir auf diesen Spaziergängen nicht voran; überall fand mein Vater erhabene und erhebende Kulissen für seine Familie. Er trat dann jedesmal einige Schritte zurück, um Distanz zu gewinnen, schaute sich um, dirigierte uns in die richtige Position, studierte den Belichtungsmesser, drehte am Objektiv, winkte uns zu, und mit einem Klick huschten wir in den Kasten. In der freien Natur war es nicht anders. Mein Vater ging in die Hocke, reckte sich, erstieg Bäume, kniete sich hin, legte sich bäuchlings ins grüne Gras und knipste, während er meinem Bruder und mir die Geschichte von dem Vögelchen erzählte, das jeden Augenblick aus der Linse herausfliegen würde. Gesehen haben wir es nicht, aber immer wieder hefteten wir die vor Aufregung halb zugekniffenen Augen auf die Kamera und warteten. Nun ist die Geduld in jungen Jahren eine seltene Tugend. Ich besaß sie nicht und litt vor der Kamera meines Vaters unter furchtbaren Juckreizen und Bewegungszwängen, auch quälte mich dabei die Nase, so daß ich ihr mit dem rechten Zeigefinger zur Hilfe kam. Resultat war, daß ich in höchst seltsamen Verzerrungen und Verrenkungen dann auf den Fotografien zu sehen war. Meine Grimassen hatten nachgerade eine furchteinflößende Wirkung und versetzten mich vor mir selbst in Schrecken. Aber mein Vater gab nicht auf und versuchte alles, um aus mir ein lammfrommes, erbauliches Kunstobjekt zu machen. Er ließ mich bis hundert zählen und Gedichte aufsagen, auf daß ich mich besser auf das Vögelchen konzentrieren könnte, das da irgendwann aus der Linse hervorschießen würde.

Als mein Vater uns wieder einmal vor und in einem Brombeerstrauch aufgestellt hatte, wo wir so tun mußten, als ob wir

Brombeeren pflückten – in Wirklichkeit hatten das schon andere getan –, entdeckte ich einen Mann und eine Frau in seltsamer Verschlingung auf dem Boden liegen, die so miteinander beschäftigt waren, daß sie uns erst im letzten Augenblick bemerkten. Sie sprangen entsetzt auf, rafften ihre Kleider an sich, der sie sich teilweise entledigt hatten, und rannten davon, nicht ohne vorher meinem Vater einige recht unfreundliche Worte gesagt zu haben.

Manchmal war ich überzeugt, daß die Welt nur dazu da war, von meinem Vater fotografiert zu werden. Er hatte diesen forschenden, abschätzenden Blick, der alles gleich im charakteristischen Ausschnitt sah. Je älter ich wurde, um so mehr litt ich unter seiner Kamera.

»Spiel nicht den Clown!« fuhr er mich an, wenn ich wieder einmal mein Gesicht vor dem fotografischen Zugriff retten wollte. So begann ich ein Doppelleben zu führen, ein wirkliches und ein fotografisches. Mein Großvater meinte, ich könne mit meinen Grimassen in jedem Zirkus auftreten. Das war ein Berufsziel, das meinem Vater überhaupt nicht paßte.

In der Zeit der fotografischen Anteilnahme meines Vaters an seiner Familie gab es selbst bei größten Anstrengungen nichts zu lachen. Er tat alles, um uns von dem politischen Ernst fernzuhalten, der sich bis in den Alltag erstreckte. Dabei verfiel er selbst in einen Ernst, der ihn uns entrückte. Ich spürte, daß er uns schützen wollte, andrerseits fühlte ich mich aus dem Ernst des Lebens verbannt. Die Bemerkung, daß ich noch zu jung sei, mußte ich oft hören.

War denn die Welt nur zum Spielen da? Es schien das Gegenteil der Fall zu sein: Die Welt spielte mit uns, und mein Vater suchte uns vor ihrem Zugriff in Sicherheit zu bringen. Ich fand wenig Gefallen an dieser Idylle, in der die Minutenzeiger und Stundenzeiger der einzige Fortschritt waren.

Die Klingel ging immer wieder.

Vor unsere Wohnungstür traten Hausierer, Sammler für das Winterhilfswerk, für das Mutterwerk, für das Deutschtum im Ausland, für die Kriegsgräberfürsorge und für was weiß ich noch.

»Wenn du allein bist, mach nicht auf!« sagte meine Mutter. So drückte ich das Auge gegen das Schlüsselloch und sah Bäuche in allen Formen. Ich hielt den Atem an, bis sie sich wieder entfernten. Aber sie kamen wieder, und ihre Sammelbüchsen rasselten.

Herr Fleischer habe fünf Mark gespendet, eröffneten sie meiner Mutter.

»Wir geben immer zwei Mark«, erklärte Frau Wede.

»Woher nehmen und nicht stehlen.«

»Jetzt kommt es darauf an, daß wir alle helfen.«

Wir, wir, wir, das war die Losung.

Mein Vater ließ sich auf solche Gespräche gar nicht ein. Er zog das Sofa vor und las die Zeitung, bis sie wie ein Schutzdach über sein Gesicht sank und die Schlagzeilen unter seinem Schnarchen zitterten.

Im Sommer wollten die Tage kein Ende nehmen, und meine Mutter holte mich von der Straße, die ihren Lärm bis in den späten Abend trug. Ich liebte das Zwielicht, das unsere Wohnung aufwertete und in einen Palast voller überraschender Winkel verwandelte. Dunkelheit haftete an allen Gegenständen der Zimmer: Tische, Schränke und die Stühle, alles tauchte in Dunkelheit unter, nachdem es seine Geheimnisse offenbart hatte.

Mein Vater stand abends lange am Fenster. Er genoß die

Dunkelheit, die ihn allmählich umhüllte und aus der Gegenwart herausnahm. Er konnte sehr böse werden, wenn man plötzlich das Licht anmachte.

Daß ich auf der Straße herumtollte und die Weisheiten und Parolen der Straße nach Hause nahm, hörte er nicht gern.

»So redet kein vernünftiger Mensch«, stellte er fest.

Das Leben eines vernünftigen Menschen war, wie ich herausfand, recht anstrengend, man durfte nicht nach der Pfeife der anderen tanzen und sich nicht durch das Wörtchen »wir« ködern lassen. Auf der Straße war es gar nicht so einfach, sein Ich zu behaupten. Gleich war man ein Feigling, und wer war schon gern ein Feigling?

Mit einem Wort: Ich lebte in zwei Welten, die nichts miteinander zu tun hatten, und es war kaum möglich, unbehelligt von der einen in die andere zu gelangen.

Große Sprünge konnten wir ohnehin nicht machen. Mein Vater wechselte von der Bank, die 1933 schließen mußte, zum Städtischen Fürsorgeamt, in dem er mit den Frankfurtern zu tun hatte, die weder mit ihrem Leben noch mit ihrem Geld zu Rande kamen. Viel verdient hat mein Vater in diesem Amt auch nicht, so daß er die Kunst des Sparens zu einer Lebenskunst erhob. Ich selbst erhielt von ihm, als ich die Zahlen lesen konnte, ein Sparschwein, das ich schon nach dem Einwurf einiger Fünfpfennigstücke schlachten wollte. Meine Mutter hinderte mich daran, und ich lernte den Wert des Geldes dadurch kennen, daß ich es nicht hatte. Außerdem mußte ich meine etwas naive Überzeugung revidieren, daß jeder, schon weil er lebe, Geld beziehe und daß die Arbeit nur zum Zeitvertreib gedacht sei. Auch mußte ich feststellen, daß es Arme und Reiche gab. So konnten sich manche – ich will keine Namen nennen, die Seiten füllen würden – vier Portionen Eis kaufen und sich daran den Magen verderben, während ich mir selbst mit meinem Taschengeld nur eine Portion in der Woche leisten konnte. Die meisten reichen Leute, die zu beobachten ich Gelegenheit hatte, waren Vielfraße und Bauchdiener, als gehörte zum Reichtum nun einmal auch die körperliche Fülle. Wenn es um ihre Physiologie ging, machten sie vor nichts halt.

In der Tornowstraße wohnten nur wenige Betuchte, wie sich mein Großvater ausdrückte, der sich nach der Volksschule eine Schneiderlehre sozusagen eingefädelt hatte, ohne daraus einen roten Faden für sein Leben zu machen.

Kleider machen Leute, und Uniformen machen Übermenschen. Ich wuchs in einer uniformierten Zeit auf, in der fast jeder Mann sein höchstes Glück darin sah, sich in einer Uniform zu verstecken. Als ich mir selbst auch eine Uniform wünschte, erklärte mir meine Mutter, da wäre es doch besser, wenn ich nackt auf die Straße ginge.

Herr und Frau Gerstner, die in der Tornowstraße 16 wohnten, waren Anhänger der Freien Körperkultur und zogen nur etwas an, wenn sie ihre Wohnung verließen. Über sie waren die tollsten Gerüchte im Schwange. Sie würden die Sonne anbeten und sich mit blankem Hintern in die Brennesseln setzen. Außerdem äßen sie kein Fleisch, sondern Löwenzahnblätter. Unbezweifelbar waren Herr Gerstner und seine Frau sehr dünn, nach den Worten meiner Mutter dürr wie Bohnenstangen, und erweckten noch im tiefsten Winter den Eindruck, als ob sie einen Sonnenbrand hätten. In mir kam Mitleid auf, und eines Tages warf ich ihnen ein mit Wurst belegtes Brötchen in den Briefkasten. Als ich erfuhr, daß Adolf Hitler auch kein Fleisch aß, befürchtete ich das Schlimmste.

»Er hat uns Arbeit verschafft«, erklärte Herr Wede, der mit seiner Frau und Tochter in der Mansardenwohnung wohnte.

Er war ein kleiner, drahtiger Mann, der aus Berlin stammte und beim Sprechen leicht in einen Befehlston verfiel. Wie ein Fakir verstand er es, an zehn Orten zugleich zu sein. Mit einem Wort: Er war tüchtiger als der Rest der Menschheit.

»Kriegen wir schon hin!« sagte er bei jeder Gelegenheit, und er sah tatsächlich so aus, als würde er es schon schaffen.

Sein Traum war die perfekte Küche, ein Ernährungstempel sondergleichen, in dem jede Handreichung ein Kinderspiel war und jedes Herumrühren in der Suppe ein symphonischer Akt. Meiner Mutter schwärmte er vor: »Wir werden die Kartoffeln zwingen, im Nu, wie durch Zauberei, ihre Schale abzuwerfen; wir wollen der deutschen Hausfrau die Stunden zurückgeben, die ihr die Küchenarbeit gestohlen hat. Die Hälfte Ihres Lebens bekommen Sie wieder. Sie kochen eine Suppe für Ihren Mann und für Ihre Kinder, und an diese lächerliche Pfütze verschwenden Sie die Hälfte Ihres Tages. Wir werden diese Pfützen in ein glitzerndes Meer verwandeln, einen Ozean von Eintopf werden wir ausgießen, ganze Berge von Speckwürfeln und Würsten werden wir aufschütten, wahre Gletscher von Vanillepudding fließen lassen. Hören Sie, Frau Heckmann, die Kacheln in Ihrer Küche (dabei hatten wir keine Kacheln in der Küche) sollen in der Sonne blitzen, und der Suppe werden solche Wohlgerüche entströmen, daß die Blumen auf dem Tisch vor Neid erblassen.

Sie werden es dem Führer danken, daß er uns das alles möglich gemacht hat, während er selbst auf das Fleisch verzichtet.«

Ich hatte ganz rote Ohren beim Anhören dieser Rede bekommen. Jetzt verstand ich auch, warum Frau Wede jeden Löffel Brei, den sie ihrer Tochter in den Mund führte, mit den Worten begleitete: »Das ist für unseren Führer.«

Bei uns gab es nur sonntags Fleisch und wochentags höchstens einmal Lungenhaschee oder Frikadellen. Ich stocherte darin herum wie ein Schatzsucher, und was ich nicht für eßbar hielt, schob ich mit der Gabel an den Tellerrand.

»Auch das hat Geld gekostet«, erklärte mein Vater.

Es war schwer, sich daran zu gewöhnen, daß auch die widerlichsten Dinge ihren Preis hatten.

Es wurde viel über Geld in der Tornowstraße geredet, von Fenster zu Fenster und von Lattenzaun zu Lattenzaun, hinter denen Ligusterhecken wuchsen. Daß man in der Inflationszeit Millionär sein mußte, um Brot und Butter einkaufen zu können, konnte ich mir beim besten Willen nicht vorstellen. Ich fragte meinen Vater, wie lange man denn arbeiten und sparen müsse, um Millionär zu werden.

»Ein Leben lang! Manche schaffen es jedoch auch schneller.«

»Warum bist du kein Millionär?«

»Ich war Millionär, wir alle waren Millionäre und konnten für unser Geld nichts kaufen.«

Bitte schön, wie jeder weiß, kommt das Wort »Geld« von gelten, einen Wert haben. Alles, was einen Wert hat, gilt, das heißt, es kann als Vergeltung, als Belohnung, als Bezahlung dienen. Die Menschen haben sich daher angewöhnt, jedes allgemeine Zahlungsmittel, das jeder gern als eine Vergeltung für ein hingegebenes, wertvolles Objekt oder für eine Dienstleistung annimmt, *Geld* zu nennen.

Als ich einmal für Frau Wede Kohlen aus dem Keller holte, gab sie mir einen Kuß auf die Stirn.

Sollte einer die Geheimnisse der Belohnung verstehen. Eine Erfahrung machte ich jedoch: Die Barzahler waren in der Minderheit, so daß mein Sparschwein an Unterernährung litt.

Wenn mich einer gefragt hätte, wie man aus der Talsohle der Armut herauskommen könne, wäre ich auf Herrn Kemper gekommen, der mir einmal mit seiner brüchigen Raucherstimme erklärt hatte:

»Geld, mein Junge, das hat man, oder man hat es nicht. Es gibt Leute, die tun überhaupt nichts dafür und haben es doch – und andere wie ich haben ihr Leben lang für nichts und wieder nichts geschuftet.«

Herr Kemper, der Rentner und Witwer zugleich war, hing Tag für Tag am Fenster seiner Wohnung in der Tornowstraße 1, Parterre rechts, um die Vorübergehenden in ein Gespräch verwickeln zu können. Er hatte es fast nur mit der Politik und dem Wetter und sagte »der Hitler«, »der Göbbels« und »der Göring«.

»Das werden sich die Russen nicht gefallen lassen!«

Die ganze Welt steckte nach ihm voller Völker, die sich etwas nicht gefallen lassen wollten. Ich spürte, daß es Herrn Kemper sehr ernst war, verstand aber nur die Hälfte von dem, was er sagte. Er tat so, als rückte er mit großen Geheimnissen heraus. Ich suchte zwischen seinen Worten den Sinn.

»Paß nur auf!«

Frau Winter, die uns gegenüber wohnte und ebenfalls den ganzen Tag ihr Fenster besetzt hielt, schrie hinter vorgehaltener Hand meiner Mutter über die Straße zu, daß Herr Kemper ein Kommunist sei. Jawohl, ein Kommunist. Das würde man ihm ja schon ansehen.

Was würde man denn mir ansehen, fragte ich mich.

Herr Kemper putzte seine Wohnung selbst und sang dazu mit zittriger Knödelstimme: »Der Mai ist gekommen.« Er sang das ganze Jahr »Der Mai ist gekommen«.

»So einen Mann möchte ich haben«, schwärmte Frau Lochner, Tornowstraße 12, die überhaupt gern Männer hatte, putzende und andere, und die, wenn sie selbst putzte, das Radio bis zur größten Lautstärke aufgedreht hatte. Sie sei geschieden, sagte man, worunter ich mir nichts Genaues vorstellen konnte. Es schien ihr sehr gut zu gehen, denn sie begleitete ihr Radio mit freudeglucksender Stimme.

Als Herr Kemper wieder einmal den Mai in der Tornowstraße ankündigte, ohne daß dieser in Sicht gewesen wäre, rief Frau Winter von ihrem Fenster meiner Mutter zu: »Hören Sie sich das nur an! Dahinter versteckt sich die Internationale!«

»Die Internationale der Vögel«, schränkte meine Mutter ein. »Was ist denn da schon dabei!« Sie lachte, während Frau Winter fortfuhr.

»Der Feind steckt überall.« Sie mußte es wissen. Ihr Mann war bei der Polizei.

Ich hatte am Abend desselben Tages viele Fragen an meine Mutter, die sie so beantwortete, daß mir aus den Antworten kein Schaden entstehen konnte. Mir selbst riet sie, jedes Wort auf die Waagschale zu legen. Ich gewöhnte mir an, bevor ich zu reden anfing, mit der Zunge zu schnalzen. Mein Vater hatte die gleiche Angewohnheit. Er redete nicht viel, er fotografierte.

Im Sommer 1937 verschwand Herr Kemper. Es wurde gemunkelt, daß er sich aufgehängt habe.

»Nur Verräter hängen sich auf«, sagte Frau Winter meiner Mutter. Ich versuchte mir vorzustellen, wie Herr Kemper am Seil baumelte. Ich hatte Abbildungen von Gehenkten gesehen. Sie verfolgten mich bis in den Schlaf, und es kam immer wieder vor, daß ich mir mit der Hand an die Gurgel fuhr.

Warum hatte Herr Kemper nicht mehr leben wollen? Die Weißbinder hatten Leitern in seiner Wohnung aufgestellt. Die Möbel waren schon längst weg.

»Wir wollen für ihn beten!« sagte meine Mutter.

Jeder Tag brachte etwas Neues, aber die Angst blieb.

Vom Fenster unserer Mansardenkammer, die voller Bücher

und Noten steckte, konnte ich in das Büro des Ortsgruppenleiters uns gegenüber sehen. Herr Fleischer machte jeden Morgen Gymnastik. Er war nackt bis zum Gürtel und trug Trainingshosen, die wie eine Wursthaut wirkten. Er lag ausgestreckt auf einer Matte und hob die Beine nacheinander. Seine Trainingshose beulte sich vorne. Sein zartrosafarbener Oberkörper glänzte vor Schweiß. Manchmal stieß Herr Fleischer Schreie aus, die wie Befehle klangen. Er war ein Käfer, der auf dem Rücken lag und mit den Beinen strampelte. Herr Fleischer war nicht der einzige, der seinen Leib ertüchtigte. Auch Herr und Frau Gerstner ertüchtigten sich. Sie standen, wie Frau Winter zu berichten wußte, nackt in ihrem Schlafzimmer und schwangen Keulen. Man muß sich das einmal vorstellen. Sie konnten froh sein, daß sich nur Frau Winter die Mühe machte, sie zu beobachten. Aber selbst sie machte Gymnastik, wie sie versicherte, verzichtete jedoch auf ein Publikum, indem sie die Vorhänge zuzog.

Zu meiner Überraschung begann auch mein erster Schultag mit der Körperertüchtigung. Bevor wir zur Gestaltung des I-Punktes gelangten, mußten wir die Arme ausstrecken und in die Knie gehen. Wir folgten der Aufforderung mit einer chaotischen Begeisterung, so daß meine Klasse schnell den Eindruck eines Drahtverhaus machte, und der Lärm drohte, mich auszuhöhlen.

Unser Lehrer Junglas verkündete: »Ein gesunder Geist gehört in einen gesunden Körper.«

Ich gab mir mit den gymnastischen Übungen die größte Mühe und wartete etwas ungeduldig auf die Gymnastik des Geistes.

Als mir mein Vater am frühen Morgen des denkwürdigen Tages die Schultüte in die Arme drückte, hatte er gesagt, jetzt beginne der Ernst des Lebens. Das konnte ja heiter werden.

## *Das Kratzen des Griffels auf der Schiefertafel*

Der Schulweg ging in einer abgestuften Diagonale quer durch die Kuhwaldsiedlung bis zum Bäcker Wild, überquerte die von Pappeln begleitete Bismarckallee und zog sich durch die Voltastraße an backsteinroten Fabrikgebäuden vorüber unter eine Eisenbahnbrücke hindurch, um in einem stumpfen Winkel in die Moltkeallee einzubiegen, in der die Bonifatius-Schule lag, ein großes Gebäude mit hohen Sandsteinfenstern und einem Sandsteinportal, vor dem die Mütter mit ihren Kindern auf das Klingeln warteten, das fortan die Unterrichtsstunden ankündigen sollte. Jetzt gehörte der Morgen nicht mehr mir, sondern der Schule. Vor lauter Aufregung fütterte ich mich aus der Tüte, die mir meine Mutter beim Verlassen der Wohnung in den Arm gelegt hatte, so daß ich schon satt war, ehe ich überhaupt meinen Wissenshunger am ersten Schultag stillen konnte. Mit einem Wort, es war mir wieder einmal schlecht. Die Bonifatius-Schule war eine katholische Volksschule, in der die Geschlechter fein säuberlich getrennt waren. Im linken Teil des Gebäudes saßen die Knaben, im rechten die Mädchen. Der Lärm aus den Klassenzimmern hob die Trennung wieder auf. Es roch nach Bohnerwachs.

Meine Zunge brannte von all den Süßigkeiten, als ich an der Hand meiner Mutter in das Klassenzimmer trat, wo uns Adolf Hitler auf einer schwarz eingerahmten Fotografie neben der

Tafel erwartete. Er schien etwas zu sehen, das ich selbst nicht sehen konnte. Sein Blick war in die Ferne gerichtet und sehr ernst. Über der Tafel zeichnete sich ein weißes Kreuz auf der Wand ab, wo zuvor ein Kruzifix gehangen hatte.

Der Rektor war hinter uns in das Klassenzimmer getreten und lächelte gezwungen. Mit ausgebreiteten Händen lud er uns zum Sitzen ein. Seine Finger flatterten und wühlten sich in die Papiere, die vor ihm auf dem Pult lagen. Es dauerte einige Zeit, bis alle einen Platz gefunden hatten. Die Mütter standen neben ihren Söhnen. Manche hatten die Hand auf das Haupt ihres Sprößlings gelegt. Einige wenige hatten sich in eine Bank gezwängt und hielten sich herausfordernd gerade. Wir wurden in alphabetischer Reihenfolge aufgerufen und schrien: »Hier!«

Zwischen den von der Sonne erwärmten weißen Wänden floß gleichmäßiges Licht. In die Schreibplatte meiner Bank hatte einer das Wort Idiot eingeritzt. Das zu entziffern war kein Kunststück, und ich fuhr mit der Fingerkuppe die Linien entlang. Wie oft hatte das Wort, mit Kreide geschrieben, auf dem Asphalt unserer Straße gestanden, bis es der Regen wieder wegwusch! Die Welt mußte aus Idioten bestehen. Wie oft hatte ich mit diesem Wort meinen Zorn gekrönt. Jetzt blinzelte es mir in ungelenken Linien zu. Ich deckte es mit meiner Hand zu.

Der Rektor blickte von seinen Papieren auf und betrachtete ausgiebig die Schulanfänger. Er näselte und dehnte die Wörter, daß sie kaum zu verstehen waren. Er sprach davon, daß sich jetzt unser Leben ändern würde.

Mein Nachbar, ein dicklicher Junge mit Sommersprossen und semmelblonden, kurzen Haaren, zischte mir zu: »Das sagen sie alle, daß man sich ändern muß.«

Ich fühlte mich ermuntert, meinen Senf dazu zu geben, und war entsetzt über meine Worte, die mir übermütig auf die

Zunge sprangen. Konnte man sich überhaupt ändern, oder versuchten uns andere zu ändern? Am leichtesten fiel es mir noch, in Träumen ein anderer zu werden. Ich mußte an jene besondere Art von Träumen denken, in denen man weiß: Das ist ein Traum – und in dem Bewußtsein, daß man aufwachen wird, tut man, was man will. Es sollte jedoch kein Erwachen folgen. Der Knäuel des Nichtwiedergutzumachenden wuchs mit rasender Schnelligkeit.

»Heute lebt ein Mensch unter uns, dem Gott eine ganz besonders schwere Aufgabe gestellt hat, und weil er sie lösen will und lösen wird, deshalb nennen wir ihn einen großen Mann. Ihr kennt alle seinen Namen. Er heißt Adolf Hitler.«

Der Rektor, der seine Würde durch einen Bart betonte, hielt inne, visierte mich, ließ die Hände sinken, die seine Worte begleitet hatten, und schrie: »Ruhe!«

Die Veränderung meines Lebens hatte begonnen.

Als der Rektor nach seiner kurzen Rede das Klassenzimmer verließ, verabschiedete er sich mit dem deutschen Gruß. »Ihr habt viel zu lernen«, sagte er über seine ausgestreckte Hand hinweg, als wir sein »Heil Hitler« nicht einstimmig beantworteten.

Ich spürte, wie die Schamröte aus meinem Gesicht wich. Ein schlaksiger Mann trat ans Pult und erklärte in den Lärm hinein, er heiße Junglas und sei unser Klassenlehrer. Er schrieb mit quietschender Kreide seinen Namen an die Tafel und all das, was wir für die Schule brauchten. Er lächelte den Müttern zu, die noch immer neben ihren Söhnen standen, und sie lächelten verlegen zurück.

»Vergeßt bitte den Schwamm nicht! Das Wichtigste beim Schreiben ist, daß man es wieder auswischen kann.«

Von der Mutter meines Nachbarn ging eine warme Parfümwolke aus. Ihre Augen waren hell und klar wie die ihres Sohnes. Sie trat ungeduldig von einem Fuß auf den andern.

»Als ob wir das nicht wüßten!« sagte sie zu meiner Mutter. »Stellen Sie sich vor! Volker schreibt schon den ganzen Tag. Wir hatten erst gar nicht darauf geachtet. Aber all unsere Bekannten sind begeistert. Er schreibt schon richtige Sätze.«

Mit argwöhnischer Bewunderung schaute ich mir meinen Nachbarn von der Seite an. Er fuhr mit der Zunge über die Lippen und grinste.

»Ich weiß nicht, warum meine Mutter immer mit mir so angeben muß!«

Der erste Schultag endete, wie er angefangen hatte, mit einem schrillen Klingeln. Die meisten sprangen aus ihren Bänken und stürmten zur Tür.

»Morgen geht's richtig los!« rief der Klassenlehrer hinter uns her. Er wölbte die Brust, machte spaßeshalber einen ungeheuer weltmännischen Kratzfuß vor den Müttern und rauschte davon.

»Sieht er nicht süß aus«, hörte ich jemand sagen.

Auf dem Heimweg fragte ich meine Mutter, was mich denn jetzt alles erwarte. Es fiel mir schwer, ruhig neben ihr herzulaufen, als ob nichts geschehen wäre.

Als mein Vater am späten Nachmittag nach Hause kam, fotografierte er mich mit der leergegessenen Schultüte im Arm vor der Haustür.

»Mach nicht so ein trauriges Gesicht!« forderte er mich auf. Sein Gesicht verschwand fast völlig hinter der Kamera. Ich starrte so angestrengt auf die Linse, daß mir Tränen in die Augen traten. So kam es, daß ich dann weinend auf der Fotografie zu sehen war. Aller Anfang ist schwer. Ich war der beste Beweis.

Wohl fühlte ich mich in meiner Haut nicht, und eine andere hatte ich nicht. Den Schulanfang hatte ich mir ganz anders vorgestellt. Dramatischer. Meine Schiefertafel steckte noch jungfräulich in meinem Schulranzen, und das Schwämmchen hatte noch keinen Buchstaben ausgewischt.

Am nächsten Morgen begann endlich der Anfang. 38 Griffel kratzten ein I auf die Tafel. Lehrer Junglas dirigierte die Entstehung dieses Buchstabens: Eins – eine Linie stieg schräg an, zwei – ein senkrechter Strich kroch widerstrebend zur Grundlinie und drei – von seinem untern Ende führte wieder eine Linie nach oben. Hauptsache war der I-Punkt, der ein I erst zum I machte. Ein I reihte sich an das andere, so daß sie sich alle hintereinander gelesen, zu einem langen Ekelschrei dehnten. Das Kratzen des Griffels auf der Tafel dagegen drang wie eine Kralle in mein Ohr. Obendrein verströmten die Buchstaben, die der Griffel in die Tafel ritzte, einen schwefligen Geruch, so daß ich überzeugt war, sie leibhaftig ins Leben gerufen zu haben. Das waren nicht nur Zeichen, sondern auch lebendige Wesen. Mit zusammengekniffenen Augen prüfte ich ihre Disziplin. Sie fielen übereinander her und bildeten ein Gewirr, durch das kein Gedanke zu dringen vermochte. Das Kratzen des Griffels auf der Tafel wuchs zu einem dröhnenden Schürfgeräusch. Noch zu Hause in der Küche, wo ich meine ersten Schulaufgaben erledigte, duckte ich mich unter das Geräusch, das der Griffel auf der Tafel machte. Die I's zogen sich bis in den Abend hinein.

Ich lag noch lang mit dem Gesicht zur Wand im Bett und fuhr mit dem Finger über die Tapete. Das Tapetenmuster hatte eine doppelte Existenz: eine am Tage, die nicht weiter bemerkenswert war, gewöhnliche Laubkränze; eine andere, lebendige, die man in der Zeit, bevor man schlief, wahrnahm. Plötzlich traten die einzelnen Teile des Musters dicht an mich heran, wurden größer, detaillierter und veränderten sich. Ich war von lauter I's umgeben, die aus dem Schnabel eines Hahns heraushüpften. Es war der Hahn aus meiner Fibel, der gravitätisch die Sonne wachkrähte. Die I's stiegen wie Vögel in den Himmel.

Am nächsten Morgen erwachte ich auf einer neuen Erde. Ein strahlender Morgen erfüllte das Zimmer. Ich sah das Fenstersims, auf dem das Licht tanzte, stieg zögernd aus dem Bett und zog mich an. Nur mit Mühe konnte ich mich geradehalten. Die Anziehungskraft schien nicht mehr zu existieren. Der Tag hatte eine andere Dimension. Ich ging mit einer Tafel voller I's in die Schule, die um Punkt acht begann. Ich war jedoch eine Stunde zu früh. Erst viel später lernte ich es, meinen Schulweg hinauszuzögern und Entschuldigungen zu erfinden. Mein Großvater meinte, meine Phantasie sei ein Dreckeimer. Ob nun Dreckeimer oder Schatztruhe, Phantasie brauchte man, um in Frankfurt bestehen zu können. Wurde man von einem Fremden gefragt, wie eine bestimmte Straße zu erreichen sei, von der man noch nie gehört hatte, so war es schon besser, Kenntnis vorzutäuschen. Die Antwort »Das weiß ich nicht« wollte keiner hören, in der Schule nicht und überhaupt nicht. Sehr schnell fand ich heraus: Bescheid wissen war weniger eine Angelegenheit der Kenntnis als der Überzeugungskraft. Alle Passanten, die mir begegneten, schienen Irrläufer zu sein.

Mein Schulweg dauerte bald hin und zurück mindestens so lang wie der Unterricht – und er steckte voller Tücken und Gefahren. Manche Erwachsene duldeten es einfach nicht, wenn man grußlos an ihnen vorüberschlich. So wartete Herr Fleischer, unser Blockwart, jedesmal, wenn ich mich ihm näherte, breitbeinig auf den deutschen Gruß und paßte auf, daß ich meine Hand bis in Kinnhöhe hob. Als ich einmal umkehrte, um ihm nicht begegnen zu müssen, rannte er hinter mir her, überholte mich und pflanzte sich vor mich hin.

Inzwischen hatten wir schon alle Buchstaben auf die Tafel gekratzt, sie zu Wörtern zusammengesetzt und jedesmal mit dem nassen Schwämmchen ausgewischt. Mit jedem Wort, das ich schreiben konnte, wuchs mein Selbstvertrauen – ich glaubte, auf diese Weise der Dinge habhaft zu werden, aber sehr bald mußte ich feststellen, daß sich die hingekratzten Wörter mehr und mehr selbständig machten und sich der Lesbarkeit entzogen. Mit einem Wort, ich konnte meine eigene Schrift nicht lesen.

»Du sollst nicht zeichnen, sondern schreiben!« ermahnte mich Lehrer Junglas. Uns alle forderte er auf, so zu schreiben, wie man es spricht.

Da wir fast alle Frankfurterisch sprachen, kamen dabei die seltsamsten Wortgebilde heraus. Während wir im Chor laut lasen, fuhren wir mit den Fingern über die Wörter und streckten die Zunge heraus. Das Lernen war mit viel Geräusch verbunden, das Klassenzimmer dröhnte nur so, und Lehrer Junglas hatte das Aussehen eines verzweifelten Dirigenten. Seine Finger schnippten selbstvergessen in der Luft, und sein Rücken beugte sich immer tiefer. Manchmal trat eine große Enttäuschung in sein Gesicht, er rannte zum Fenster und riß es auf, daß frische Luft hineinströmte.

Der Weg zum Lesen und Schreiben führte über die Disziplin, und dieser Weg war so holprig, daß wir oft gar nicht zum Lesen und Schreiben kamen. Statt dessen machten wir Turnübungen, um unserem Körper die Biegsamkeit zu verschaffen, die nun einmal zum Gehorsam gehört. Und all das waren die Anfänge von Deutschlands Zukunft. Wenigstens erklärte uns dies der Rektor, der für die großen Worte zuständig war und manchmal in unserer Klasse unterrichtete, um Lehrer Junglas, der gerade als Lehrer begonnen hatte, zu zeigen, wie man das macht.

Er pries die Disziplin in den höchsten Tönen. Er hatte im Ersten Weltkrieg an der Front gekämpft und für seine Tapferkeit das Eiserne Kreuz erhalten. Wir mußten daraufhin die Hände auf die Schreibplatte legen und kerzengerade sitzen. Seltsamerweise erregte diese Haltung ein vielfältiges Jucken an meinem Körper, so daß ich augenblicklich die Disziplin vergaß und mit zusammengekrallter Hand in meine Achselhöhle fuhr.

»Ein deutscher Junge kratzt sich nicht!« schrie der Rektor und ließ mich zehnmal in die Knie gehen. Es half nicht viel: Die Disziplin fiel mir schwerer als das Lernen, und was meine Körperhaltung anging, so näherte ich mich, nach den Worten meines Großvaters, eher der Erde als den Sternen.

Ich beugte mich über die Schiefertafel und setzte Wort an Wort auf die Linie und beobachtete, wie die Wörter unter der Griffelspitze entstanden. Weiß auf schwarz. Sie glichen jungen Vögeln, die sich zum Fliegen anschickten.

Wir schrieben Sätze wie: Der Hahn kräht, die Pferde wiehern, der Bauer pflügt. Die Bilder in unserer Fibel zeigten eine Welt, die nichts mit der Welt zu tun hatte, in der wir lebten. In unserer Straße krähte kein Hahn. Das Halten von Haustieren war streng untersagt. Dafür hatten die Mieter die Möglichkeit, ihr Gärtchen hinter dem Haus zu bestellen, was zu einem ständigen Wettstreit führte, wer die dicksten Tomaten und die größten Karotten hatte.

»Die dümmsten Bauern ernten die dicksten Kartoffeln«, bemerkte mein Großvater mit einem spöttischen Lächeln. Wenn mein Vater auf den Spaten gestützt die speckig glänzenden Erdschollen betrachtete, die er freigelegt hatte, sah er überhaupt nicht wie die Bauern aus, die in unserem Lesebuch abgebildet waren. Auf seinen eingefallenen Wangen spielte ein schüchternes Lächeln der Erwartung. Aus dem freigelegten Boden krochen Engerlinge, die sich die Krähen holten.

Die deutsche Erde ist etwas Heiliges, erklärte Walther Gust mit einem Blick auf den Vorgarten der Tornowstraße 9. Er erzählte auch, daß er Bauer werden wolle. Sein Vater trug das Parteiabzeichen auf der Weste, auf der Jacke und auf dem Mantel. Er sei ein Hundertundfünfzigprozentiger, sagte meine Mutter. Herr Gust gab sich alle erdenkliche Mühe, so auszusehen wie die Männer in unserem Schullesebuch, die hinter dem Pflug herschritten und die Peitsche schwangen.

»Jeder ist für sein eigenes Gesicht verantwortlich«, ermahnte uns unser Rektor. Irgendwo hatte ich gelesen, daß in Süditalien werdende Mütter in die Kirche gingen, um dort das Jesuskind in der Hoffnung zu betrachten, ihr Baby werde einmal genauso aussehen.

Lehrer Junglas ging mit uns in eine Kunstausstellung, in der wir vor jedem Bild stehenbleiben mußten, damit es auf uns wirken konnte. Ich sah Bauern, die die Sense schärften, ich sah blonde Mütter, die ihrem Kind die Brust gaben. Ich sah Landschaften, die vor Sonnenglück dampften. Ich sah kantige Gesichter, die in die Zukunft starrten. Ich sah eine nackte Frau, die auf den Zehenspitzen tänzelnd die Arme ausstreckte. Wie wird man aussehen, wenn man das alles gesehen hat, fragte ich mich.

»Weitergehen«, ermahnte Lehrer Junglas und schob uns an dem Bild der nackten Frau vorbei.

Garben schmückten Felder, knorrige Eichen trugen den Himmel. Die Ausstellung hieß »Wie der Deutsche die Welt sieht.«

Ich war im Zeichnen völlig unbegabt und konnte nur Karikaturen zeichnen: dicke Köpfe, die direkt in den Rumpf übergingen, Augen so groß wie Hühnereier und die Haare steil wie bei einer Klobürste. Meine Frauen drohten vor lauter Brust vornüberzukippen.

»So sieht kein Mensch aus!« hatte Lehrer Junglas einmal festgestellt. Ich hatte ihm recht geben müssen.

Dafür spielte ich jedoch seit meinem fünften Lebensjahr Geige, und mein Vater war mein erster Lehrer. Er hatte sich sehr viel vorgenommen, glaubte er doch, in den Fußstapfen Leopold Mozarts zu wandeln, dessen Violinschule aus dem Jahre 1756 in einer Faksimileausgabe in unserem Bücherschrank stand. Ich machte jedoch nicht die Fortschritte, die er von mir erhoffte, und kratzte vorerst recht erbärmlich auf der Dreiviertelgeige, auf der mein Großvater, Gott habe ihn selig, schon geübt hatte. Nur sehr zögernd fanden meine Finger die richtigen Griffe, vermischten sich mit den störenden Nebengeräuschen, bis sie endlich halbwegs rein erklangen.

Ich übte jeden Tag von 15 bis 16 Uhr, und die Töne hüpften an die Decke, wickelten sich in den Vorhang, strichen an den Buchrücken entlang und drangen bis in Herrn Tezels hellhörige Ohren im Nachbarhaus. Er war Rentner und nahm alle Störungen seines Lebens mit penibler Gewissenhaftigkeit wahr. Er litt unter mir, wie er meiner Mutter vorwurfsvoll gestand.

»Ich habe jeden Tag vor dem musikalischen Ausbruch Ihres Sohnes Angst.«

Ich spielte daraufhin con sordino. Das klang jedoch so klagend, daß ich Mitleid mit meiner Geige empfand.

»Es ist noch kein Meister vom Himmel gefallen«, sagte mein Vater, wenn er sich nicht mehr zu helfen wußte.

Aber schließlich fanden wir doch noch in Duos zusammen. Wir spielten Pleyel, Mazas, Viotti und Kaliwoda, und es war dieses Zusammenspiel, das mich aus meiner Soloqual befreite.

Als ich dann bei einem richtigen Geigenlehrer, Herrn Gstettner, Unterricht hatte, blühte ich auf und sah mich schon vor einem riesigen Orchester stehen, auf den Wink des Dirigenten wartend. Vorerst übte ich jedoch in der Waschküche, wo mein Geigenspiel niemanden störte. Es blieb zwischen den kalkigen, verseiften Wänden gefangen, und ich war mein einziger Ohrenzeuge.

Einer meiner Freunde, die mit mir in die Bonifatiusschule gingen, verriet Lehrer Junglas, daß ich Geige spielte, und daraufhin mußte ich den Beweis vor der Klasse antreten. Beladen mit Geigenkasten und Noten zog ich in die Schule und tat so, als hörte ich den Spott meiner Klassenkameraden gar nicht.

Paganini nannten sie mich, ehe ich einen Ton gespielt hatte. Ich glühte vor Lampenfieber und stimmte wohl eine Viertelstunde meine Geige. Kolophoniumstaub wirbelte auf. Meine Finger schienen sich zu verknoten, und ich atmete tief ein.

»Spiel uns einfach ein Lied vor!« sagte Lehrer Junglas.

Ein Lied? Was gibt es Schwereres als ein Lied, das einstimmig und einsam sich gegen die Stille behaupten muß? Ich setzte den Bogen an, warf einen Blick auf meine Klassenkameraden und spielte, was mir gerade einfiel. Im Grunde ist alles ein Lied, Lied von einem Lied, das in unserem Herzen lebt und sich in all unsere Gedanken und Träume stiehlt. Nur so werden sie erträglich. Also spielte ich, erst zaghaft mit zittrigen Fingern, die auf den Saiten auszugleiten drohten, bis ich mit einem Mal alles um mich vergaß. Ich spielte nicht, die Melodie spielte sich selbst, und das Klassenzimmer weitete sich. Als ich den Bogen absetzte, grölten meine Mitschüler. Lehrer Junglas klopfte mir auf die Schulter.

Ich war im Konzertsaal, und der Dirigent stand neben mir. Die Geige unterm Kinn, starrte ich in die Runde. Aber ebenso schnell, wie mich für einen Lidschlag der Triumph gepackt hatte, verschwand er wieder.

»Kannst du auch richtige Musik spielen?« wollte Volker wissen.

Ich legte enttäuscht meine Geige wieder in den Kasten, der die Form eines Sarges hatte.

Auf dem Heimweg durch die Voltastraße mußte ich auf Drängen meiner Klassenkameraden noch einmal die Geige auspacken und spielen. Es klang kläglich. Der Wind raubte die Töne und warf sie über eine Fabrikmauer. Ein Mann, der von seinem Hund geführt wurde, blieb vor mir stehen und erklärte, Betteln sei verboten. Was blieb mir anderes übrig, als, zur Gaudi meiner Freunde, meine Geige wieder einzupacken und nach Hause zu trotten, um dort in der seifigen Einsamkeit der Waschküche weiterzuüben.

Ohne Zuhörer erging es mir besser, und ich nahm mir vor, so dürr wie Paganini zu werden und mir die Haare schwarz zu färben. Meine Mutter war jedoch der Meinung: »Wenn du nichts ißt, wird nichts aus dir.« So war das immer, für jedes Argument fand sich schnell ein Gegenargument.

Immerhin schrieben wir jetzt nicht mehr auf die Schiefertafel, sondern mit der Feder, die wir in das Tintenfaß unserer Bank tunkten, und unsere Finger färbten sich blau. Machte man einen Fehler, war das nur mit der größten Mühe wiedergutzumachen. Der Radiergummi rieb Löcher in das Papier, und in das so entstandene Loch paßte kein neues Wort. Als der Rektor einmal feststellte, daß Erwin Hitler mit zwei t geschrieben hatte, schrie er wild gestikulierend, das sei eine Schande, und riß ihm gleich die ganze Seite aus dem Heft. Ratsch machte es, und Erwin wagte die Frage: »Wie wird denn Hitler wirklich geschrieben?«

»Wie man es spricht«, flüsterte ihm Volker zu. Man muß wissen, Erwin war ein rechnerisches Wunderkind. Er konnte im Kopf so eine bandwurmlange Zahl wie 13467 mit der ebenso bandwurmlangen Zahl 40531 malnehmen. Er machte dabei ein Gesicht, als verdaute er schlecht, und seine Pupillen liefen von einem Augenwinkel zum andern. Die ganze Klasse starrte dann auf seine Lippen, zwischen denen sehr bald die Lösung zu hören war.

Lehrer Junglas schrieb die Zahl an die Tafel, rechnete nach und verkündete stolz: »Es stimmt!«

Wie er das so schnell hinkriege, fragten wir ihn. Er schaute uns etwas dämlich an und sagte: »Das geht von selbst.«

Ich probierte es aus und verirrte mich in den Zahlen. Daraufhin suchte ich die Freundschaft Erwins, um hinter sein Geheimnis zu kommen. Es gab keins.

Als ich einmal bei ihm zu Hause war, sagte seine Mutter, das Rechnen strenge Erwin an, und er sei oft krank. Alle naslang liege er im Bett. Erwin nickte bestätigend. Er war nicht sehr gesprächig, kaute an jedem Wort herum und brachte kaum einen vollständigen Satz zusammen. Ich konnte meine Enttäuschung nicht verbergen.

»Mann, du bist doch ein Wunderkind!« schrie ich.

Erwin zog die Schultern ein, und seine Augenbrauen stießen zusammen. Entsetzen trat in seine Augen.

Eines Morgens kramte er auf dem Schulhof eine in Zeitungspapier eingewickelte Fischblase aus der Hosentasche, nahm sie zwischen die Fingerspitzen und schleuderte sie hoch in die Luft.

»Das ist die Seele des Fisches«, erklärte er. In seinen Augen stand die Sonne.

»Niemand kann eine Seele sehen«, widersprach ich ihm.

»Wetten!« Erwin vertrug keinen Widerspruch. Wir starrten noch immer in den Himmel, in dem die Wolken aufgeblasenen Fischen glichen.

Noch im selben Sommer starb Erwin. »Er ist einfach umgefallen«, erzählte Rolf, der in seiner Nachbarschaft wohnte. Er machte es uns vor, stand aber dann wieder auf und wischte sich den Staub von der Hose. Unsere ganze Klasse ging mit zur Beerdigung zum Bockenheimer Friedhof und sang »Näher, mein Gott, zu dir ...«. Und der Wind blätterte in unseren Gesangbüchern.

»Jetzt kann er nicht mehr rechnen.«, flüsterte mir Rolf zu.

»Wissen wir, was nach dem Tode ist?« fragte ich und versuchte mir vorzustellen, wie Erwin mit gefalteten Händen und geschlossenen Augen im Sarg lag. Beim Kopfrechnen hatte er immer die Augen geschlossen.

Rolf trat bleich und verwirrt an das Grab und warf drei Schippchen Erde auf den Sarg, daß es dumpf dröhnte. Ich beobachtete ihn genau, um nichts falsch zu machen. Als ich an die Reihe kam, war von dem Sarg so gut wie nichts mehr zu sehen. Wir hatten Erwin eigenhändig beerdigt.

Auf dem Heimweg sprachen wir vom Tod. Jeder trug sein Scherflein der Ahnungen bei, und Stefan, der fast nie ein Wort sagte, erzählte von seinem Großvater, der eine ganze Nacht geröchelt habe, bis er gestorben sei.

Ich konnte es nicht begreifen und versank in ein tiefes Schweigen. Sicherlich rechnete Erwin im Grabe weiter, dachte ich.

Wochen später redeten wir nur noch davon, daß er Hitler mit zwei t geschrieben habe. Das wußte doch jedes Kind, wie man Hitler schreibt. Der Name war überall.

»Wir leben in einer großen Zeit«, erklärte der Rektor.

Meine Mutter gab mir jeden Tag einen Apfel mit in die Schule. Sie lagen in Zeitungspapier eingewickelt im Keller und dufteten schwer, wenn man sie auswickelte.

Seitdem ich mit der Feder schrieb, sahen meine Handflächen wie Landkarten aus. Als meine Orthografie so weit fortgeschritten war, daß sie sich im wesentlichen mit dem Duden deckte, begann ich ein Tagebuch, das ich vor allem aus der Zeitung zog. Wir hatten die *Frankfurter Zeitung* abonniert, die jeden Morgen aus unserem Briefkasten hing. Woltes bezogen das *Frankfurter Volksblatt*, das größere und fettere Schlagzeilen hatte. Während mein Vater seinen morgendlichen Kaffee trank, versteckte er sich hinter der Zeitung und sprach mit ihr. Er war mit dem Zustand der Welt nicht zufrieden.

»Wer ist gestorben?« wollte meine Mutter wissen.

»Heute stirbt man nicht, heute geht man heim.« Mein Vater liebte keine morgendlichen Gespräche. Bewegungslos saß er am Tisch. Ich studierte die schwarzen Härchen auf seinen Fingern, schloß meinen Mund, zog den Bauch ein, schöpfte Luft und stieß sie geräuschvoll wieder aus. Der Kopf meines Vaters stieg über den oberen Zeitungsrand, und seine Augen fixierten mich. Mein Vater strafte mich mit Blicken. Er war kein Prügelmeister wie Herr Andres, der seinen Sohn schon wegen der geringsten Untat so durchwalkte, daß die ganze Nachbarschaft aufseufzte. Doch litt ich auf eine andere Art unter den mißbilligenden Blicken meines Vaters, die mich bis in den Schlaf verfolgten. Er schien etwas von mir zu erwarten, das ich ihm ohne mein Wissen vorenthielt. So sehr ich mich auch anstrengte, seine Trauer blieb.

Nach der morgendlichen Lektüre legte er die Zeitung sorgfältig zusammen und legte sie wie eine Serviette neben den Teller. Ich konnte es kaum abwarten, mir die Zeitung selbst vorzunehmen. Meist endete ich bei den Todesanzeigen und rechnete aus, wie lange ich noch leben konnte.

Mein Tagebuch kam nicht recht voran und hinkte der Zeit hinterher. Wenn ich die Feder auf das Papier setzte und wartete, blühten Tintenkleckse auf. Sehr bald füllten nur noch Tintenkleckse die Seiten.

In diese Zeit fiel meine erste Liebe, und das kam so. Ich sah ihre Fotografie im Bildband der Olympiade von 1936. Sie hatte die Goldmedaille in hundert Meter Brust gewonnen und war erst sechzehn Jahre alt. Ein Wunderkind also. Ich schnitt die Fotografie der jungen Holländerin aus dem Bildband heraus und klebte sie an die Wand neben meinem Bett, von wo sie immer wieder herunterfiel. Meiner Mutter eröffnete ich, daß ich schwimmen lernen wollte.

Welch ein Wunder ist der Mensch. Wie fein sind seine Bewegungen, wie seltsam arbeitet die Maschine der Muskeln, die im sanften Berühren liebkoste und andrerseits den Körper zu höchsten Leistungen antreiben konnte, das eine so leicht, so spielend wie das andere, ganz als ob es sich von selbst verstünde, daß eine Maschine im Augenblick mit hundert verschiedenen Kraftäußerungen arbeite. Meine Schwimmversuche waren vorerst so jämmerlich, daß ich mich einmal vom Bademeister im Brentanobad retten lassen mußte. Das Wasser hatte mich nicht getragen. Ich schämte mich tüchtig. So würde ich niemals neben der holländischen Schwimmerin bestehen können. Ihr Gesicht verschwand darauf aus meinen Träumen, und ich las mein erstes Buch. Es war Waldemar Bonsels *Die Biene Maja*. Drei ganze Tage brauchte ich in den verregneten Sommerferien dazu, und ich stand die Lektüre in ziemlich sämtlichen Körperhaltungen durch, deren ein Mensch fähig ist. Die Biene Maja lohnte es mir nicht. Eine ihrer wirklichen

Artgenossinnen stach mich in die rechte Wange, so daß meine rechte Gesichtshälfte wie eine Hefekloß aufging.

Ständig war meine Einbildungskraft entflammt. Ich las während der Schulstunden, das Buch auf den Knien jonglierend, in der Pause, auf dem Heimweg und nachts, wenn mein Bruder, der nicht bei Licht einschlafen konnte, eingeschlafen war.

Über einem Buch vergaß ich die Herrlichkeiten der Welt. Das Lesen war, wie ich bald herausfand, der einzige Grund, es allein in einem Zimmer auszuhalten. Wenn ich ein Buch ausgelesen hatte, ging ich das Ganze noch einmal im Geiste durch und erzählte es meinen Freunden. Ich war ein von Büchern aufgeputschter Lügner. Meine Schulkameraden hörten sich mit aufgerissenen Mündern meine phantastischen Erzählungen an.

Wenn mir der Lesestoff ausging, deckte ich mich bei Tante Ella ein, die die Musikbibliothek in der Volksbücherei am Eschenheimer Turm leitete. Meine Mutter machte mich dann jedesmal so fein, wie es eben ging, um Tante Ella zu überzeugen, daß an mir noch nicht völlig Hopfen und Malz verloren sei. Tante Ella legte größten Wert auf eine adrette Erscheinung und hielt jede Ungekämmtheit für eine gesellschaftliche Katastrophe. Die Fahrt mit der Straßenbahn zum Eschenheimer Turm war für mich nicht ohne Gefahren. Mir wurde leicht schlecht, vor allem in den Kurven. Mein Vater meinte, das käme vom schnellen Wachsen. Nach der Häufigkeit meiner Schwächeanfälle zu urteilen, mußte ich besonders schnell wachsen, was ich freilich nicht feststellen konnte. Mein Großvater indes war überzeugt, daß die Frankfurter Luft an meinen Übelkeiten schuld sei.

Wie auch immer, ich bestieg jedesmal tief einatmend die Straßenbahn und ging erst gar nicht ins Innere des Wagens, um bei aufkommender Übelkeit den Kopf in den Fahrtwind halten zu können. Meine Mutter hielt mir in solchen Fällen, wenn sie den Anschein einer Blässe auf meiner Stirn bemerkte, ein Fläschchen 4711 unter die Nase. Ich hielt es für unter meiner Würde, mit einem Fläschchen 4711 aus dem Haus zu gehen.

Die Menschen, die im Lesesaal der Volksbücherei saßen, schienen von einer anderen Welt zu sein, und ich gab mir die größte Mühe, sie nicht mit allzu lauten Schritten aus ihrer selbstvergessenen Lektüre aufzuschrecken. So schwebte ich jedesmal in den Lesesaal hinein und beobachtete die Leser, deren Augen voll zärtlicher Trauer darüber waren, daß es noch eine andere Wirklichkeit gab, in der man leben mußte. Nur wenn ich einmal einen unbedachten, lärmenden Schritt machte, schreckten sie auf und maßen mich mißtrauisch von oben bis unten. Sie sahen aus, als beherrschte sie ein verzehrender Gedanke, von dem die Welt noch nichts wußte.

Hinter dem Ausgabetisch thronte eine große, breitbrüstige Frau mit einem grauen Bubikopf. Sie trug eine silbrig graue Bluse und las, schaute aber immer wieder von ihrem Buch auf, um den Lesesaal zu überblicken. Man hörte das Rascheln der Seiten beim Umblättern. Ich legte das Einkaufsnetz voller Bücher, die ich zurückgeben wollte, auf den Tisch. Die Frau beachtete mich gar nicht. Eine Perlenkette schaukelte zwischen ihren Brüsten. Ihr Blick war auf einen jungen Mann gerichtet, der sich hinter einem Buch zu verstecken suchte. Er hatte die Beine weit unter den Tisch ausgestreckt und las mit unruhigen Augen.

Plötzlich sprang die Frau auf, stieß ihren Stuhl zurück, riß sich die Brille von der Nase, streckte den rechten Arm aus, so daß ich die Haare unter ihrer Achsel sehen konnte, und schrie: »Verlassen Sie sofort den Lesesaal!«

Alle Augen hoben sich von den Büchern.

Im ersten Augenblick bezog ich den Befehl auf mich und zog das Einkaufsnetz wieder an mich heran, aber dann sah ich, wie der junge Mann aufsprang und nach seinem Mantel griff, der über dem Stuhlrücken hing.

Ein älterer Herr, der Gamaschen trug und sich mit einer Lupe über ein Buch gebeugt hatte, fragte erschrocken: »Um Gottes willen, was hat er denn verbrochen?«

Die Frau setzte wieder ihre Brille auf und sagte triumphierend:

»Juden haben hier nichts zu suchen. Ich kenne den Kerl. Er hat früher in unserm Haus gewohnt.«

Die Blicke kehrten wieder zu den Büchern zurück. Der junge Mann warf den Mantel um seine Schultern und stellte den Kragen hoch. Erst jetzt entdeckte ich den gelben Stern.

Der junge Mann ging mit eingezogenen Schultern zum Ausgang, ohne sich noch einmal umzusehen. Die Frau mit dem grauen Bubikopf zauberte ein Lächeln auf ihr Gesicht, beugte sich mit betonter Freundlichkeit zu mir herab und entnahm meine ausgeliehenen Bücher dem Einkaufsnetz.

Auf dem Heimweg versuchte ich mir vorzustellen, wie es denn wäre, wenn ich kein Buch mehr in die Hand nehmen dürfte. Die Welt würde ein Gefängnis ohne Fenster sein.

Für einige Zeit verging mir die Lust am Lesen, und ich verlegte mein Leben auf die Straße, so daß meine Mutter verkündete:

»Wenn du so weitermachst, stelle ich dein Bett auf die Straße.«

Ich lernte die ersten bitteren Früchte der Freiheit kennen.

## *Sonntagnachmittage*

Meine Mutter kämmte mich jedesmal so sorgfältig, daß mir nachher die Kopfhaut juckte. Ich sah dann aus wie ein gerodeter Urwald. Mein Scheitel teilte das Haarchaos auf meinem Kopf in ein Drittel links und zwei Drittel rechts. Ich wagte nicht, mich in einem Spiegel zu begutachten, und fand die Bemerkung meiner Mutter: »Jetzt erkenne ich dich wenigstens als meinen Sohn«, überhaupt nicht tröstend.

Tante Ella, die eine Neigung für die Allüren der besseren Leute hatte, wer auch immer das war, hatte eine Vorliebe für das Adrette. Auch legte sie den größten Wert aufs Hochdeutsche. Meine Sprachheimat lag in der Frankfurter Mundart, und ich zischte wie eine Schlangengrube. Sonntags mußte ich mich um eine gehobene Familienbühnensprache bemühen. Mein Vater riet mir, wie Demosthenes Kieselsteine in den Mund zu nehmen. Als ich es einmal ausprobierte, sprach ich mit Kieselsteinen Frankfurterisch. Schließlich war das Frankfurterisch meine Muttersprache, so daß meine Ausflüge in das Hochdeutsche immer jämmerlich scheitern mußten. Mein Bruder konnte damals noch nicht laufen und wurde in den Kinderwagen gesteckt, in dem er sofort einschlief. Mit der Frage »Haben wir auch nichts vergessen?« verließen wir die Wohnung. Wir nahmen den Bus nach Bockenheim, von wo aus wir mit der Zwei zum Prüfling nach Bornheim fuhren. Das Haus meiner

Großmutter lag in der Obernhainer Straße. Neben dem Eingang stand eine Trauerweide, deren Zweige bis zum Boden reichten. Ein Hauch Klavierspiel lag in der Luft. Onkel Peter übte. Er übte für Konzerte, die er nie gab. Er mochte keine kunstbegeisterten Menschenansammlungen. So unterrichtete er in überschaubaren Klassen Musik neben Deutsch, Geschichte und Latein im Wöhlergymnasium und spielte nur im kleinen Kreis. Wenn wir in das Haus eintraten, flüchtete er meist schnell in sein Zimmer, wo der Mann mit dem Goldhelm über seinen Schreibtisch wachte. Onkel Peter liebte die Einsamkeit. Sein Zimmer sah aus wie ein Instrumentenmuseum. An der Wand über dem Bett hing das Waldhorn meines Großvaters, links daneben seine Klarinette und rechts seine Geige. Auf allen drei Instrumenten soll mein Großvater meisterhaft gespielt haben. Ich habe ihn nicht mehr gehört. Er war drei Jahre vor meiner Geburt gestorben. Eine Fotografie, die mein Vater von ihm aufgenommen hatte, zeigte ihn mit seiner Geige auf den Knien, ein Mann mit nach oben gezwirbeltem Schnurrbart und großen Augen. Er soll neben seinem Beruf als Geiger im Opernorchester auf Hochzeiten und auf der Kirchweih in Dörfern um Frankfurt herum aufgespielt haben, um für seine Tochter Gretel, die seit ihrem zwölften Lebensjahr gelähmt war, ein Auskommen zu sichern. So eindringlich habe er gespielt, daß den Tanzenden ganz leicht ums Herz wurde, erzählte meine Großmutter, die noch immer Schwarz trug und stundenlang aus dem Fenster schaute, als würde ihr Mann jeden Augenblick um die Ecke biegen.

Tante Gretel empfing uns jedesmal mit ausgebreiteten Armen. Sie saß im Rollstuhl, und ihre Augen leuchteten. Hinter ihr her trottete mit der Andeutung eines Schwanzwedelns Harras, ein Neufundländer, der im Gang unter dem Selbstbildnis

Rembrandts seinen Platz hatte. Ob er nun Rembrandt oder Rembrandt ihm mit der Zeit ähnlich geworden war, weiß ich nicht. Tatsache war, daß Harras den forschenden Rembrandtblick hatte. Ihm war nichts Menschliches fremd, und eine tiefe Trauer hatte sich in seine Augen gestohlen, die kaum unter den schwarzen Haaren auszumachen waren. Meine Großmutter liebte Harras. Als ihr einmal in den Heimgärten ein Mann die Handtasche entreißen wollte, stürmte Harras herbei und brachte den Räuber zu Fall, der sich vor Schreck die Hosen näßte und lauthals um Erbarmen schrie. Seit dieser Heldentat wurde Harras alles nachgesehen, selbst wenn er aus Altersgründen einmal das Wasser nicht halten konnte.

Im Wohnzimmer war schon der Tisch gedeckt, er reichte von einem Ende des Zimmers bis zum andern. Das Licht zeichnete, durch den Vorhang gemustert, zitronengelbe Punkte auf die braune Tapete, berührte die Gabeln und Löffel, und sie erwiderten ihm mit silbernem Feuer. Ich erklomm meinen Stuhl und stützte meinen Kopf auf die Arme, um den Mohrenkopf anzuvisieren, der auf meinem Teller thronte. Das Wasser lief mir im Mund zusammen. Ich war kein Liebhaber der Geduld. Am liebsten hätte ich auf der Stelle in den Mohrenkopf gebissen, aber der strafende Blick meines Vaters hielt mich zurück.

Die Vorfreude hatte sich schon fast verflüchtigt, als ich endlich, nachdem die andern die Kuchengabeln ergriffen hatten, meine Zähne in die samtweiche Füllung des Mohrenkopfs vergraben konnte. Der Geschmack entzückte mich und breitete sich in meiner Mundhöhle aus. Vor Begeisterung wagte ich kaum, den Bissen runterzuschlucken. Während ich mit der beglückenden Vertilgung des Mohrenkopfs beschäftigt war, hatte ich kein Ohr für die Gespräche, die mit dem Duft des Kaffees das Zimmer erfüllten. Ich schnappte nur einzelne Worte auf.

Meine Großmutter saß mir schweigend gegenüber und hielt den kleinen Finger gespreizt, wenn sie die Kaffeetasse zum Munde führte. Am Tischende saß Onkel Ernst und sagte: »Wir müssen die schönen Tage, die uns noch bleiben, genießen.« Er holte eine Zigarre aus dem Etui und rollte sie versonnen zwischen zwei Fingern. Ich starrte auf die Altersflecken seiner Hand und balancierte das letzte Stück Mohrenkopf auf meiner Zunge.

Was man hat, das hat man, dachte ich. Aber was kommt dann? Die Süße verebbte in meinem Mund.

»Ich bin sicher, daß es auf einen Krieg hinausläuft«, fuhr Onkel Ernst fort und suchte Zustimmung bei den andern. Die heißen, gelben Flämmchen der Kerzen auf dem Tisch zuckten im Atem. Krieg? Paulchen wollte immer Krieg spielen. »Du bist mein Feind«, begann er und rollte die Augen. Er sah dann noch lächerlicher aus.

Mein Vater sagte über die flackernden Kerzen hinweg: »Wir haben den letzten Krieg noch nicht verdaut.«

Ich dachte an die Fotografie meines anderen Großvaters, des Vaters meiner Mutter. Er saß in Ulanenuniform auf einem Pferd und schaute geradeaus. Schaute er auf einen Feind? Wer war denn unser Feind?

Mit der Ankündigung, daß ich zur Artillerie gehe, platzte ich in das Gespräch.

»Um Gottes Willen«, sagte meine Großmutter, »du gehst schön in die Schule.«

»Er ist doch erst fünf«, warf meine Mutter ein.

Diese wissensschädigende Tatsache hatte Onkel Peter nicht daran gehindert, mir zum letzten Geburtstag Gustav Schwabs *Sagen des Klassischen Altertums* zu schenken. Er kannte sich in dieser Welt weit besser aus als in der Gegenwart. »Politik ist

Schmutz«, sagte er dann aufgebracht und eilte ans Klavier. Jedesmal wenn es zu heiklen Themen kam, flüchtete er sich in die Musik, schloß die Augen und hob seine Hände. Wenn er zornig war, spielte er Beethoven, wenn er traurig war, spielte er Chopin, am liebsten spielte er Mendelssohn-Bartholdys »Lieder ohne Worte«, wobei er vor sich hinsummte und den Kopf schüttelte.

»Sieht er nicht aus wie ein Seiltänzer«, stellte meine Mutter fest.

Onkel Peter zog eine ärgerliche Grimasse.

Was macht man, wenn man nicht mitreden kann – und darf? Man hört zu und versucht, im Mienenspiel der Redenden den Sinn ihrer Worte zu entdecken. Genau das tat ich, und meine Mutter sagte mir: »Du kannst doch die Leute nicht so anstarren!«

Ich betrachtete die Krümel des Mohrenkopfs auf meinem Teller.

Da sagte mein Vater: »Ich denke oft über unser Jahrhundert nach. Es ist ein großes Jahrhundert. Und wenn man sich vorstellt, daß beides zusammenfällt – die Jugend eines Jahrhunderts und die Jugend eines Menschen – das ist ein wunderbares Los, nicht wahr?« Bei meinem Vater wußte man nie recht, ob er etwas ernst meinte oder nicht.

Onkel Ernst zündete die Zigarre an, lehnte den Kopf zurück und blies den Rauch an die Decke.

»Was haben wir schon mit dem jungen Jahrhundert angestellt?« sagte er hinter dem Rauch her.

Ich verfolgte den Rauch des Jahrhunderts, wie er sich unter der Decke verteilte. Es roch nach Bränden. Ich wußte mir nicht zu helfen und stellte die Frage: »Kann ich noch einen Mohrenkopf haben?«

Tante Gretel lachte, und für einen Augenblick verschwand das Jahrhundert aus dem Zimmer. Onkel Peter ging in das angrenzende Musikzimmer und begann Klavier zu spielen.

»Wenn ich Schumann höre«, sagte Tante Gretel, »habe ich das Gefühl, wieder gehen zu können.«

Ohne aufgefordert worden zu sein, stand man auf und ging in das Musikzimmer. Mein Vater räusperte sich. Ich blieb am Tisch zurück und fiel über den zweiten Mohrenkopf her, während mein Vater »Fremd bin ich eingezogen, fremd zieh' ich wieder aus« von Schubert sang. Er hatte einen etwas bangenden Bariton, und ich hatte aus unerklärlichen Gründen Angst um ihn. Wenn mein Vater sang, wurde er ein anderer Mensch. Mit gespreizten Beinen stand er da, als wollte er sich der Festigkeit des Bodens versichern. Er sang nur sonntags, und sein Bruder gab sich alle Mühe, ihm zu folgen. Mein Vater hatte die Angewohnheit, das »eingezogen« derart in die Länge zu ziehen, daß Onkel Peter einfach seine Begleitung aussetzte, um nicht aus dem Takt zu kommen.

Nach dem zweiten Mohrenkopf wurde mir in der Regel schlecht, und diese Übelkeit gehörte zum Höhepunkt dieser Sonntagnachmittage. Ich empfand sie als Strafe für meine schlechte Manieren.

»Du siehst mir gar nicht koscher aus!« sagte meine Mutter, die neben mir sitzen geblieben war. Ich lief in den Garten hinter dem Haus und holte tief Luft, die ich in einem Seufzer wieder ausstieß.

Die Stimme meines Vaters ging im Gezeter der Amseln unter. Rittersporn stürmte auf mich ein und hüllte mich in Blau. Hinter der hohen Mauer erhoben sich die Gebäude des städtischen Fuhrparks. Darüber streckte sich der Himmel bis zum Dach des Hauses meiner Großmutter. Ich beneidete die Schwalben.

Nach einiger Zeit wurde ich aus der wohltuend lähmenden Ereignislosigkeit des Gartens erlöst und durfte mit Onkel Ernst und Onkel Peter Harras ausführen, der mir sofort die Vorhut überließ und an unseren Spuren witterte.

Onkel Ernst gehörte nach dem Tode seiner Frau und nach seiner Emeritierung zur Familie. Er hatte Medizin und Jugendpsychologie an der Frankfurter Universität gelehrt und trug einen weißen Bart, der allem, was er sagte, eine würdevolle Nachdrücklichkeit verlieh. Manchmal, vor allem dann, wenn Tante Ella in der Nähe war, gab er sich ausgelassen und zwinkerte mit seinen hellblauen Augen.

»Was bin ich nur für ein alter Narr!«

Er liebte Tante Ella und machte mit ihr viele Reisen. Er selbst hatte viele Jahre in der Türkei gelebt und dort das Gesundheitswesen aufgebaut. In seiner Wohnung im ersten Stock hing eine Fotografie, auf der ihm Kemal Atatürk die Hand schüttelte. Auf Tante Ellas Sekretär stand eine silbern eingerahmte Fotografie, auf der Kemal Atatürk Onkel Ernst noch einmal die Hand schüttelte.

Ich hatte nur einige Male das Glück gehabt, einen Blick in die Wohnung von Onkel Ernst werfen zu können. Er saß in einem großen, hohen Stuhl mit lederbeschlagenem Rücken. Zeitungen umlagerten ihn. Onkel Ernst las mit einer Lupe, hinter der sich seine Augen drohend vergrößerten. Bücherregale reichten bis zur Decke, und die goldenen Buchtitel leuchteten auf. Wo nicht Bücher die Wände bedeckten, hingen dunkelrote Teppiche. Onkel Ernst war mit dem papiernen Leben der Bücher in ständiger Berührung und schien selbst nur noch eine Spiegelung wirklicher, lebendiger Menschen zu sein. Er war hoch in den Siebzigern und steckte voller Erinnerungen. Mit mir redete er nur wenig und stellte mir lieber Fragen, die ich nur mit Ja oder Nein beantworten konnte. Er hatte einen Sohn, der jedoch in der russischen Revolution verschollen gegangen war. Jetzt suchte er den Gang der Weltgeschichte in Zeitungen und Büchern und liebte Tante Ella, die sich manchmal schminkte, obwohl das eine deutsche Frau nicht tat.

Auf dem Lohrberg wagte Harras einige Sprünge. Spaziergänger grüßten uns mit »Heil Hitler!« Onkel Ernst zog schweigend seinen Hut.

Bei den ersten Anzeichen der Dämmerung kehrten wir um, Onkel Ernst und Onkel Peter in Gespräche vertieft, dahinter Harras mit tapsenden Schritten. Ich wartete an jeder Straßenecke. Die Zeit dehnte sich endlos, und alte Frauen saßen an ihren Fenstern und verfolgten das Treiben auf der Straße. So fügten sich diese Sonntagnachmittage zu einem Jahr, und aus einem Jahr wurden mehrere Jahre, bis es keine Mohrenköpfe mehr gab. Mein Bruder bekam seine Zähne und ich einen Pullover, und Harras lag eines Tages tot unter dem Selbstbildnis Rembrandts.

»Wer wird mich jetzt beschützen!« klagte meine Großmutter.

Onkel Peter spielte nur noch Chopin, bis er eingezogen wurde, und Tante Gretel widersprach allem mit einem Lächeln. Als eine Luftmine das Haus meiner Großmutter zerstörte, nahm Tante Ella Onkel Ernst mit aufs Land. Wenn er dort seine täglichen Spaziergänge machte und Bauern bei der Arbeit antraf, redete er türkisch auf sie ein. Die Zeitungen, die er zu lesen bekam, waren meist schon einige Tage alt. So rutschte Onkel Ernst ganz allmählich aus der Gegenwart. Wenn jemand etwas von ihm wissen wollte, hielt er die Hand ans Ohr, schüttelte den Kopf und erklärte: »Das kann ich leider nicht beantworten.«

Aber das alles weiß ich nur noch vom Hörensagen. Als ich Onkel Ernst zum letzten Mal sah, stand er neben einem riesigen Lederkoffer im Frankfurter Hauptbahnhof und schaute immer wieder auf die Uhr. Er stieg sehr umständlich in den Zug, drehte sich noch einmal um, hob die Hand und sagte:

»Ich werde für längere Zeit verreisen. Wenn ich eine feste Adresse habe, gebe ich Bescheid.«

Er zog den Hut, als der Zug anfuhr.

*Es steht in den Büchern*

In unserem Bücherregal, das direkt neben dem Lichtschalter im Wohnzimmer seinen Platz hatte, stand oben ganz rechts Alexander Petöfis poetische Werke. Wie das Buch in unseren Besitz kam, weiß ich nicht. Ich bin überzeugt, daß Bücher sich manchmal selbst ihre Heimstatt aussuchen. Mit acht Jahren begann ich es zu lesen. 1944 verbrannte es mit allem anderen in unserer Wohnung. Es existiert aber noch weiter in meinem Kopf. Irgend jemand hatte es mit vielen Ausrufezeichen geschmückt.

Lang gedehnt, wie diese
Wurst vor mir,
Sei der Lebensfaden
Aller hier.

Das Ausrufezeichen daneben war mit so viel Ungestüm ausgeführt worden, daß es sich über mehrere Seiten hinweg durchgedrückt hatte. Ich tummelte gern mit meinen Augen in dem Band herum. Manchmal las ich die Gedichte laut vor mich hin.

»Redest du neuerdings mit dir selbst?« fragte mich meine Mutter durch die offene Tür.

Ich las leise weiter. Petöfi war eine Angelegenheit, die nur mich allein etwas anging. Sein Name war das erste Pseudonym meines Lebens. Ich stellte mir Alexander Petöfi als einen schlanken, schwarzgelockten jungen Mann vor, der sich bei jedem Satz über den Schnurrbart strich. In seinen blankgewichsten Stiefeln spiegelte sich der Himmel. Ich hätte noch die geringste Kleinigkeit seines Auftretens schildern können. Ich kannte ihn besser als mich selbst. So verfiel ich auf die Idee, mich meinen Freunden gegenüber als Adoptivsohn meiner Eltern auszugeben. Richtig hieße ich eben Alexander Petöfi und sei als Waise nach Deutschland gekommen. Rudi, der ein sehr leichtgläubiger Mensch war, blieb der Mund vor Staunen offen stehen. Obwohl ich ihm dies unter dem Siegel strengster Verschwiegenheit mitteilte, brachte er es nicht fertig, die Sache für sich zu behalten, und so gelangte sie nach einigen Umwegen zu Ohren meiner Mutter, die es natürlich meinem Vater erzählte. Die Katastrophe war unvermeidbar. Für sie behielt mein Vater sogar die Krawatte an, die er gewöhnlich nach dem Essen ablegte.

»Schande über dich!« fuhr er mich nach dem letzten Bissen des Abendessens an. »Was höre ich da, du seist ein ungarisches Findelkind, dem man den Namen Alexander Petöfis auf die Brust tätowiert habe?«

Ich spürte, wie mir das Blut in die Wangen stieg.

So hatte ich meine Lebensgeschichte gar nicht erzählt. Mein Vater, der in seinem Zorn doppelt so groß schien als sonst, sprach von Verrat und drohte, mich für einige Wochen einzusperren, so daß nicht noch mehr von diesem Unsinn in die Außenwelt gelange. Tatsächlich mußte ich für einige Wochen mit der Innenwelt unserer Wohnung vorliebnehmen. Nur der Gang in die Schule sei mir erlaubt. Auch erwarte er, daß ich pünktlich nach Hause komme.

Das war nicht gerade die Ankündigung des letzten Gerichts,

aber auch kein Pappenstiel, und ich sah schon die Langeweile auf tausend Füßen auf mich zukriechen. Aber ich fand dann doch noch eine Möglichkeit, der Strafe angenehme Seiten abzugewinnen. Ich las mich an diesen Nachmittagen durch das ganze Büchergestell, das, strenggenommen, die Ursache meiner ungarischen Existenzerweiterung gewesen war. Es wurden aufregende Stunden, die mich die Welt um mich herum vergessen ließen. Wenn ich in der Öde eines Buches strandete, rettete ich mich an das Ufer eines anderen. Aus den Buchseiten wirbelten die abenteuerlichsten Welten heraus: Robinson Crusoe auf seiner Insel, die Hand zum Schutz über den Augen, Odysseus nackt vor Nausikaa, Hagen mit dem Speer über Siegfried gebeugt, blitzdurchzuckte Nächte und aufgebrachte Meere. Aufschäumend stob das Wasser vom Kiel hoch wie eine vergoldete Vogelschwinge. Der Mond wühlte sich in die schwarzen Wasserstrudel hinein.

»Volle Fahrt voraus!« schrie ich auf dem Linolfußboden unseres Wohnzimmers mit Blick auf Konstantinopel in Wasserfarben – und Käpt'n Marryat warf seine Mütze gegen den Wind. Ich wechselte von Buch zu Buch meine Existenz und versank bis über meine Seele in den Spuren der Phantasie. Ich atmete die Wörter geradezu ein und spürte, wie sie Besitz von meinem Leib ergriffen. Ich wand mich wie ein Wurm, schnaufte, schwitzte, hämmerte mit den Fäusten auf den Boden und spannte die Muskeln. Jeden Tag konnte ich es kaum erwarten, von der Schule nach Hause zu kommen.

»Du mußt jeden Bissen dreißigmal kauen!«

Vor mir schaukelte die Suppe im Teller. Was ist das für ein Leben, das nur aus Essen besteht?

Ich löffelte, so schnell ich konnte, den Teller leer und dachte an den Zorn des mächtigen Achilleus. Mein Bruder, der noch nicht in die Schule ging und aus Baukästen utopische Städte im Gang unserer Wohnung hochtürmte, war ein Wunderkind der Nahrungsaufnahme und aß geradezu mit einem Ausdruck gesammelter Andacht. Für mich war jede Zeit, die ich nicht lesend verbringen konnte, verlorene Zeit. Gleich nach dem Essen in der Küche setzte ich mich an den Tisch im Wohnzimmer und erledigte meine Schulaufgaben, um dann endlich, schon ganz ausgelaugt von der Vorfreude, mich über die Seiten eines Buches zu beugen und die Buchstaben in mein Hirn hineintanzen zu lassen. Oft übersprang ich die Hausaufgaben wie eine lästige Hürde.

Liest man mit dem Herzen oder mit dem Kopf? Manchmal hatte ich das sichere Gefühl, das Gelesene wie eine Mahlzeit runterzuschlucken. Es brodelte in mir.

»So geht das nicht weiter!« sagte meine Mutter. Ich verbündete mich mit Achill gegen den Rest der Welt und verkniff mir jedes Wort der Entgegnung.

Meine Freunde sah ich in den Wochen des Exils nur noch auf dem Schulweg und in der Bonifatius-Schule, wo wir jeden Morgen nach dem deutschen Gruß ein Vaterunser für das Vaterland beten mußten, laut und deutlich, so daß es auch Gott zu Ohren kommen konnte. Wir schrien wie am Spieß.

Es war das erste Kriegsjahr, und Lehrer Junglas, der die schönsten Osterhasen an die Tafel zeichnen konnte, weinte, als er sich von uns verabschiedete, um die Uniform anzuziehen, wie er sich ausdrückte. Meine Mutter erklärte mir, daß wir kein Geld für solche Dinge hätten. Damals lief so ziemlich jeder in einer Uniform herum: Soldaten, SA-Leute, Hitlerjungen, Pimpfe und Straßenbahnschaffner, selbst Mädchen trugen schwarze Röcke und weiße Blusen. Nur Herr Pecht in unserem Haus, der im Ersten Weltkrieg schwer verwundet worden war und seine Kinder nach dem Alten Testament erzog, um ihnen das Böse auszutreiben, machte sich nicht viel aus dieser Verkleidung und blickte die Uniformierten erbost über die herabgerutschte Brille hinweg an.

»Glaubt nur nicht, daß ihr auf diese Weise eure Nacktheit verbergen könnt!«

In unserer Ausgabe von Gustav Schwabs *Sagen des klassischen Altertums* trat Achilleus nackt Hektor gegenüber.

Ich versuchte, mir Hitler nackt vorzustellen.

Über die Geschichte meiner ungarischen Herkunft war inzwischen Gras gewachsen, aber mein Lesehunger war geblieben, ich glaubte, ohne Bücher nicht mehr leben zu können. Natürlich mußten wir auch für die Schule lesen. Zum Beispiel die Fabel von der Stadtmaus und der Feldmaus. Dazu wurde auch ein Film gezeigt, erst vorwärts und dann rückwärts, so daß er für eine erneute Vorführung wieder von vorne beginnen konnte. Rückwärts machte mir die Sache einen so großen Eindruck, daß ich die unausweichliche Nacherzählung ebenfalls von hinten nach vorn schrieb und die Fabel rettungslos verwirrte und ihr somit auch die moralische Pointe raubte. Ich erntete damit keine Lorbeeren, denn wer schrieb damals schon vom Rückschritt. Es war ein gefährliches Thema, nahm es doch alle Ereignisse der Geschichte wieder zurück. Meine Mutter fand den Einfall vom Krebsgang allen Geschehens so erheiternd, daß sie mich umarmte.

»Das wäre eine feine Sache, wenn alles noch einmal auf den Anfang zurückliefe.«

»Sie würden dieselben Fehler machen«, sagte mein Vater mit etwas gedämpfter Stimme.

»Und wir?« fragte meine Mutter.

Mein Vater küßte seine Frau und verließ die Wohnung, um

sich den Kopf ein bißchen zu lüften. Der Herbst 1940 hing voller Fragen.

Mich faszinierte die Vorstellung, alles könnte rückgängig gemacht werden, mehr und mehr, und ich dachte mir die wahnwitzigsten Geschichten aus, die allesamt ihren Anfang als gutes Ende hatten. Gut, was geschehen ist, ist geschehen. Schwamm drüber! Oder ist das Geschehene nicht die Preisgabe aller anderen, vielleicht besseren Möglichkeiten? Ich litt damals an der Unfähigkeit, Satzzeichen an die Stelle zu setzen, wo sie hingehören, vor allem glaubte ich, auf Punkte verzichten zu können. Es blies durch alle Ritzen meiner Sätze. In den Zeitungen war es nicht anders. Das Ausrufezeichen hatte die Aufgabe des Punktes übernommen. Selbst aus unserem Radio plärrten nur Ausrufezeichen. Die deutsche Sprache hatte Stimmbruch. Man brüllte in der Hoffnung, auf diese Weise überzeugen zu können. Auf das Geschehene selbst kam es nicht mehr an, sondern einzig und allein auf die Deutung des Geschehens. Ich duckte mich unter die Schlagwörter, die alles zur Endgültigkeit verdammten, und verlor die Zuversicht in die Sprache. Mit einem Wort: Ich verfehlte in meinen Aufsätzen das Thema. Das war durchaus ein berechtigter Vorwurf, und ich wußte mich nicht zu wehren. Doch lernte ich den Konjunktiv kennen und hob die Ausschließlichkeit des Wirklichen auf.

»Du mußt mehr lesen!« riet mir Dr. Kroll, der seinen rechten Arm in Frankreich verloren hatte. Er konnte nicht verstehen, daß ich lachte. Ich hatte das untrügliche Gefühl, daß er alles, was ich sagte, gegen mich auslegte. So gewöhnte ich mir das Stottern an. Nur zu Hause und mit meinen Freunden sprach ich ganz normal.

Ich fragte Rudi, wie es denn wäre, wenn der Stein, der gerade eine Fensterscheibe zertrümmert hätte, aus ihr in meine

Hand zurückflöge – und nichts wäre geschehen, rein gar nichts.

Rudi runzelte die Stirn und sagte: »Das wäre die Lösung aller Schwierigkeiten.«

»Aber nur im Kopf«, warf ich einschränkend ein.

Bei jedem Fliegerangriff nahm ich ein Buch mit in den Keller, kauerte mich an die rauhe Backsteinwand und hielt es in den Schein der Kerze. Es wurde leise geredet. Die Wörter turnten in meinem Kopf, aber es gelang mir nicht, ihnen meine ungeteilte Aufmerksamkeit zu schenken. Das Getöse der Flak und die Explosionen der Bomben nisteten sich zwischen die Zeilen. Die drei Musketiere desertierten aus meiner Phantasie und ließen mich mit meiner Angst allein. Frau Wede gab ihrem Söhnchen die Brust, und einmal, als es ein wenig ausruhte, spritzte sie mir ihre Milch ins Gesicht. Ich war kein Kind mehr.

Es geschah jetzt so viel, daß ich die Lust an der Umkehr zum Anfang verlor. Mein Vater wurde eingezogen, Stalingrad fiel, und Frau Borrie hatte von einer Wahrsagerin erfahren, daß ihr Sohn gesund nach Hause komme und der deutsche Endsieg sicher sei. Sie bezahlte mit einer Strickjacke.

»Hätten Sie ihr noch mehr gegeben, wäre noch etwas Besseres herausgekommen.«

»Ist das nicht genug?« wehrte sich Frau Borrie.

Im Sommer stand unsere Haustür offen, und im Winter ging der Kohlenklau um. Kurz vor Weihnachten 1943 schlug in der Nachbarschaft meiner Großmutter, die in Bornheim wohnte, eine Luftmine ein. Die Druckwelle erfaßte das Haus, riß das Dach herunter, wirbelte die Fenster aus den Rahmen, fegte durch die Zimmer, holte die Bücher aus den Schränken und verstreute sie im Garten. Einige landeten in den Bäumen und blieben dort wie tote Vögel hängen.

Ich versuchte, mir ein Leben ohne Bücher vorzustellen. Es gelang mir nicht. Als wir das Nötigste in zwei Koffer packten, um Frankfurt zu verlassen, steckte ich in einem unbeobachteten Augenblick die Reclamausgabe der Einleitung zur Algebra von Euler in einen Koffer.

## *Das Schweigen der Sonnenuhr*

Mein Großvater war ein Uhrenfreund. Das lag zweifellos an seiner Ungeduld. Nichts ging ihm zügig genug, und das eine Mal, als er mich mit zum Pferderennen nach Niederrad nahm, war eine Katastrophe.

»Mußt du denn dem jungen Herrn zehnmal die Haare kämmen?« fragte er vor unserem Aufbruch ungeduldig meine Mutter, ergriff dann kurzentschlossen meine Hand und entzog mich der mütterlichen Fürsorge. Auf dem Weg zur Bushaltestelle am Dammgraben ging er drei Schritte vor mir her. Sein breiter Rücken wirkte wie eine Filmleinwand. Im Bus saß er wortlos auf seinem Platz. In Gedanken war er schon in Niederrad, während ich noch im Bus saß und vor Neugier platzte.

»Wer gewinnt?« fragte ich, um etwas Konversation zu machen.

»Das schnellste Pferd.« Mehr konnte ich nicht aus meinem Großvater herauskriegen. Er saß kerzengerade neben mir und studierte in kurzen Abständen seine Taschenuhr, ja er ging sogar so weit, sie mehrmals mißtrauisch an sein Ohr zu halten. Er traute dem Frieden nicht. Am Hauptbahnhof stellte er zu seiner größten Zufriedenheit fest, daß die Bahnhofsuhr genau dieselbe Zeit anzeigte wie seine Taschenuhr.

In der Straßenbahn sagte er: »Bis nach Niederrad ist es nur noch ein Katzensprung.« Seine Ungeduld machte jede Strecke zu einem Katzensprung. Ich hatte schon die Hoffnung aufgegeben, je ans Ziel zu gelangen, als wir endlich ausstiegen. Mit uns verließen zwei Herren mit Zylinder und einen Schirm am Arm den Wagen.

»Die gehen auch zum Pferderennen«, flüsterte mir mein Großvater zu.

»Und warum trägst du keinen Zylinder?« wagte ich zu fragen.

»Da würden die Pferde scheu werden«, meinte er.

Vor dem Eingang überwogen die Zylinder- und Uniformträger. Die Gesichter der Frauen lagen im Schatten ihrer breiten Hüte, und ihre Strümpfe schimmerten silbern. Mein Großvater nahm mich an der Hand und bugsierte mich durch die Menge, lachte, wenn er einen Bekannten erspähte, zog das rechte Auge hoch und kniff das linke zusammen. Er war in seinem Element. Es roch nach Pferden, obwohl man noch gar keine sah, und nach den verschiedensten Parfüms, und dies ergab einen beunruhigenden Duft. Ich spürte, wie die Hand meines Großvaters feucht wurde. Eins konnte ich als Knirps gar nicht leiden, wenn andere schwitzten. Als mich dann noch eine Dame küßte, die ihren Hals hinter einem Fuchspelz verbarg und eine Ähnlichkeit zwischen meinem Großvater und mir festzustellen glaubte, war ich drauf und dran, in Ohnmacht zu fallen, was immer dann zu geschehen pflegte, wenn besonders intensive Gerüche in meine Nase stiegen.

»Mach mir nur keine Sachen!« warnte mich mein Großvater, der schon Fallstudien an mir machen konnte.

Ich holte tief Luft und schaute in den wolkenlosen Himmel. Dort hing ein Ballon, auf dem in großen Buchstaben SAROTTI stand. Er kroch langsam durch das Blau, und ich glaubte, in der Gondel eine Hand zu erkennen, die mir zuwinkte.

Mein Großvater kaufte mir eine Limonade mit Waldmeistergeschmack, und ich wünschte mir, die Zeit würde stillstehen. Das Gedränge wurde immer stärker, und ich war noch nicht groß genug, um mich gegen die Knie und Ellenbogen zu behaupten. Nur mit Mühe konnte ich mich an der Seite meines Großvaters halten. Frauen wedelten sich mit dem Programm frische Luft zu, manche bedienten sich sogar eines Fächers. Zeitungsverkäufer mit Jockeymützen skandierten Schlagzeilen. Gesprächsfetzen flogen um mich herum. Pferdenamen wurden gehandelt. Eine Blaskapelle spielte Märsche, die den Lärm strafften. Die Instrumente blinkten in der Sonne, und ich sah, wie Staub aufflog und sich wie ein zarter Schleier über der Menge ausbreitete. Mein Großvater war unterdessen zum Wettbüro gegangen und hatte mich gebeten, vor der Treppe auf ihn zu warten. Ich wartete eine Ewigkeit lang, und der Waldmeistergeschmack verebbte auf meiner Zunge. Plötzlich hörte ich es bimmeln, und die Zuschauer, die nicht auf der Tribüne saßen, drängten sich an die Umzäunung. Das dumpfe Getöse von Pferdehufen zog vorüber. Ich stellte mich auf die Zehenspitzen, sah jedoch nur eine Wand aus Rücken, die das Geschehen auf der Pferderennbahn verbarg. Erst als ich in die Hocke ging, konnte ich durch die Beine der Zuschauer die dahinstürmenden Pferde sehen. Erdbrocken flogen unter den Hufen auf. Anfeuernde Rufe dehnten die Geschwindigkeit, und die Jockeys beugten sich über die Pferderücken. Der Lärm verdichtete sich zu einem Schwirren. Die Zeit schien zu stocken, und der Sarottiballon klebte wie ein Schönheitspflästerchen am Himmel.

Von meinem Großvater keine Spur. Die Zuschauer, die mir den Rücken zukehrten, nahmen keine Notiz von meiner Verlassenheit, sie versteckten ihre Augen hinter Ferngläsern, und ihre Schreie wurden immer lauter.

Ich hatte gar keine Zeit, mich selbst zu bedauern. Ein Mann in einer Manchesterjacke mit von zwei Bierflaschen ausgebeulten Taschen kurvte auf mich zu und schattete seine Augen mit der Hand ab.

»Haben Sie zufällig meinen Großvater gesehen?« fragte ich ihn.

Er schlug die Hacken zusammen und hob die Hand zum deutschen Gruß.

»Wie kann ich deinen Großvater gesehen haben, wenn ich gar nicht weiß, wie er aussieht.«

Jeder Versuch, stramm zu stehen, mißlang ihm. Er ruderte mit den Armen, doch immer wieder knickte er in den Knien ein. Eine Alkoholfahne flatterte ihm voran. Verzweifelt schaute ich mich nach meinem Großvater um.

Der Mann folgte meinem Blick und sagte mit schleppender Stimme:

»Du wirst es nicht glauben, aber ich bin auch Großvater, sogar 'n mehrfacher. Könnte dir jetzt gar nicht sagen, wieviel Enkel ich habe. Darauf kommt es auch gar nicht an.«

Er sah nicht wie ein Großvater aus, sondern wie ein alter Mann, der sich nicht mehr zurechtfindet.

Als die Zuschauer zu klatschen begannen und vor Freude in die Höhe sprangen, setzte sich der Mann wieder in Bewegung. In einer spiralförmigen Bewegung stemmte er sich hoch und torkelte an mir vorüber.

»Sag deinem Großvater, daß die Pferde nicht rennen, sondern fliehen. Jawohl, die fliehen. Sie sind jetzt sicherlich schon in Schwanheim. Sie fliehen vor den Menschen.«

Er lachte. In diesem Augenblick tauchte mein Großvater auf und richtete den Zeigefinger auf mich.

»Wo hast du dich nur herumgetrieben?«

»Ich habe die ganze Zeit hier auf dich gewartet.«

So ungeduldig hatte ich meinen Großvater noch nie gesehen. Er knöpfte seinen Mantel auf und schaute auf seine Taschenuhr. Er trug sie in Magennähe, um, wie er sich ausdrückte, das Verdauungsgrollen mit dem Ticken der Vergänglichkeit zu verquicken. Es war wieder einmal höchste Zeit. Mein Großvater hievte mich hastig auf seine Schultern und drängte sich zwischen die Zuschauer, die gebannt auf den Start warteten. Die Hakenkreuzfahnen auf der anderen Seite der Rennbahn klebten an den Masten, und der Sekundenzeiger der Uhr über der Tribüne mähte die Zahlen. Ich hatte das Gefühl, selbst auf einem Pferd zu sitzen und gab in der Aufregung unwillkürlich meinem Großvater die Sporen. Er war jedoch kein Pferd und setzte mich wieder ab, so daß ich auch von dem zweiten Rennen wenig mitbekam. Er schob seinen Kopf gegen ein Fernglas und vergaß mich. Wieder ging ich in die Hocke und sah zwischen die Beine der Zuschauer hindurch, wie Erdklumpen unter den Hufen aufflogen. Anfeuerungsrufe verdichteten sich zu einem schrillen Lärm. Zwischen den aufgeregten Köpfen breitete sich beruhigend das Blau des Himmels aus. Ich glaubte Augenzeuge der Zeit zu sein, wie sie über die Rennbahn jagte, wie der Sekundenzeiger ihr nachrückte, wie die von ihr entflammten Blicke den Pferden in der Kurve folgten, wie die Jockeys sich über den Rücken der Pferde hinweg unter ihr zu ducken schienen, um keinen Widerstand zu bieten. Ich versuchte, den Atem anzuhalten, als könnte ich mich auf diese Weise vom Zwang der Zeit befreien.

Freudenschreie rissen mich aus meiner Verweigerung, und ich atmete wieder mit erhobener Brust.

Was war geschehen? Die Augen meines Großvaters verschwanden in einem Lachen.

»Wir haben gewonnen«, sagte er und wedelte mit dem Wettschein.

»Welches Pferd hat denn gewonnen?« wollte ich wissen.

»Eine neunjährige braune Stute, die ›Zukunft‹.«

Ein kleiner Mann neben ihm zog den Zylinder. »So muß man eben heißen, wenn man gewinnen will.«

Mein Großvater deutete eine Verbeugung an und murmelte seinen Namen.

»Sehr erfreut«, erwiderte der Mann und sagte seinen Namen.

Ich schaute gern den Zeremonien zu, wenn mein Großvater jemanden begrüßte, den er die Ehre hatte, nicht zu kennen. Er wurde jedesmal ein anderer Mensch, beugte sich leicht vor und wußte nicht, was er mit seinen Händen machen sollte, vor allem dann nicht, wenn er den deutschen Gruß ausführte. Er sah dann aus wie ein begossener Pudel, steif und ungelenk, und zu meinem Entsetzen sprach er hochdeutsch, die Endungen der Wörter betonend. Nach diesem Akt distanzierender Höflichkeit verwandelte sich mein Großvater wieder in meinen Großvater, und ich war überzeugt, daß er dieses Zeremoniell nur mitmachte, um einen Menschen nicht kennenlernen zu müssen. Mein Großvater war ein sehr höflicher Mensch.

Für die nächsten Rennen ging ich nicht mehr in die Hocke. Schultern, Schultern und Schultern stießen vor mir aneinander und bildeten einen Brei, einen zähen und langsamen Brei, der, den Rennen folgend, hin- und herschwappte. In diesem Brei steckte auch die Schulter meines Großvaters. Ich starrte auf seinen Rücken und versuchte, die Grimassen, die die Falten seines Mantels schnitten, zu deuten.

Jedesmal, wenn ein neues Rennen startete, ging ein Aufatmen durch die Menge der Zuschauer, das schließlich in wilde

Anfeuerungsrufe überging und in einem Gebrüll des Triumphes und der Enttäuschung endete. Als alles vorüber war und die Zuschauer zum Ausgang drängten, bückte ich mich, um meine Schuhe zu binden, und verlor meinen Großvater aus den Augen. Ich drehte mich, von Ellenbogen vorangestoßen, wie ein Kreisel, bis es mir schwindlig wurde. Ich blieb zurück. Merkwürdig, wie eilig es plötzlich die Menge hatte.

Es dauerte nicht lange, und ich stand ganz allein am Rande der Rennbahn. Pferdegeruch lag noch in der Luft. Wind war aufgekommen und riß die Fahnen aus ihrer Lethargie. Ich schlenderte zu den Ställen, wo die Jockeys, den Kopf zurückgeworfen, Sekt aus der Flasche tranken. Vor den Boxen standen Besucher, die auf die Pferde einredeten. Füllen saugten stürmisch, den Kopf nach oben stoßend, die Milch ihrer Mütter. Stallburschen mit schweißnassen Rücken siebten Hafer.

»Wo ist die ›Zukunft‹?« fragte ich, und die Jockeys lachten, den Kopf unter der Flasche wegdrehend, so daß sich der Sekt über ihr Gesicht ergoß.

Einer zeigte auf ein Pferd, das ein Stallbursche striegelte.

Die »Zukunft« tänzelte einige Schritte zurück und schüttelte schnaubend die Mähne.

»Auf die Zukunft!« schrien die Jockeys übermütig und hielten die Sektflaschen in die Höhe.

Ein Mann unter einem Zylinder schlug die Hacken zusammen. An seinem Arm lachte eine Frau in einem langen weißen Kleid, auf dem sich ihre Brüste und ihre Knie abzeichneten.

»Auf meine Zukunft!« schrie er und tätschelte den Rücken seiner Begleiterin.

Ich wußte beim besten Willen nicht, wie ich mich verhalten sollte. Der Stallbursche, der die Striegel bis zum Vorderknie des Pferdes führte, grinste mich blöd an. Ich wagte nicht, in seine Augen zu schauen. Der Mann unter dem Zylinder kam mit unsicheren Schritten auf mich zu, die Frau folgte ihm mit kleinen Schrittchen. Er trug ein Monokel, unter dem sein Auge wie ein Geldstück glänzte. »Du darfst das Pferd ruhig einmal streicheln. Es frißt dich nicht.«

Die Frau ließ das Glas fallen, das sie in der Hand gehabt hatte, und kuschelte ihren Kopf an die Brust des Mannes. Ihr Hals blähte sich.

Ich trat zögernd auf die »Zukunft« zu und legte meine Hand auf den Hals des Pferdes. In seinen fast schwarzen Augen spiegelte sich das Licht der Lampe. Es wirkte wie ein Lachen.

»Hab keine Angst!« beruhigte mich der Mann, ließ das Monokel in seine Hand fallen, schob die Frau von seiner Brust weg, zog den Kopf des Pferdes am Halfter zu sich heran und küßte die Nüstern. »So mußt du das machen!«

Ich spürte Klebriges auf meiner Handfläche und trat einen Schritt zurück. Das Pferd stieg vor mir hoch, so daß die Decke von seinem Rücken rutschte. Es sah aus wie ein Uhrzeiger, der gerade die 12 erklommen hat. Der Mann unter dem Zylinder strauchelte und landete auf dem Hosenboden. Ich nutzte die Verwirrung und floh aus dem Stallgebäude. Ein Mann zog einen Rechen über die Rennbahn. Außer ihm waren nur noch wenige Menschen zu sehen. Der Lärm war verklungen. In der Ferne schrien Kinder hinter einem aufsteigenden Drachen her. Vor dem Wettbüro drängten sich einige, die ihren Gewinn noch nicht abgeholt hatten. Zwischen ihnen tauchte mein Großvater auf und bahnte sich einen Weg durch sie. Er kam triumphierend auf mich zu, und ich war gerettet. Ich erzählte sofort, was ich alles erlebt hatte, und machte aus dem Mann unter dem Zylinder einen Clown.

»Wieviel hast du gewonnen?«

»Für die Zukunft reicht es nicht, aber für einen Spaß.«

Nur mit Mühe fanden wir in der Straßenbahn Platz. Ich hielt mich am Mantel meines Großvaters fest, als der Wagen in die Kurve ging.

»Wir haben ein Gehirn, über das wir weniger Kontrolle haben als über unser Gleichgewicht.«

Eine Frau neben uns lachte laut auf.

Am Hauptbahnhof stiegen wir aus, und mein Großvater lenkte seine Schritte schnurstracks auf das Schumanntheater zu, wo er tatsächlich noch zwei Karten für die erste Vorstellung kriegte.

Der Saal lag im Halbdunkel. Nur die Bühne war von Glühbirnen umrahmt. Eine Platzanweiserin in einer roten Livree führte uns zu unseren Plätzen. Zur Feier des Tages, an dem die Stute »Zukunft« gesiegt hatte, war für meinen Großvater nur die erste Reihe in Frage gekommen.

»Nobel geht die Welt zugrunde!«

Er marschierte mit weitausgreifenden Schritten nach vorn. Ich blieb im gemessenen Abstand hinter ihm und dachte daran, daß wir bei einem Brand unweigerlich die letzten sein würden, die sich in Sicherheit bringen könnten. Aber ehe ich mir alle Katastrophen ausmalen konnte, die einzutreten drohten, trat der Direktor mit weißem Zylinder und einem weißen Stöckchen an die Rampe, um die erste Nummer anzusagen.

Ich machte mich ganz klein und sah die breiten, weißgefärbten Lippen eines Clowns sich zu einem O runden. Mädchen, die der Direktor »Girls« nannte, schwangen die schwarzstrümpfigen Beine wie Perpendikel. Die Zeit verging mit sehr viel Aufwand. Ein Pferd löste Rechenaufgaben mit einem Scharren des Hufes. Ein Elefant tanzte und ließ seinen Mist mitten auf die Bühne fallen. Die Zuschauer schrien »Zugabe!«.

Der Direktor stürmte von der rechten Seite zur Mitte der Bühne. Licht breitete sich um ihn aus, so daß er wie ein Heiliger wirkte. Er nahm seine rechte Hand aus der Hosentasche und hob sie wie zum deutschen Gruß in die Höhe, als wollte er jeder Bewegung Einhalt bieten. Ein Trommelwirbel stürzte in meine Ohren. Die Zeit schien stillzustehen. Die Augen fielen mir zu, und ich stürzte in den Schacht eines Traums. Männer schleppten einen riesigen Käfig auf die Bühne, in den durch einen vergitterten Gang drei Löwen schlichen. Jeder von ihnen sprang auf ein Podest und riß das Maul auf. Ein strenger Geruch wehte mir in die Nase, und ich sah mich in einen rotvioletten Rachen verschwinden. Der Dompteur lief geduckt durch den vergitterten Gang, knallte mit der Peitsche und verbeugte sich, wobei er den linken Arm auf den Rücken legte.

Unwillkürlich begann ich zu klatschen, und der Dompteur sah mich mit steinernem Blick an und deutete mit dem Finger in meine Richtung. Als ich vor Entsetzen meinen Mund aufriß, nickte er zustimmend mit dem Kopf. Es bestand kein Zweifel, er meinte mich und keinen anderen. Ich wußte genau, was mich erwartete. Ich stieg auf die Bühne, drehte mich um und sah in den von gleißender Helligkeit umlohten Schlund des Publikums. Der Dompteur, der den Käfig verlassen hatte, nahm mich an der Hand und führte mich zu den Löwen. Seine Oberlippe glitt nach oben und zitterte über den blendend weißen Zähnen.

»Du mußt keine Angst haben!«

Ich wußte genau: Das sagt man jedesmal dann, wenn es wirklich Gründe gibt, Angst zu haben.

Das Maul eines Löwen schnappte auf, ich schob ihm meinen Kopf in den Rachen und wartete. Und so blieb ich leicht vornübergebeugt stehen und nichts geschah, noch nicht.

Als der Schlußapplaus mich wieder weckte, sah ich, wie der Direktor inmitten der Mädchen stand und Kußhände ins Publikum warf. Der Elefant schwenkte seinen Rüssel hin und her, und die Clowns gingen auf den Händen. Ich war mir nicht sicher, ob ich nicht doch noch träumte.

»Nichts wie heim!« sagte mein Großvater, und schob mich zum Ausgang.

Ich glaubte, meinen Kopf noch immer im Maul des Löwen zu haben. Ein fauliger Gestank stieg in meine Nase. Die Hohenzollernallee war voller Menschen, die zur Festhalle drängten. Auf den Köpfen der Polizisten, die den Verkehr regelten, türmten sich die Tschakos. Ein Hupen fiel über mich her, und die Trottoirs flüsterten, scharrten unter den Schuhsohlen. Schaftstiefel knallten auf den Asphalt.

Mein Großvater korrigierte den Sitz seines Hutes und nahm mich fest an die Hand.

»Daß du mir nicht verlorengehst!«

»Was ist denn hier nur los?« wollte ich wissen und zeigte mit meiner freien Hand auf die Menschen, die quer über die Straße strömten.

»Irgendein hohes Tier wird in der Festhalle sprechen.«

Hohe Tiere waren für meinen Großvater Bonzen, die sich ohne Uniform und Orden nicht an die Öffentlichkeit wagten. Ein Daimler-Benz schob sich langsam durch die Menge. SA-Leute bildeten schnell ein Spalier und rissen die Arme hoch. Eine fette Hand grüßte zurück und blieb wie eine Drohung in der Luft hängen. Ein runder, von einem mächtigen Nacken gestützter Kopf schaute geradeaus. Die Uniformbrust blähte sich beim Einatmen. Das große Tier sei der Gauleiter Jakob Sprenger, flüsterte mir mein Großvater zu. Ich sah, wie das große Tier an seiner Rede kaute und die Menschen um sich herum kaum wahrnahm.

»Nichts wie heim!«

Die Kuppel der Festhalle schimmerte grün. Hinter ihr stieg das Abendrot in den Himmel. Frankfurt schien zu lodern. Der Paradeplatz war fast leer, und vom Güterbahnhof wehte das Quietschen der rangierenden Waggons. Dämmerung eroberte die Kuhwaldsiedlung.

Beim Abendessen fielen mir die Augen zu, und ich hörte nur mit halbem Ohr zu, wie mein Großvater die Geschehnisse des Tages einsammelte. Mein Kopf steckte noch immer im Maul des Löwen. War das ein Tag! Pferderennen, Zirkus und schließlich ein hohes Tier. Die Zeit macht viel Umstände, und ihr Lärm schlug mir um die Ohren. Noch die Schritte später Passanten hielten mich wach. Die Welt knisterte und knirschte, ächzte und dröhnte. Kein Zweifel, ich war selbst ein kleiner Minutenzeiger, der hinter der Zukunft herlief.

»Die Stunde ruft, der Tag verpflichtet, wir alle treten an.«

Schlagworte schlugen nach mir.

Die Zeit hatte mich in ihren Fängen. Das brachte mich auf die Idee, mich im Zeigerbeobachten zu üben, bis mir die Augen tränten. Einmal verlor ich dann doch die Geduld und stürmte zu meinem Großvater, um mich über die Uhr zu beklagen, die nicht voran wollte.

Er schaute nach und stellte mit einem leichten Anheben der Augenbrauen fest: »Sie ist stehengeblieben.«

Ich schämte mich, daß ich so wenig Vertrauen in den Vollzug der Zeit hatte und allen Ernstes glaubte, wenn eine Uhr stehenbliebe, wäre das ein untrügliches Zeichen dafür, daß die Zeit eine Pause mache. Manchmal wünschte ich mir solche Pausen, vor allem dann, wenn mir Unangenehmes bevorstand, auf das ich nicht genügend vorbereitet war oder das ich erst gar nicht erleben wollte. Aber mit der Zeit mußte ich erfahren, daß die

Zeit keine Verschnaufpausen kennt und ungeachtet meiner Wünsche, Erwartungen und Befürchtungen immer das gleiche Tempo behält, selbst dann, wenn ich sie vor Glück vergaß.

Es war eine sonderbare Zeit, die mehr Fragen stellte, als sie Antworten gab. Der Winter kündigte sich in Wolken an, die bleiern waren und blau, aber alle glaubten an den Anfang einer neuen Zeit, und von dieser neuen Zeit berichteten die Zeitungen, lärmten die Radios aus den offenen Fenstern der Tornowstraße, schwärmte Frau Wede: »Der Sieg, an den wir glauben und um den wir ringen, legt uns die heiligste und größte Verpflichtung unseres Lebens auf.«

In dieser Zeit des Lärms und der auswendig gewußten Schlagworte entschloß sich mein Großvater, eine Sonnenuhr an der Außenwand seiner Gartenhütte anzubringen.

»Wo Licht ist, gibt es auch Schatten.«

Er hatte sich für die einfachste Version entschieden, bei der die Ebene, auf die der Schatten fällt, senkrecht zum Stabe steht, und da die Sonne bei ihrer scheinbaren täglichen Bewegung sich parallel zu dieser Ebene bewegt, rückt der Schatten um ebensoviel Grade auf der Ebene weiter wie die Sonne am Himmel. Bis die Sonnenuhr endlich ihren Dienst tat, hatte sich mein Großvater mit der Säge den Zeigefinger aufgerissen, mehrmals seine Geduld verloren und meinem Vater gesagt, er freue sich auf eine Uhr, die nicht nachgehe.

Als sie endlich die Zeit hätte anzeigen können, schien die Sonne nicht mehr. Mein Großvater schaute unwillig zum Himmel und sagte:

»Wenn die Sonne nicht scheint, ist die Zeit keinen Schuß Pulver wert.«

## *Keuchhusten*

Um es gleich zu sagen: Ich hatte nie Keuchhusten. Sonst bin ich keiner Kinderkrankheit von einiger Bedeutung aus dem Weg gegangen, habe tapfer alle Bazillen und Viren eingeatmet und lag dann prompt auf der Nase. Keuchhusten dagegen hatte ich nicht, und gerade der Keuchhusten hätte mir so viel bedeutet.

Es war im Mai 1939, als jedes Kind mit einigem Pflichtbewußtsein gegenüber der Statistik in unserer Straße zu husten begann. Kaum hatte sich der eine eingehustet, begann schon der nächste. Ich konnte mit keinem in ein Gespräch kommen, ohne daß er mir nicht etwas gehustet hätte. Meine Mutter meinte, daß ich mit Sicherheit auch bald an der Reihe sei. Zu ihrer und meiner Überraschung war dies jedoch nicht der Fall.

Sie werden es nicht glauben, ich litt darunter, daß ich nicht wie die andern draufloshusten konnte, und es gab keinen, der mich deswegen bemitleidet hätte. Gesund war ich einfach abgemeldet. Das schlimmste war, daß keiner wissen wollte, warum ich nicht hustete. Gesundheit schien das Selbstverständlichste der Welt zu sein. Ich begann mich als Außenseiter zu fühlen.

Paulchen war ohne jeden Zweifel der begabteste Huster, und der Zuhörer hatte bei ihm das Gefühl, einem ausgewachsenen Atemdrama zu lauschen. Er brachte es fertig, den Husten aus der Tiefe des Magens in die Atemwege zu locken.

Das Leben des Menschen ist nichts – und doch will der Mensch nirgendwo zu kurz kommen. Wenn in der Zukunft irgend etwas meine Eigenliebe kränken sollte, dann wird mir sofort jener Mai einfallen, als ich gegen alle Erwartungen der Einladung des allgemeinen Keuchhustens nicht folgen konnte. Ich blieb jedoch nicht nur von der Krankheit ausgeschlossen, sondern auch von den Privilegien der Heilung. Frankfurts Ärzte waren auf die Idee verfallen, die vom Keuchhusten gequälten Kinder in ein Flugzeug zu setzen, auf daß sie in der Höhe wieder freier atmen könnten. So versammelten sich auf dem Flugplatz Rebstock die Mütter mit ihren hustenden Kindern. In einer Baracke kam es zu einer letzten Untersuchung, ehe man mit ärztlicher Erlaubnis in die bereitstehenden JU-52 steigen durfte. Ich war ebenfalls zum nahen Flugplatz Rebstock gelaufen, ohne meine Mutter einzuweihen, und hatte mich, um meine letzte Chance einer heilenden Luftfahrt zu wahren, in die Schlange der Wartenden angestellt. Auf die Frage Paulchens, ob es mich jetzt auch erwischt habe, hustete ich, so gut ich konnte. Als ich an der Reihe war, forderte der Arzt in der Baracke als erstes mein Attest. In Ermangelung desselben begann ich zu husten, und zwar so erbärmlich, daß er das Stethoskop, das er schon auf meine Brust gerichtet hatte, wieder sinken ließ und mich etwas befremdet anstarrte.

Der Mechanismus der Atmung ist mit der Arbeit des Blasebalgs zu vergleichen. Der Balg wird auseinandergezogen, die Luft strömt in sein Inneres; er wird zusammengedrückt, und die Luft strömt wieder heraus. So ungefähr ist es auch mit den Lungen. Der Brustkorb, dem die Lungen dicht anliegen, wird bei der Einatmung mitsamt den Lungen ausgedehnt, die Luft strömt herein, bei der Ausatmung sinken Brustkorb und Lungen zusammen und treiben die Luft wieder hinaus. Ich demonstrierte das Ein- und Ausatmen mit einem erzwungenen röchelnden Ton und preßte einen jämmerlichen Husten hervor, den der Arzt auf der Stelle als eine Simulation erkannte.

»Du bist kerngesund«, stellte er fest, und anstatt mich zu freuen, verließ ich enttäuscht die Baracke. Ich hörte, wie die Motoren der drei JU-52 ansprangen, erst stotternd, dann aufheulend. Niemand beachtete mich. Ich hätte zu Hause bleiben sollen. Der Wind der Propeller hob die Kleider der Mütter, warf ihre Hüte in die Luft, fegte über das Gras und ließ den Windsack aufgeregt wedeln. Die silbernen Flugzeuge holperten schwerfällig in Startposition, und ich sah Schatten in den kleinen Bordfenstern.

Ich litt darunter, auf der Erde bleiben zu müssen. Ich fühlte mich ausgestoßen. Die schmutziggelben Blüten der Kamille zitterten, und runde Wolken wälzten sich wie Kanonenrauch tief am Horizont. Kiefern tanzten in der Ferne.

Jetzt war es soweit: Der Motorenlärm verstärkte sich. Nach einem kleinen Anlauf hoben die Flugzeuge vom Boden ab, schüttelten sich wie nasse Hunde und stiegen in die Höhe. Der aufgeblähte Windsack erschlaffte. Ich schaute mit der Hand über den Augen den Flugzeugen nach, die in einer Spirale sich in den Himmel bohrten.

Die Mütter winkten mit ihren Taschentüchern. Meine Augen tränten. Warum mußte gerade ich eine Ausnahme bilden. Ich begann mit beiden Händen zu winken und hüpfte in die Höhe. Rudi erzählte mir später, daß er mich gar nicht gesehen habe.

»Wie war's denn da oben?« wollte ich wissen.

»Mir war schlecht«, gestand Rudi. »Ich war froh, als wir wieder unten waren.«

Er hustete immer noch und preßte die Hand an den Mund.

Nach einigen Wochen verebbte der Keuchhusten, und die Gespräche wandten sich anderen Themen zu, aber die Enttäuschung darüber, daß ich nicht hatte mitfliegen können, bohrte weiterhin in mir. Ich begann vom Fliegen zu träumen. Die Erde erschien mir wie ein Teppich. Ich schlug wild mit den Armen um mich und fiel fast jede Nacht aus dem Bett. So begann ich die Angst vor dem Fliegen kennenzulernen. Es war für mich immer ein Fallen, so sehr ich mich auch mit meinem Körper dagegen sträubte. Dann bebte die Erde. Ein klirrendes Geräusch weckte mich. Ich höre die schmatzenden Schritte meines Vaters auf dem Linoleum. Er schrie: »Ein Erdbeben! Ein Erdbeben!«

Ich sprang aus dem Bett. Mein Vater stand nackt im Wohnzimmer und starrte auf das helle Rechteck in der Tapete. Konstantinopel in Aquarellfarben lag auf dem Boden. Das Glas war zersprungen. Als mein Vater mich bemerkte, bückte er sich rasch nach dem Bild und bedeckte damit sein Geschlecht.

»Mach, daß du ins Bett kommst. Es ist weiter nichts geschehen.«

Ich lag noch lang wach und wartete auf den nächsten Erdstoß. Meine Gedanken liefen hinter der Gefahr her, bis ich einschlief.

Am nächsten Morgen erfuhr ich in der Schule, daß tatsächlich die Erde Frankfurts gebebt hatte. Es sei jedoch kein Schaden entstanden.

»Die Natur hat den Menschen den Krieg erklärt«, erklärte Herr Wild voller Schadenfreude über den Zaun hinweg. Herr Wild trieb Astrologie, um zu beweisen, daß alles mit Recht so war, wie es war. »Die Sterne lügen nicht.«

»Ich will gar nicht wissen, was auf uns zukommt«, sagte meine Mutter und zog mich vom Zaun weg. Ich trat vorsichtig auf, jeden Augenblick gegenwärtig, daß die Erde wieder beben könnte.

Am nächsten Tag fand das Erdbeben in der Zeitung statt, und ich lernte das Wort seismographisch.

# *Ekel*

Wie die Lust auf etwas zugeht, so erreicht der Ekel das Gegenteil. Der Angeekelte flieht. Wenn ich es genau betrachte, war ich immer auf der Flucht. Ich glaube, es fing mit der Haut auf dem Kakao an. Warum muß sich gerade auf dem erkaltenden Kakao derlei bilden? Ich würgte, Tränen stiegen mir in die Augen. Ich ließ den Kakao stehen. Der Ekel kitzelte meine Kehle.

Das ist doch keine erwähnenswerte Angelegenheit, wird einer einwerfen. Zugegeben, aber eben diese kleinen mißlichen Erfahrungen prägten mein frühes Leben. Der Ekel hatte mich immer wieder am Wickel. Hühner, ob gekocht oder gebraten, erregten in mir einen Brechreiz. Auch bei ihnen war es die Haut, die mich den Hunger vorziehen ließ. Ich war also ein selektiver Esser, der mit der Gabel die Beschaffenheit eines Mahles erst genau prüfte. Meine Mutter sah bald ein, daß hier ihre erzieherischen Anstrengungen scheitern mußten. Beobachtete sie die ersten Anzeichen des Ekels in meinen Augen, befreite sie mich von dem Zwang, den Teller leer zu essen, um die Aussicht auf schönes Wetter zu sichern.

So nahm ich ab, und das Wetter machte eh, was es wollte.

Es ist schon erstaunlich, was der Mensch alles ißt, mitunter ist es sogar furchtbar. Herr Trageser zum Beispiel brachte jeden Samstag einen in Zeitungspapier eingewickelten Kalbskopf mit nach Hause, seine Frau zersägte ihn in zwei gleiche Teile und versenkte ihn ins kochende Wasser eines riesigen Topfes. Tragesers waren eine sechsköpfige Familie. Ich habe die Zubereitung eines Kalbskopfes bei ihnen einmal mit eigenen Augen verfolgt. Dieser Anblick raubte mir für mindestens drei Tage den Appetit. Walther Trageser dagegen, der mich um eine Kopflänge überragte, pries die Kochkünste seiner Mutter in den höchsten Tönen. Was wird aus einem Menschen, der Kalbsköpfe ißt?

Ich selbst war kein begeisterter Fleischesser. Lag es auf meinem Teller, durfte es keine Sehnen enthalten, und jedes Fett, das sich weiß verriet, mußte herausgeschnitten werden. Vielleicht war es diese Vorsorge, die mich sehr früh mit Messer und Gabel hantieren ließ.

Der gefährlichste Kumpan des Ekels ist die Vorstellungskraft. Ich mußte nur meine Augen schließen und meine Phantasie walten lassen, und was sie mir nicht vermittelte, brachte mein Vater mir zur Kenntnis. Er war selbst ein einschüchternder Allesesser. Er liebte Schweinsohren mit Linsen, Lungenhaschee, Herzgulasch und saure Kutteln, und ich drohte vor Ekel in mich selbst hinein zu verschwinden.

Mein Vater wußte, wie man die Welt eß- und genießbar machte. Er kochte gern und waltete in der Küche wie ein Berserker. Ehe wir selbst zu einem Urteil über seine Schleckereien kommen konnten, sagte er mit hochgezogenen Brauen, am Tisch sitzend: »Schmeckt es nicht vorzüglich?«

Das war dann meist Anlaß für mich, vorsichtig zu kauen, bis ich das Zerkaute hinunterzuschlucken wagte. Prompt würgte ich, und mein Vater sah mich mit strafenden Augen an. »Bei uns wird gegessen, was auf den Tisch kommt!«

Ich konnte diesen Rat nicht bedenkenlos befolgen, und so beschränkte ich mich auf die einfachsten Nahrungsmittel. Mit einem Wort: Ich wurde ein Liebhaber der Kartoffel und all ihrer gastronomischen Verwandlungen. Da konnte man unbekümmert drauflosessen und war vor Überraschungen sicher.

Mein Ekel war nicht nur sinnlicher, sondern auch geistiger Natur. So schloß ich nach der Vorgabe meines Vaters: »Aus Blut kann also entweder Nahrung hergestellt werden, zum Beispiel Wurst, oder helles und schwarzes Albumin, Leim, Knöpfe, Farben, Dünger, sowie Futter für Vieh, Vögel und Fische. Das Rohfett von sämtlichen Vieharten und die fetthaltigen organischen Abfälle können zur Herstellung von Speisefetten wie Kochfett, Margarine, künstlicher Butter und von technischen Fetten wie Stearin, Glyzerin und Schmierfetten Verwendung finden. Köpfe und Hammelfüße werden mittels elektrischer Spezialbohrer, automatischer Reinigungsmaschinen und Schneidemaschinen zu Lebensmitteln, Knochenöl, Putzwolle und Beinwaren verarbeitet.«

Und erst das Debakel der Wurst, in die alles Einlaß findet. Beim Nachdenken über ihren möglichen Inhalt verzichtete ich meist auf eine Zungenbekanntschaft mit ihr. Beim weiteren Nachdenken schien mir der Mensch selbst so etwas wie eine Wurst zu sein, stopft er doch alles, was er zwischen die Zähne kriegen kann, unterschiedslos in sich hinein und gedeiht. Hängt nicht sein Schicksal auch davon ab, was er ißt? Mich schauderte.

Frankfurt ist vor allem wegen seiner Würste berühmt, wie jeder weiß. Aus diesem Grund werden ihre Bewohner schon einmal Frankfurter Würstchen genannt. Es war mein Großvater, der mich in das Geheimnis der Frankfurter Würstchen einweihte.

Aber alles der Reihe nach, Bissen für Bissen, um bei der Wurst zu bleiben.

Mein Großvater liebte sonntägliche Spaziergänge, die er mit einem Spazierstock oder einem Regenschirm ausführte. Den Schirm spannte er nie auf, er diente ihm nur als Abwehrzauber bei regenbedrohten Sonntagen. Seine feiertäglich blank gewichsten Schuhe quietschten unter seinem Gewicht, und seine Nase rötete sich. Beim Gehen schlug ihm die schwere Uhrkette gegen den Bauch. Manchmal durfte ich ihn begleiten. Ich trippelte drei Schritte hinter ihm her und trat die Löcher zu, die er mit dem Stock in der Erde hinterlassen hatte.

Es war die Zeit der Knickerbocker und Lodenmäntel, der breiten Damenhüte und gelegentlichen Vatermörder. Frauen in matten Seidenstrümpfen schritten an der Seite steifer Männer, die ihrer Militärzeit nachzutrauern schienen.

Unser Weg war stets derselbe, selbst die anderen Spaziergänger, denen wir begegneten, waren fast immer dieselben, und da mein Großvater nicht der einzige war, der nach der Uhr lebte, sahen wir sie auch noch jedesmal an derselben Stelle. Wir liefen über den Paradeplatz, der voller Menschen und Hunde war. Es verwirrte mich, wenn mein Großvater »Heil Hitler!« sagte und Herrn Lorenz meinte, und Herr Lorenz »Heil Hitler!« sagte und meinen Großvater meinte. Alle hießen Hitler, und bei vielen leuchteten die Augen auf, wenn sie daran erinnert wurden.

Die Art und Weise, in der mein Großvater den Hut zog, richtete sich nach seiner Wertschätzung des Gegenübers. Griff er mit einem Schwung nach dem Hut und befreite den Kopf völlig von ihm, schien er beglückt, gerade diese Person zu sehen. Dann sprach er übers Wetter und über den Pegelstand der Weltgeschichte, über die schneidige Herrenmode und den Bau der Autobahn. Wenn er jemandem nur einen guten Morgen wünschte, sprach er leiser, als handele es sich dabei um ein

Geheimnis. Sein Hut hob und senkte sich auf den Wogen der Höflichkeit.

Die gemächlichen Menschenströme aus dem Kuhwald und aus Bockenheim lösten sich auf dem Paradeplatz auf, und der ganze Platz schien bedeckt von einzelnen Menschen. Jeder löste sich vom andern. Zwischen ihnen erweiterte sich der Raum. In perspektivischer Verschiebung wirkten die entferntesten Gestalten immer kleiner, und ich empfand deutlich die weite Dehnung des Platzes, der in den Flanken vom Güterbahnhof und von der pappelbewehrten Bismarckallee begleitet wurde. Alle Menschen waren frei voneinander, bald nahten sie sich zu größerer Dichte, bald ließen sie Lücken, fortwährend war die Teilung des Raumes eine andere. Die Gehenden schoben sich durcheinander, verdeckten einander, lösten sich wieder ab, schritten frei und allein, jeder aufrecht einen Platzteil betonend, verdeutlichend, und so wurde der Raum zwischen ihnen ein fühlbares, lebendiges Wesen von Anziehung und Abstoßung.

Unser Spaziergang endete gewöhnlich im »Schlagbaum«, einer Gastwirtschaft an der Bockenheimer Warte, wo mein Großvater für sich ein Bier und für mich eine Limonade bestellte, die Zeitung, die er von einem Haken an der Wand genommen hatte, auseinanderfaltete und mich der Betrachtung der Gäste überließ, die am Sonntagmorgen all das herausbrüllten, wozu sie in der Woche keine Gelegenheit hatten. Es roch nach Sauerkraut und Bier, und über der Theke, über den blank geputzten Zapfhähnen, hing eine Fotografie, die Adolf Hitler zeigte, wie er die Hand ans Koppelschloß preßte.

»Er wird schon wissen, was er zu tun hat«, erklärte ein Biertrinker mit einem Blick auf ihn und verfiel in ein tiefes Brüten. Der Wirt schob mit einem Spachtel den überquellenden Schaum von den Gläsern. Adolf Hitler zuckte noch nicht einmal zusammen, wenn ein Skatspieler seinen Trumpf auf den Tisch klatschte, daß die Biergläser hochhüpften und überschwappten. Er schaute in die Zukunft.

Das tatenlose Sitzen machte mich sehr bald so hungrig, daß ich mir nicht anders zu helfen wußte, als meinen Großvater hinter der Zeitung hervorzulocken und ihm meinen Hunger zu bekennen. Er schaute mich mit gespielter Besorgtheit an, hob die Augenbrauen und faltete genüßlich die Zeitung zusammen, ehe er sie wieder an die Haken hing.

»Da werden wir etwas dagegen unternehmen müssen«, sagte er und schob mich, nachdem er den überforderten Kellner bezahlt hatte, zur Tür, die beim Zufallen den Lärm in die Gaststube zurückdämmte.

Die Bockenheimer Landstraße wollte kein Ende nehmen. Ich seufzte. Mein Großvater blieb stehen und fragte, ob ich denn schon müde sei?

Ich schüttelte den Kopf und erklärte, wenn es darauf ankäme, könnte ich bis zum Großen Feldberg laufen.

Gesagt und schon gelogen. Müde paßte ich mich den ausgreifenden Schritten meines Großvaters an und fragte wohl ein dutzendmal, wo es denn in aller Welt etwas zu essen gebe.

»Wart ab!« war seine Antwort. Der Spazierstock holte weiter aus und stieß härter auf den Boden, so daß die Spatzen aufflogen und sich tschilpend in den Bäumen der Bockenheimer Landstraße verloren. Straßenbahnen dröhnten vorüber.

»Persil bleibt Persil. Ein Volk, ein Reich, ein Führer«, buchstabierte ich.

»Gibt es wirklich einen Herrn Persil?«

Mein Großvater maß mich mit einem erstaunten Blick. »Das ist ein Kunstname.«

»Ist Hitler auch ein Kunstname?«

Mein Großvater hob seinen Spazierstock, daß er wie ein zierliches Damoklesschwert über mir schwebte, und lachte. Als nächstes waren dann das Wahre, Schöne und Gute dran. Wir überquerten den Opernplatz, und das Wahre, Schöne und Gute verschwand, von ein paar Tauben bewacht, im Sonnenlicht. Die Straßen wurden jetzt enger, und ich betrachtete mein Spiegelbild in einer Schaufensterscheibe, schaute ich genauer hin, blickte ich durch mich hindurch auf Würste und Schinken, auf Käse und Pasteten, auf Dosen und Gläser. Mein Hunger drohte mich auszuhöhlen. Die Häuser auf beiden Seiten der Freßgasse rückten näher aufeinander zu. Auf dem Goetheplatz versteckten sich die Frankfurter hinter ihren Zeitungen, und Hunde schnupperten an Hunden. Auf der Hauptwache weitete sich der Blick, um dann kaum mehr den Himmel zwischen den Dächern ausmachen zu können. Weit liefen die Gäßchen, Gassen und Straßen auseinander. Aus dem Dunkel trat plötzlich die hochragende Ecke eines Hauses hervor, eines bauchigen Fachwerkhauses, zusammengesetzt aus lauter Wuchtigkeiten. Dann gähnte im Dunkel ein Portal vor einem schattigen Höfchen.

Wir befanden uns im Bauch Frankfurts, und es grollte um uns herum. Menschen gingen mitten auf den Sträßchen, Arm in Arm, und sangen Lieder, die kein Ende nehmen wollten. Sie schwankten nach rechts und links und lachten, wenn sie gegen die Häuserwände prallten. Ein Geruch von Wein und Fett schwappte uns entgegen. Ich hatte Angst, in der Masse grölender und kreischender Frauen verlorenzugehen. Unter einem offenen Durchgang, der das Erdgeschoß eines rotgestrichenen Hauses bildete, drängten sich Hungrige und winkten mit Geldscheinen. Zwischen zerstiebenden Dampfwolken erblickte ich glänzende Wurstkringel, die an Stangen herunterhingen. Darüber zeigte eine Uhr an, welche Stunde es geschlagen hatte. Mein Hunger war ein großes Tier.

Ich winkelte meine Ellenbogen und schlüpfte zwischen Hosen und Sommerkleidern vor den Stand, hinter dem ein dicker Mann mit einer blauweißgestreiften Schürze seine Hände rieb.

»Ei Bubsche«, sagte er mit hoher Stimme, »willste e Gelbworscht?«

Mein Großvater bejahte es an meiner Stelle, holte umständlich sein Portemonnaie aus der Gesäßtasche und zeigte es verheißungsvoll dem Wurstverkäufer. Dieser wußte sofort, was er zu tun hatte. Er stieß mit einer langzinkigen Gabel in den Kessel über dem Holzkohlenfeuer und holte eine eidottergelbe Wurst heraus, die er mir auf einem Stück Papier überreichte.

»Als e Kind geleckt
so e Gelbworschthaut voll Saft,
was uns Kinner Lewenskraft,
Lewensfreud un -lust gemacht!«

Er sang es mit zitternden Backen und fügte in Prosa hinzu: »Verbrenn der awwer net die Gosch!«

Aber der Rat kam zu spät. Ich leckte mir die Lippen mit der Zunge. Um mich herum sah ich kauende Gesichter: Augen schlossen sich, Backen strafften sich, über den Hals zogen Wellen von Schluckbewegungen. Ich schaute zu Boden und sah Lachen von Bier und Apfelwein, gelben Schleim, Papierknäuel und Wursthautfetzen; ich sah Stiefel, Knickerbockerhosen, Damenschuhe und Strümpfe. Und über mir kauende Münder. Grausame Gesichter starrten auf mich – und auf die Würste, in die sie voller Verachtung hineinbissen, mit den Zähnen an der

Haut rissen und schmatzten und schluckten. Ich hob die Augen in den viereckigen Himmel. Stimmen hüpften über meinen Kopf hinweg. Ich schob meine gerade angebissene Gelbwurst meinem Großvater in die Jackentasche und wischte mir schweratmend den Mund ab.

»Ei, schon satt?« fragte mich mein Großvater, der noch nichts von seinem neuen Besitz wußte. Die Welt drehte sich, die Häuser wackelten, der Boden zitterte. Und während mich der Schwindel packte und ich zu einem wilden Kreisel wurde, schaute mich der Wurstverkäufer prüfend an und sagte zu meinem Großvater: »Nemme Se den Bub ham! Der verdreht ja die Aache wie en dode Mann nach em Finfer.«

In meinen Ohren dröhnte es. Mein Großvater fackelte nicht lange, er ergriff meine Hand und zog mich durch die Masse der Wurstesser, durch Gerüche von Fett und Schweiß, Parfüm und Heil-Hitler-Rufen.

Kaum umfing uns die muffige Stille einsamer Gassen, bekannte ich so nachdrücklich, wie es mein Magen erlaubte: »Ich esse nie mehr Gelbwurst. Was ist denn da eigentlich drin?«

»Hirn«, erwiderte mein Großvater.

Ich verstummte und fürchtete mich vor kommenden Gedanken.

## *Grimassen am Fenster*

Wenn ich eine der zahlreichen Kinderkrankheiten aufgeschnappt hatte, die in Wellen die Kuhwaldsiedlung und den Rest von Frankfurt heimsuchten, erlaubte meine Mutter es nicht, daß mich meine Freunde besuchten, um sie nicht der Gefahr der Ansteckung auszusetzen. Doch meine Freunde wußten sich zu helfen. Sie stemmten sich an der Fensterbank meines Zimmers hoch, drückten die Nase an der Scheibe platt und schnitten die tollsten Grimassen. Durch die vielen Köpfe, die mehr neugierig als teilnahmsvoll auf mein Bett starrten, wurde es ganz dunkel in meinem Zimmer, und ich hatte Mühe, die Grimassenschneider voneinander zu unterscheiden.

Walther brachte die fürchterlichsten Grimassen zustande. Sein ganzes Gesicht, das die Dehnbarkeit eines Einmachgummis hatte, rutschte nach allen Seiten aus. Er zog seinen Mund mit beiden Zeigefingern derart in die Länge, daß er wie ein Briefkasten aussah. Auch konnte er beängstigend schielen und seine Nase an der Fensterscheibe in ein froschartiges Tier verwandeln. Das menschliche Gesicht sei der Spiegel der Seele, sagt man und urteilt danach. Bezog man diese physiognomische Grundregel auf die Grimassen Walthers, mußte man die schlimmsten seelischen Abgründe bei ihm annehmen. In Wirklichkeit war er jedoch die Unauffälligkeit in Person; er sagte immer jawohl, wenn es angebracht war, jawohl zu sagen, und schrieb so schön, daß meine Schrift im Vergleich dazu einen hieroglyphischen Schrecken ausübte. Mit einem Wort: Walther war ein Muster, unerträglich ordentlich und strebsam, phantasielos und sentimental. Wenn Begeisterung ihn über eine edle Tat erfaßte, mit der man uns aus der Reserve der Unbotmäßigkeit zu locken versuchte, kam es schon einmal vor, daß seine Stimme plötzlich lieblich zu klingen begann. Nur eine Lästerung konnte ihn am Weiterreden hindern. Dann lächelte er mich traurig an, legte die Hand auf meine Schulter und sagte mir mit seiner im Stimmbruch ringenden Stimme – er war sechs Jahre älter als ich –, ich zöge alles ins Lächerliche. Daß gerade er es war, der am Fenster meines Krankenlagers die tollsten Grimassen schnitt, war mir ein Rätsel. Immerhin, das sei zu seiner Verteidigung gesagt, hatten seine Grimassen einen nachgerade heilenden Einfluß auf mich. Der durch sie angestachelte Wunsch, wieder aus dem Bett herauszukommen und die Neuigkeiten auf der Straße an Ort und Stelle kennenzulernen, beschleunigte meine Genesung, so daß meine Mutter nichts gegen die Krankenbesuche meiner Freunde einzuwenden hatte, sofern sie nur am Fenster stattfanden.

Meine Krankheiten fielen meistens in die Ferien, und Dr. Demmer war der Meinung, ich sei ein sehr pflichtbewußter Mensch. Was hätte ich darum gegeben, wenn ich meine Krankheiten in die Schulzeit hätte verlegen können. So schwitzte ich sie in den Ferien aus und gesundete gerade zur rechten Zeit, um den Schulanfang nach den Ferien nicht zu versäumen.

Meist gingen die Kinderkrankheiten unter uns reihum, und ich war gewöhnlich der letzte, der sie aufschnappte. Nur ein einziges Mal blieb mein Fenster leer. Da hatten uns allesamt die Masern am Wickel. Ich lag verlassen in meinem Bett und versuchte, mir die Grimassen meiner Freunde vorzustellen.

Schließlich ließ ich mir von meiner Mutter einen Handspiegel bringen und übte mich im Grimassenschneiden. Ich brachte es jedoch nicht so weit, mich selbst zu beeindrucken. Meine Grimassen schienen das Alltäglichste der Welt zu sein.

Dr. Demmer, der nach Dr. Vogel über meine Gesundheit wachte, führte seine Krankenbesuche mit einem Hanomag aus, der nicht sehr viel größer war als er selbst, und da er sehr groß von Gestalt war, schien es ein reines Wunder zu sein, daß er überhaupt in seinem Gefährt Platz hatte. Er stieg nicht aus, sondern wickelte sich aus ihm heraus.

Wir hatten kein Telefon, so daß meine Mutter bei Nachbarn anrufen mußte, um ihn an mein Krankenbett zu bitten. Er kam dann sofort, den Hut im Genick, und stellte seine rötlichbraune Ledertasche auf meine Bettdecke und fragte, mich prüfend anschauend: »Was haben wir denn?«

Das Wir verwirrte mich jedesmal, und ich zögerte mit der Beschreibung meines Zustandes. Ich konnte ja schlecht antworten: Wir haben Halsschmerzen.

Ich mußte ihm die Zunge herausstrecken und tief ein- und ausatmen, während er mit seinem kalten Stethoskop mir den Rücken abhorchte. Meine Mutter stand dann besorgt hinter ihm und versuchte mich mit strengen Blicken darauf hinzuweisen, daß ich mich auch wie ein Kranker zu benehmen habe. Die Anwesenheit Dr. Demmers hatte auf mich eine derart heilende Wirkung, daß ich nicht verstehen konnte, wenn er mich für einige Tage ins Bett verbannte. Am liebsten wäre ich auf der Stelle aus dem Bett gesprungen.

»Wadenwickel und Himbeersaft«, empfahl Dr. Demmer und schrieb sein Rezept, das, wie meine Mutter einmal feststellte, außer ihm sicher keiner lesen könne.

Dr. Demmer lachte und sagte, das Leben sei ein Glücksspiel.

Er besaß einen sehr eigenen Humor, der einem meist erst viel später aufging. Sein stets lächelndes Gesicht hatte einen ruhelosen Blick. Versank er jedoch in Betrachtung eines Symptoms, dann wurde dieser Blick allmählich steinern: Trocken, klar und kalt zeichneten sich die Linien seines Antlitzes wie das eines Heiligenbildes ab. Einmal erklärte er mir, auf der Bettkante sitzend, daß das Fieber ein Heilungsversuch der Natur sei. Der Körper, in dessen Inneren irgendwelche Gifte kreisen, hätte die Pflicht und den Wunsch, sie zu vernichten, und dazu stehe ihm in erster Linie die Beschleunigung der Verbrennungsprozesse zur Verfügung. Das Fieber sei der Beweis dafür, daß das Feuer des Innern in hoher Glut brenne, daß der Organismus auf der Hut sei und die Gifte vernichte. Die Höhe des Fiebers sei ein günstiges Zeichen und bürge dafür, daß der Körper sich wehre.

Dr. Demmer liebte es, mir solche Fiebergeschichten zu erzählen, während er mich untersuchte. Und ich wunderte mich nach seinem Weggang über das, was in mir vorging, ohne daß ich es mit meinem Willen beeinflussen konnte. Es fiel mir zunächst nichts Besseres ein, als mich vor mir selbst zu fürchten. Um mir den Beistand Dr. Demmers zu sichern, stieg ich aus dem Bett und hielt das Thermometer in einem unbeobachteten Augenblick in die Nähe einer Kerzenflamme, bis das Quecksilber den obersten Strich erreicht hatte. Meine Mutter fiel aus allen Wolken, als sie die Höhe meines Fiebers auf dem Thermometer feststellte, und rannte auf der Stelle zu den Nachbarn, um Dr. Demmer davon zu unterrichten.

In nicht mehr als einer Stunde stand er an meinem Bett, betrachtete hingebungsvoll meine Zunge, leuchtete mit einer kleinen Taschenlampe in meine Augen und maß meinen Puls. Bevor er sich entschloß, etwas zu sagen, räusperte er sich ausgiebig. »Junge, da kann etwas nicht stimmen. Nach der Höhe deines Fiebers müßtest du tot sein, aber du machst mir einen höchst lebendigen Eindruck – also sag schon, wem hast du das Fieber gemessen?«

Ich druckste herum. Daß ich lebendig war, konnte ich beim besten Willen nicht leugnen, doch brachte ich es nicht fertig, ihm die Umstände meiner Fiebererhöhung zu gestehen. So blieb ich für Dr. Demmer ein medizinisches Wunderkind.

»Du mußt Gifte in dir haben, die nur durch ein Weltfieber besiegt werden können.«

Er schaute mich mißtrauisch an, als er ging, und meine Mutter machte ganz den Eindruck, als wüßte sie genau, was geschehen war. Wenn es um Dinge ging, die ich angestellt hatte, besaß sie geradezu hellseherische Fähigkeiten, und ich litt, so daß mir nichts anderes übrigblieb, als dann endlich doch mit der Wahrheit herauszurücken: Und wie immer hatte sie recht ärgerliche Konsequenzen. Dr. Demmer nannte mich mit einem ironischen Augenzwinkern Baron Münchhausen, und ich begann daraufhin fast jeden Satz mit der Wendung: »Um ehrlich zu sein.«

»Da lachen ja die Hühner«, sagte meine Mutter und verglich mich mit Joseph Goebbels, der, wie mein Großvater meinte, das Lügen zum Staatsakt erhoben habe. So bemühte ich mich, jedes Wort auf die Waagschale zu legen, und ich mußte zu meinem Entsetzen feststellen, daß man dann so gut wie nichts mehr zu sagen hat.

Bis zum Sommer 1937 hing eine Kuckucksuhr über meinem Bett, um mich auf der Höhe der Zeit zu halten. Ich schreckte jedesmal auf, wenn sich das Fensterchen öffnete und der Kuckuck hervorschnellte, um die Zeit auszurufen. Schließlich wagte ich gar nicht mehr einzuschlafen, um die stündlichen

Kuckucksrufe nicht zu versäumen. In meinen Fieberphantasien verwandelte sich der grob aus Holz geschnitzte Kuckuck in einen riesigen Adler, der auf mich herabzustürzen drohte. Als meine Mutter herausfand, wie sehr ich unter der Kuckucksuhr litt, hielt sie das Pendel an, und ein tiefes Schweigen nistete sich in das Zimmerchen, das ich mit meinem Bruder teilte. Es schien, als wäre die Zeit zum Stillstand gekommen. Die Nacht wurde zur Ewigkeit, und die ganze Traum- und Schattenwelt meiner Lektüren brach auf einmal blutgefüllt aus den Spinnweben der Unwirklichkeit heraus. Ich hatte große Mühe, mich der in der Dunkelheit nur noch blaß schimmernden Dinge zu versichern.

Die Nacht kroch wie ein Hund auf mich zu, und ich blieb gebannt liegen, während die Schweißtropfen meine Schläfen kitzelten. Am nächsten Morgen erzählte ich meiner Mutter meine Träume.

»Da ist wieder einmal die Phantasie mit dir durchgegangen«, sagte sie und legte mir die Hand auf die Stirn. Ich liebte diese Fiebernächte, in der die Wirklichkeit aus dem Rahmen fiel, so daß ich nur zögernd und mißtrauisch in den fieberfreien Alltag zurückkehren konnte.

Dr. Vogel, der Arzt meiner ersten Kinderkrankheiten, hatte sorgengroße Augen, die jedesmal sofort die Wurzeln des Übels entdeckten, wenn ich ihm die Zunge herausstreckte. Die Spitzen seines dunklen Bartes legten sich wie schwarze, flatternde Flügel auf beide Seiten des Kopfes. Aus den flatternden Flügeln aber blickte ein ernstes, mitleidiges Gesicht mit vorstehenden Lippen. Die Hand zitterte ein wenig, wenn sie meine Stirn bedeckte.

Nach der Untersuchung, die immer sehr viel Zeit in Anspruch nahm, beugte er sich vor, so daß ich aus der Brusttasche seiner Jacke einen grün eingewickelten Eukalyptusbonbon herausfingern konnte. Wenn er das Zimmer verließ, blieb ein Hauch von Eukalyptus zurück, und um dieses Glück zu verlängern, steckte ich den geschenkten Bonbon in den Mund und schaukelte ihn auf der Zunge.

Dr. Vogel kam immer erst in den Abendstunden. Bevor er ging, saß er mit meinem Vater noch lange im Wohnzimmer. Sie redeten in einer fremden Sprache. Meine Mutter erklärte mir, das sei Französisch. »Warum reden sie nicht deutsch miteinander?« wollte ich wissen. Meine Mutter legte ihren Zeigefinger auf meine Nase und sagte, da müsse ich schon Französisch lernen, um das herauszufinden.

Zunächst näselte ich jedoch nur, und meine Freunde hielten mich für verrückt. Ich sagte etwas geheimnisvoll »Bon jour!« und tat so, als würde ich den Hut ziehen, wie mein Vater, der die Entblößung seines Kopfes mit einer fast andächtigen Höflichkeit vornahm. Herr Fleischer war mit meiner doch recht fragmentarischen Fremdsprachlichkeit nicht einverstanden und korrigierte mich. Das hieße »Heil Hitler!«

»Was heißt das auf französisch?« fragte ich meinen Vater, der den Kopf schüttelte und seufzte: »Ach, du liebe Zeit!«

Eines Tages, als ich wieder einmal mit einer pflichtgemäßen Grippe im Bett lag, eröffnete mir Dr. Vogel, daß ich fürderhin ohne ihn gesund werden müsse. Er sah mich lange an, als wollte er sich mein Gesicht einprägen, und ich schloß meine Augen dabei. Als ich sie wieder öffnete, sah ich seinen Rücken in der Tür, vornübergebeugt, so daß sein Kopf kaum noch zu sehen war. Seine Schritte schienen an dem Linoleum klebenzubleiben. Plötzlich ging ein Ruck durch seinen Körper. Mit einem Sprung entzog er sich meinem Blick. Ich habe ihn nicht wiedergesehen, auch bei meiner Großmutter in der Obernhainer Straße nicht, wo er jeden zweiten Samstag im Monat mit meinem Vater und Onkel Fritz Haydn-Trios zu spielen pflegte.

Sein Kopf schwebte dann fast waagerecht über der Geige, und auf seinen Backen blühte verräterische Röte. Beim Vivace stellte er sich auf die Zehenspitzen, so daß er sich wie ein großer schwarzer Vogel über meinen cellospielenden Onkel Fritz erhob. Gelegentlich durfte ich ihm die Noten umblättern, wobei ich feststellte, daß er fast alles auswendig wußte. Wenn er Geige spielte, lag ein entrücktes Lächeln in seinen Zügen, während mein Vater alles Leid der Welt in seinen Blick faßte. Ich wagte ihn nicht anzuschauen. Mein Vater brachte es immer wieder fertig, mir ein Geheimnis zu sein.

Ein halbes Jahr nach dem letzten Krankenbesuch schickte uns Dr. Vogel eine Ansichtspostkarte aus Montevideo, auf der die Sonne über der Plaza de Independenzia aufgeht. Meine Mutter heftete die Postkarte mit einer Reißzwecke an die Küchentür, und jedesmal, wenn sie morgens den Rolladen hochzog, ging die Sonne über Montevideo auf. Ich versuchte, mir Dr. Vogel in Uruguay vorzustellen, wie er mit seinem schwarzen Arztköfferchen auf die Straße trat.

In Frankfurt nistete sich der Nebel ein. An manchen Tagen war er so dicht, daß die Passanten gegen die Laterne vor meinem Fenster rannten.

Ausgerechnet zu dieser Zeit führte mein Vater seine Familie in die Altstadt, um uns vor ehrwürdiger historischer Kulisse zu verewigen, wie er sich ausdrückte. Er war ein Liebhaber alter Pracht und glaubte, daß wir in diesem Ambiente besser zur Geltung kommen könnten. Der Domturm lag in einem grauweißen Daunenbett, und in den engen Gassen um ihn herum saugte sich der Nebel voller Gerüche. Nichts leuchtete. Als sich endlich zur Mittagszeit die Sonne durch den Nebel gequält hatte, waren wir so müde, daß wir uns auf dem Römerberg nur sehr schwer zu einem Familienporträt vereinen ließen.

Der Sonntag endete bei meiner Großmutter, wo ich mit unziemlicher Ungeduld über einen Mohrenkopf herfiel, in dem sich für mich der Tag vollendete.

Dr. Demmer, der Dr. Vogel ablöste, hatte seine Wohnung wie sein Vorgänger im Westend. Einer seiner Vorfahren war der Maler Moritz von Schwind, und es hingen so viele Bilder und Drucke von ihm in der Praxis, daß ich die schlimmsten Schmerzen ersehnte, nur um Dr. Demmer in Begleitung meiner Mutter aufsuchen zu können. So lernte ich sehr früh, daß Leid und Schmerzen zur Kunst führen, wenigstens bildete ich mir das ein, und wenn ich dann noch an die verzweifelte Miene meines Vaters beim Geigenspiel dachte, fühlte ich mich in dieser Auffassung bestärkt. Tatsache war, daß es mir nicht schwer fiel, einen Grund für einen Arztbesuch zu finden. Ich hatte eine überdurchschnittliche Begabung zu fallen, und so blieb es nicht aus, daß meine Kniescheiben mit verkrusteten und blutigen Wunden übersät waren, die leicht eiterten und die Haut spannten. Dr. Demmer nannte mich den heiligen Rochus, was meine Mutter mit der Bemerkung einschränkte: »Aber nur äußerlich.«

Wer kannte schon mein Inneres, das ich vor dem Alltag versteckte. Kannte es Gott? Er schwieg, und ich versuchte sein Schweigen als eine Antwort zu verstehen. Nur wenn ich den Tag durchtobt hatte, wachte ich in der Nacht niemals auf. Wenn ich jedoch wach in meinem Bett lag, suchten meine Wörter die Stille ab. Aus dem Wohnzimmer drangen die Gespräche meiner Eltern, die die Schatten des Tages einsammelten.

Wie schrecklich war die Lage eines harmlosen, normalen

Menschen. Sein Leben hing an einer Anzahl gewöhnlicher, geläufiger Wörter, an den Fäden klar durchsichtiger Handlungen, und von diesen Handlungen geleitet segelte er in die Zukunft, die in der Tornowstraße jeden Morgen mit dem sonoren Ruf des Milchmanns begann: »Milch, meine verehrten Damen, die Milch ist da.«

Kam jedoch einmal etwas dazwischen, das von den Worten nicht gleich erfaßt werden konnte und nicht in die üblichen Handlungen paßte, verlor man die Fähigkeit des Verstehens, und der Schrecken trat ins Hirn.

Ich gewann die Überzeugung, daß glückliche Menschen nicht viel sagen müssen. In der Tornowstraße schwirrten die Gespräche von Fenster zu Fenster, und die Passanten duckten sich unter die Worte, die wie Krankheitserreger wirkten. Ein Wort gab das andere. Paulchen sei ein Arsch mit Ohren, meinte Dieter, und Paulchen nannte Dieter einen Staatsfeind. Das war das Schlimmste, was einem an den Kopf geworfen werden konnte. Herr Schirmer mußte wegen einiger staatsfeindlicher Äußerungen einen unbezahlten Urlaub in eingezäunter Umgebung antreten, und Herr Fleischer tönte: »Jetzt sind wir dran!«

Aber nicht nur Worte steckten an. Im Sommer 1938 machte der Scharlach in Frankfurt die Runde. Rolf war der erste im Kuhwald, der krebsrot wurde und sich überall zu kratzen begann. Es dauerte nicht lange, bis es auch meinen Bruder und mich erwischte. Das Fieber stieg ohne Nachhilfe einer Kerze in schwindelerregende Höhen, von denen aus unser Zimmer wie ein brodelnder Krater erschien. Ich erkannte meine Mutter nicht mehr, als sie mir ein Glas Himbeersaft an die Lippen preßte. Das glattrasierte Gesicht meines Vaters verschwamm am Morgen zu einem Vorwurf. Er haßte Krankheiten und las oft medizinische Bücher, um der Symptome sicher zu sein, die

die Krankheiten und Schwächen des menschlichen Körpers anzeigten. In seinem forschenden Blick lag jedoch immer auch ein Vorwurf. Er schien enttäuscht, daß nichts in der Welt vollkommen war. Mit trauriger Neugier starrte er von der Tür aus auf mein Krankenlager. Ich versuchte, mich hochzustemmen, sank jedoch sofort wieder in mein Kissen zurück.

»Sieh zu, daß du wieder gesund wirst!« sagte er. Die Tür fiel ins Schloß. Der Morgen schmeckte gallenbitter.

Auf meiner Haut erschienen zahlreiche kleine, dicht beieinander stehende, gerötete Punkte, die alsbald zusammenflossen und eine gleichmäßig gerötete Fläche bildeten. Ich wurde ein Indianer.

»Scharlach wie alle anderen«, erklärte Dr. Demmer. »Nichts wie ins Krankenhaus!«

Ich schlüpfte in meine kalten Kleider und wartete auf mein Gleichgewicht. Daß ich eine ansteckende Krankheit hatte, erfüllte mich mit einem Gefühl der Macht, und erhobenen Hauptes verließ ich die Wohnung, die mir völlig fremd geworden war. Als wir in das Auto Dr. Demmers stiegen, sah ich die Nachbarn in den Fenstern. Frau Winter rief meiner Mutter zu, sie habe in ihrer Kindheit auch Scharlach gehabt. »Man kriegt es nur einmal und dann nicht wieder.«

Tief über den Häusern hingen bauschige Wolken, von einem dunklen Streifen beschwert, vom Himmel herunter. Ich knickte unter dieser unerwarteten Last zusammen. Die Tornowstraße drohte vornüberzukippen.

Meine Mutter schob mich schnell auf den Hintersitz des Wagens. »Es ist nur gut, daß wir nicht alles wiederholen müssen.«

Dr. Demmer beugte sich über das Lenkrad. Der Wagen zitterte und schoß los. Ich wiegte mich auf dem Polster des Sitzes. Vom Dreck der Straße wie auch von den vorbeiflutenden

Passanten waren wir durch vier dunkelrot beschlagene Wände getrennt. Mein Bruder preßte seine Nase gegen das Fenster auf der anderen Seite. Sein Atem überzog die Scheibe mit einem milchigen Schleier. Am Hauptbahnhof wedelten Zeitungsjungen mit einer Sonderausgabe. Frankfurt war in ein Aquarium untergetaucht, und der Lärm klang wie das Stimmen eines Orchesters.

Das Fieber hatte mich mit einer großen Gleichgültigkeit begabt, so daß ich alles mit mir geschehen ließ.

Der Arzt, der uns im Städtischen Krankenhaus empfing, sagte »Heil Hitler!« und schaute mich mißtrauisch an, als ich ihn fragte, wie lange ich im Krankenhaus bleiben müsse. Dr. Demmer redete auf ihn ein, ohne auch nur die Andeutung einer Reaktion zu erreichen. Der glattrasierte Kopf blieb unbeweglich. Ich bekam nur die Hälfte von dem mit, was er sagte. Seine Lippen fügten sich zu einem Strich. So viel war klar: Für mich war eine Notlösung erforderlich. Das Wort beschwor die schlimmsten Befürchtungen herauf. Wurde ich operiert? Frau Weiss hatte man die Gallensteine entfernt, die sie dann in einem Lederbeutelchen verwahrte. Meiner Mutter hatte sie die Narbe gezeigt. Ich platzte mitten in diese Demonstration hinein, und Frau Weiss ließ mit einem Seufzer ihr hochgezogenes Kleid wieder fallen. Herr Waldmeister behauptete, er habe so viele Gallensteine, daß er daraus ein Häuschen bauen könne. Herr Waldmeister war ein medizinisches Wunder und ging nie zum Arzt. Er hatte mit seinen Einbildungen genug zu tun, die er mit selbstgemachten Medikamenten zu kurieren suchte.

Auf dem Wege zur Kinderabteilung fielen mir die furchtbaren Krankheiten und Gebrechen unserer Nachbarschaft und schließlich der ganzen Nation ein. Göbbels hinkte. Unversehens fing ich selbst zu hinken an.

Am Eingang zur Kinderabteilung, die in einer riesigen Baracke untergebracht war, faßte ich endlich Mut und fragte meine Mutter, was denn eine Notlösung sei.

»Du wirst wahrscheinlich in ein Extrazimmer kommen, weil alle Betten belegt sind.«

Eine Krankenschwester ließ sich meinen Namen buchstabieren.

»Heckmann wird so geschrieben, wie man es spricht.«

Ich sah Lehrer Junglas vor mir, wie er die Hefte zurückgab, in die wir so geschrieben hatten, wie man spricht. Er schien sehr verzweifelt. Offensichtlich bestand die ganze Schwierigkeit darin, daß wir nicht so redeten, wie es geschrieben wurde.

Jedesmal wenn die Krankenschwester die Feder in das Tintenfaß tunkte, schaute sie auf. Eine silberne Brosche mit einem Runenzeichen zitterte auf ihrem Busen.

Meine Mutter drückte meinen Bruder und mich an ihre Brust und klopfte uns ermunternd auf die Schulter.

»Es ist alles halb so schlimm.« Dr. Demmer brachte es immer wieder fertig, der Krankheit den Schrecken zu nehmen. In diesem Augenblick sah er wie Don Quichotte aus, der gegen Windmühlen kämpfte. Sein Schatten huschte über die grünliche Wand.

»Bis ihr heiratet, seid ihr wieder gesund!« tröstete er uns.

Ich wußte beim besten Willen nicht, auf welche Wartezeit ich mich einrichten mußte.

Die Krankenschwester führte uns durch einen langen Gang. Ich glaubte, immerzu schreiten zu müssen, weit weg bis zur völligen Erschöpfung, bis zum vollständigen Einschlafen des Gehirns. Ich nahm es gar nicht mehr richtig wahr, als ich von meinem Bruder getrennt wurde. Man führte mich in ein halbdunkles Badezimmer, wo neben der rostfleckigen Wanne ein

Bett stand. In meinem vom Fieber aufgeputschten Zustand empfand ich gar keine Scham, als mich die Krankenschwester entkleidete und mir den Pyjama anzog. Ein Arzt beugte sich über mich, und ich sah mich in seinen Brillengläsern, während er mir das Fieberthermometer in den Hintern schob, daß mir die Kälte bis ins Herz stieg. Mehr bekam ich nicht mehr mit. Ich rutschte in den Schlaf, und als ich wieder aufwachte, wußte ich nicht, wo ich war.

Jetzt war das eingetreten, was ich schon immer befürchtet hatte: Ich lag nicht in meinem eigenen Bett, und alles Vertraute, an dem ich mich hätte orientieren können, war verschwunden. Schweiß kitzelte mich in den Achselhöhlen. Ich empfand einen heftigen Schmerz im Kopf, als wäre ich im Lauf mit der Stirn gegen eine eiserne Mauer gestoßen; und während ich noch immer vor der Mauer zu stehen glaubte, sah ich, daß es gar keine Mauer gab. Ich kroch aus dem Bett, stieß gegen die verschiedensten Gegenstände, die ich mir nicht erklären konnte, und meine nackten Füße drohten am Boden festzukleben. Erst nach langem Suchen und Tasten erwischte ich den Türgriff und trat aus dem Zimmer in den Gang, durch den das Licht wie Nebel floß. Ich schlich an der Wand entlang meinem Schatten nach und verließ unbehelligt die Baracke. Die Nacht war voll heller Fenster, zu denen schräge Lichtschächte führten. Zwischen den Gebäuden hing ein Wispern und Summen. Es gelang mir auch, unbemerkt durch die Pforte zu kommen. Der Gestank der Desinfektionsmittel saß mir in der Nase. Auf meinen nackten Sohlen spürte ich den rauhen Asphalt. Ich stieg in die wartende Straßenbahn. Der Schaffner war so sehr damit beschäftigt, sein Geld zu zählen, daß er mich nicht bemerkte. Der Mond tanzte in den Zweigen der Kastanienbäume. Außer mir war niemand im Wagen, und ich hatte kein Geld. Meine Pyjamahose hing unterm Nabel. Meine Welt war klein und schrecklich. Ich schloß die Augen, um sie nicht zu sehen. Ich preßte mich in die Ecke des Sitzplatzes, und das Unheil setzte zum Sprung an.

Als die Straßenbahn mit einem Ruck anfuhr, fiel der Blick des Schaffners auf mich. Ich sah auf blank gewichste Schuhe.

»Du bist wohl ausgebüxt?«

Was sollen schon Fragen, die man nur mit Ja beantworten kann! Ich will das klägliche Ende meiner Flucht übergehen.

Die Brosche mit der Rune hüpfte auf und ab, und ich sah die schattige Furche zwischen den Brüsten der Krankenschwester.

»Du kannst dir den Tod holen!«

Sie streifte mir einen Gurt über, den sie an das Bettgestell befestigte, so daß ich mich kaum mehr bewegen konnte. Im schwachen Lampenlicht entdeckte ich über der Badewanne zwei blonde Kinder auf einer Fotografie, die einem Zug nachwinkten. Ich versuchte, den Sinn dieses Bildes zu ergründen.

Die Krankenschwester zog mir die Bettdecke bis zur Nasenspitze, und ich atmete den Seifenduft ihrer Hände ein. Ich wollte nicht klein beigeben und bäumte mich auf, so daß die Gurtriemen in mein Fleisch schnitten. Die Krankenschwester kniete sich auf das Bett und drückte mich in das Kissen zurück. Ich schrie, und weinend, mit schwindenden Kräften, spie ich eine grüne Flüssigkeit hervor, die aus meinem Herzen zu kommen schien. Der Geruch des Erbrochenen betäubte mich, und ich hielt den Atem an, als mich die Krankenschwester mit einem nassen Waschlappen säuberte.

Nach zwei Tagen, die ich mit Fieberträumen vertrödelte, wurde ich endlich in den Saal verlegt, in dem zwanzig scharlachkranke Jungen zwischen fünf und zehn Jahren sich die Kehle heiser schrien, um die Aufmerksamkeit der Krankenschwestern auf sich zu ziehen. Mühsam aus den Fieberhalluzinationen zurückfindend, schloß ich mich dem Geschrei an. Mein Bruder, rot wie Klatschmohn, lächelte, als er mich sah. Man hatte ihm lange Manschetten angelegt, damit er seine Haut nicht aufkratzen konnte.

Nichts von alledem, was ich ihm erzählte, war auch nur im entferntesten der Wirklichkeit ähnlich. Noch andere Wirklichkeiten existierten, viel merkwürdiger als das, was ich ihm erzählte. Aber ich wußte absolut nicht, wie ich in dieser Welt der Fieberthermometer mit der Wahrheit zurechtkommen könnte.

Die Tage dehnten sich endlos, und ich bedauerte, daß ich nichts zu lesen hatte. Langeweile bemächtigte sich der Genesenden. Wir bewarfen uns gegenseitig mit Kissen und suchten mit obszönen Ausdrücken die Krankenschwestern zu reizen. Sie lachten und erklärten: »Ihr seid ja gar keine Männer.«

Ein rothaariger Knirps stellte sich in seinem Bett auf und ließ seine Pyjamahose fallen. Der ganze Saal tobte. Die Krankenschwestern stemmten ihre kräftigen Beine gegen den Boden und blickten teilnahmslos auf das entblößte Geschlecht.

Mein Bruder hatte immer noch hohes Fieber und lag rot in seinem Kissen. Er litt unter großen Juckqualen, die er wegen seiner Manschetten nicht mit seinen Fingernägeln vertreiben konnte.

Jeden Morgen kam der Oberarzt mit einer Gruppe Studenten in unseren Saal und sagte: »Heil Hitler!« Wir mußten ihm die Zunge rausstrecken und tief einatmen, daß unsere Lungen nur so rasselten. Er legte großen Wert auf die strikte Befolgung seiner Befehle. Meinen Bruder hielt er für einen einmaligen Fall von Scharlach und postierte ihn nackt auf einen Tisch. Mit einem Zeigestock fuhr er ihm über die Brust.

»Sehen Sie, ein klassischer Fall.«

Er geriet über die Vollkommenheit des Scharlachs bei meinem Bruder geradezu aus dem Häuschen und umkreiste die besonders roten Flecken mit dem Zeigestock. Ich lag angeschnallt in meinem Bett. Die Wut fraß an meinen Knochen, und ich versuchte mich vergeblich hochzustemmen. Durch rote Schleier sah ich den Arzt, wie er um den Tisch herumtanzte. Er war von gedrungener Gestalt, und sein weißer Kittel spannte in seinem Rücken. Mein Bruder hatte die Augen geschlossen. Ich weinte vor Wut, ohne recht zu wissen warum. Schämte ich mich seiner hilflosen Nacktheit? Mein Metallbett schepperte unter mir.

Adolf Hitler, der über der Eingangstür hing, schaute streng an uns vorbei. Auf der anderen Seite des Saals hing die Fotografie eines Mädchens, das auf einer Gebirgswiese Löwenzahnsamen in die Luft blies. Zwischen beiden Bildern sollten wir genesen.

Um dies zu beschleunigen, wurden wir noch mit Lebertran gefüttert. Ich träumte davon, ein Fisch zu werden.

Verrückt wie ich war, beneidete ich meinen Bruder, daß er auf eine sehr viel wirkungsvollere Art Scharlach hatte. Ich beneidete ihn so sehr, daß ich einen Rückfall erlitt und kaum die Krankenschwester wahrnahm, als sie sich mit ihren schweren, wackelnden Brüsten über mich beugte, um mir auf einem Löffel den unausweichlichen Lebertran einzuflößen.

Sonntags war Besuchstag, und die Vorfreude ließ uns alle schon sehr früh wach werden. Zu Feier des Tages befreite man mich von meinen Fesseln. Ich verschluckte mich vor Aufregung.

Die Eltern versammelten sich vor dem großen Fenster und warteten, bis eine Krankenschwester den Vorhang aufgezogen hatte, so daß das Licht ungehindert über uns hereinbrach. Ich rieb mir mit den Fäusten die Augen. Meine Mutter stellte sich auf die Zehenspitzen und winkte. Was sie sagte, konnte ich nicht verstehen. Mein Vater machte den kläglichen Versuch, sich mit Gesten verständlich zu machen. Er wirkte wie eine Marionette, die sich nach einem unbegreiflichen Rhythmus abzappelt. Die anderen Väter und Mütter machten es nicht viel anders. Sie rackerten sich geradezu ab, um die ungeteilte Aufmerksamkeit ihrer Sprößlinge zu gewinnen. Durch die dicke Glasscheibe klangen die Stimmen wie dumpfe Klagelaute.

Als meine Eltern die Vergeblichkeit ihrer Bemühungen einsahen, behalfen sie sich mit Grimassen, und mir fiel nichts Besseres ein, als ebenfalls zu grimassieren, bis mir die Gesichtsmuskeln schmerzten. Zum Abschied starrten wir uns hilflos an, und meine Mutter zauberte ganz schnell noch ein Lächeln in ihr Gesicht.

Kaum waren die letzten Elternpaare aus dem Blickfeld verschwunden, wischte eine Krankenschwester draußen mit einem nassen Tuch über die Fensterscheibe. Wenn sie sich nach oben reckte, hob sich ihr Rock über das Knie.

Es dauerte vier Wochen, bis mein Bruder und ich wieder gesund waren und keine Gefahr mehr für die Öffentlichkeit bedeuteten. Zunächst fühlte ich mich überhaupt nicht sicher auf meinen Füßen. Es war, als müßte ich noch einmal von vorne beginnen. Nichts schien selbstverständlich: das Lesen nicht, das Schreiben nicht, das Steinewerfen nicht, das Leben nicht. Der Abreißkalender in der Küche mußte auf das richtige Datum gebracht werden.

In der Schule wurde die Liste der an Scharlach Erkrankten aufgehängt. Auf dieser Liste stand auch mein Name, und ich war stolz darauf. Mitgegangen, mitgehangen. Es gab unendlich viel zu erzählen.

## *Kurtchen*

Wie lang sie war, genau in Metern und Zentimetern, weiß ich nicht. Günther durchmaß sie mit 947 Schritten, Rudi brauchte nur 840 Schritte, wobei er mehr sprang als ging. Als wir sie mit einem Lineal messen wollten, hörten wir schon bei 22 Metern auf.

Das sei doch Kinderkram, meinte Paulchen und schlug vor, von einem Ende unserer Straße bis zum andern mit geschlossenen Augen zu gehen. Er machte es auch gleich vor und rannte gegen einen Laternenpfahl. Wir hätten ihn warnen können, er war jedoch nicht sehr beliebt. Seiner Mutter erzählte Paulchen später, die Beule auf seiner Stirn sei ein Gedankenauswuchs. Er wußte natürlich, daß wir ihn gegen den Laternenpfahl hatten laufen lassen, und wir wußten, daß er sich rächen würde. Paulchens Phantasie war stets mit dem Ausdenken von Rachetaten beschäftigt. Er kniff die Augen zusammen.

Er wohnte wie wir am Anfang der Tornowstraße, die hier rechts wie links von zwei einstöckigen Häuserreihen mit Mansarden begleitet wurde. Eine zerrupfte Ligusterhecke trennte ein Rasenstück von der Straße, die so eng war, daß man sich mühelos mit den Nachbarn auf der anderen Seite unterhalten konnte. Auf diese Weise kam alles, was in der Tornowstraße geschah, schnell ins Gerede.

Die andere Hälfte der Straße bestand aus kleinen Einfamilienhäuschen aus Backsteinen, die sich ebenfalls in eine Reihe fügten.

Das einzige, was sie mit unserem Teil der Straße verband, waren die Ligusterhecken, die jedoch in der oberen Hälfte gepflegter aussahen. Das lag wohl daran, daß dort weniger Kinder wohnten, und die wenigen mieden uns, hielten ihre Nase etwas höher und trugen im Winter lange Strümpfe, während wir in Kniestrümpfen und kurzen Unterhosen herumliefen, bis sich unsere Haut blau verfärbte und die Zähne klapperten. Frieren war eine Ehrensache. Ein Indianer jammert nicht.

Die Tornowstraße war eine Einbahnstraße, so daß wir den Hanomag des Herrn Waldmüller jedesmal zu Gesicht bekamen, wenn er zu seinem Haus fast am Ende der Straße fuhr. Es war eine Sensation, und in den Fenstern hingen die Neugierigen, um die einmalige Kunst des Herrn Waldmüller zu bewundern, wie er über das Lenkrad gebeugt sein Auto durch die enge Straße fuhr.

»Wenn ich die Piepen habe, kaufe ich mir einen Tank«, verkündete Paulchen, der das Leben für einen Kampf hielt. Das hatte er von seinem Vater, der sich gern in einer Uniform zeigte und die Faust gegen Deutschlands Feinde hob.

Herr Waldmüller fuhr im Auto, um nicht unterwegs angesprochen zu werden. Er schämte sich und tippte, wenn er einmal gegrüßt wurde, mit der Hand an die Mütze. Meist hielt er jedoch den Blick geradeaus. Herr Waldmüller hatte einen mongoloiden Sohn, der das glatte Gegenteil von ihm war. Er grüßte jeden, den er sah, mit einem lauten »Heil Hitler!« und hob die Hand, als wollte er die Größe andeuten, die er einmal erreichen würde. Seine Mutter lief stolz hinter ihm her und achtete darauf, daß die Gegrüßten mit einem lauten und deutlichen »Heil Hitler!« wiedergrüßten. Sie ging in langen, wehenden Kleidern und hatte, wie mein Vater sagte, viel Holz vor der Tür. Sie ging eigentlich nicht, sie wogte und trug einen Hut, der wie ein umgestülpter Teller aussah. Ihre mächtigen Beine waren von Seidenstrümpfen eingezwängt und zeigten Gebirge von Krampfadern. Sie verehrte den Führer und verkündete, er habe viel mit uns vor. Auch glaubte sie an das Walten germanischer Götter, die sie allesamt bei ihren Namen nennen konnte.

»Wozu sollen denn die gut sein?« fragte ich meine Mutter.

»Sie warten auf die Götterdämmerung«, antwortete sie, die die germanischen Götter nur von den Opern Richard Wagners her kannte, die sie verabscheute, im Gegensatz zu meinem Vater, der Wagner nicht nur gern hörte, sondern auch gern sang, was mich sehr einschüchterte.

Frau Waldmüller wagte ich nicht nach dem Schicksal der germanischen Götter zu fragen. Sie soll mit ihrem Mann einmal in der Nacht der Sonnenwende über ein Feuer gesprungen sein, ohne zu verbrennen, erzählte man sich in der Tornowstraße. Ich konnte mir beim besten Willen nicht vorstellen, wie ihr gewaltiger Leib sich auch nur einen Moment von der Erde lösen konnte.

Ihr Sohn war zwölf Jahre alt, gut genährt und mit strammen Waden, die zitterten, wenn seine festen Schritte auf den Asphalt knallten. Er trug eine graue Sportmütze und lief mit schwingenden Armen vor seiner Mutter her. Manchmal trug er die Einkaufstasche, die er jedesmal, wenn er zum deutschen Gruß ausholte, abstellte. Er hüpfte vor Freude hoch, und seine Zunge schoß wie ein Tier zwischen den Lippen hervor.

»Steck die Zunge rein, sonst beißt du dir sie noch ab!« rief ihm seine Mutter zu.

Kurtchen hörte aufs Wort und legte auch noch die Hand über den Mund. Er schaute ängstlich zu seiner Mutter.

»Ist er nicht ein braver Bub?« fragte Frau Waldmüller, wenn sie sich mit ihrem Sohn beobachtet fühlte.

Erst nach einer lobenden Bestätigung löste sich die Spannung Kurtchens. Er war ganz und gar von dem Wohlwollen der anderen abhängig und suchte in ihren Augen nach Anerkennung. Immer lauerte ein Lächeln in seinem Gesicht, das sofort aufblühte, wenn er beachtet wurde.

Frau Waldmüller litt darunter, daß ihr Sohn nicht eine Pimpfenuniform anziehen und hinter der Fahne hermarschieren durfte. Sie kaufte ihm ein Braunhemd, das sich über seine kugelige Brust spannte. Kurtchen hatte einen großen Appetit.

Es gab keinen Tag, an dem er nicht mit seiner Mutter die Tornowstraße heruntergekommen wäre, an Frau Scheib vorbei, die immer sofort ihren Fensterplatz verließ, wenn sie die beiden entdeckte, was Kurtchen nicht davon abhielt, doch sein »Heil Hitler!« zu brüllen, das Frau Scheib von der Mitte ihres Zimmers aus beantwortete. Ich war fest überzeugt, Frau Waldmüller ging mit ihrem Sohn nur vor die Haustür, um die Gesinnung der Tornowstraße zu prüfen. Es gab nicht wenige, die ihr mit viel List aus dem Weg gingen.

Herr Waldmüller dagegen ließ sich so gut wie nie in der Tornowstraße sehen. Er habe eine bedeutende Stellung inne, berichtete Paulchen, der immer als erster den Klatsch der Straße aufschnappte. Genaues wußte keiner. Aber genau daraus entstanden die tollsten Geschichten. So dauerte es nicht lange, bis man erzählte, daß Herr Waldmüller eine Geliebte habe, mit der er einen gesunden Jungen zeugen wolle.

»Weiß man das denn vorher?« fragte ich meine Mutter.

»Man weiß gar nichts«, antwortete sie.

Dieses Problem beschäftigte mich noch tagelang, und jedesmal, wenn ich Kurtchen und seine Mutter durch unsere Straße kommen sah, mußte ich an seinen Vater denken, der sich seines Sohnes schämte.

Erst die Neuigkeit, daß Adolf Hitler den Rebstockflughafen höchstpersönlich besuchen werde, brachte mich auf andere Gedanken. Paulchen schrie diese Neuigkeit in unseren Hausgang; ich hörte laute Rufe auf der Straße, Fahrradfahrer klingelten. Als ich aus unserer Wohnung stürzen wollte, schoß ein Krampf in mein rechtes Bein. So kam es, daß ich Hitler versäumte. Meine Mutter meinte: »Wer weiß, wozu das gut sein wird!« und rieb meinen rechten Oberschenkel mit Franzbranntwein ein. Das konnte mich nicht trösten. Vielmehr fiel es mir schwer, mich gegen meine Freunde und Feinde zu behaupten, die alles miterlebt hatten. Paulchen gab an wie ein Tüte voller Mücken.

»Er sah aus wie ein Standbild.«

Rudi erzählte, Hitler habe mit erhobenem Arm im Auto gestanden und sich nach allen Seiten gedreht. »Und dann ist es passiert.«

»Was ist passiert?«

»Du wirst es nicht glauben.«

»Sag schon!«

»Ich habe meinen Augen nicht getraut.«

»Komm, spuck es schon aus!«

»Du hättest es sehen sollen!«

»Gleich will ich es nicht mehr wissen.«

»Mir blieb die Spucke weg. Kurtchen, der natürlich mit seiner Mutter auch da war, lief an das Auto und schrie ›Heil Hitler!‹«

»Das tut er doch immer«, warf ich ein.

»Du hättest aber den Führer sehen sollen. Als er Kurtchen direkt vor sich sah, wandte er sich wütend ab. Frau Waldmüller war ganz aus dem Häuschen und hat selbst laut ›Heil Hitler!‹ geschrien, aber zwei Männer haben sie weggedrängt ...«

Paulchen, der sich bis jetzt nur mit Mühe zurückhalten konnte, erklärte, das sei doch klar, der Führer wolle keine Idioten um sich haben.

Das Ereignis sprach sich schnell im Kuhwald herum, und es gab einige, die Frau Waldmüller bedauerten, es gab aber auch einige, die schadenfroh grinsten.

Frau Waldmüller tat so, als wäre nichts geschehen, und Kurtchen grüßte wie immer bei jeder sich ergebenden Gelegenheit mit dem deutschen Gruß. Seine Mutter wußte nur zu gut, daß ihr Ansehen auf dem Spiel stand. Sie legte noch mehr Überzeugungskraft in ihre Schritte und wartete noch ungeduldiger auf die Reaktion der Gegrüßten. Ihr Mann war nach diesem Vorfall überhaupt nicht mehr zu sehen, und Paulchen meinte, Herr Waldmüller habe mehrere Geliebte.

Es war im zweiten Kriegsjahr, als Frau Waldmüller eines Tages ohne Kurtchen in unserer Straße gesehen wurde. Diese ganz außerordentliche Begebenheit machte schnell die Runde. Kurtchen sei in ein Sanatorium eingeliefert worden, was auch immer dies bedeute, hieß es. Meine Mutter schüttelte traurig den Kopf: »Umbringen werden sie ihn – wie alle Geisteskranken.«

Frau Waldmüller nahm sichtlich ab. Gebeugt schlich sie durch die Tornowstraße und ließ sich in kein Gespräch ein, sie atmete schwer und stellte alle paar Schritte ihre Einkaufstasche ab. Wenn man sie fragte, wie es ihrem Sohn gehe, sagte sie ohne Überzeugung, er mache Fortschritte, ohne anzudeuten, worin denn die Fortschritte bestünden.

Als Stalingrad fiel, erhielt sie die Nachricht, daß ihr Sohn an einer Lungenentzündung gestorben sei. Sie hatte ihn gerade eine Woche zuvor noch besucht. Sie hatte rot verweinte Augen.

Frau Scheib sagte ihr, damit habe sie rechnen müssen. Man wisse ja, was *die* mit den armen Würmchen anstellen. Frau Waldmüller wies die geheimnisvolle Andeutung entschieden zurück. Die Trauer gab ihr wieder Stärke und Würde. Sie tat so, als wäre ihr Sohn im Krieg geblieben und erzählte lang und breit von seinem Durchhaltewillen. Vor allem sprach sie mit sich selbst und trug ihr schwarzes Kleid wie eine Fahne.

»Wenn die so weitermacht, kommt sie auch in die Klapsmühle«, meinte Paulchen. Dorthin soll sie auch nach Kriegsende gekommen sein. Zuletzt sei sie nur noch durch die zerstörte Tornowstraße gelaufen und habe den Namen ihres Sohnes geschrien.

Über all diesen Ereignissen hatte Paulchen vergessen, sich zu rächen. Er tauschte jetzt amerikanische Zigaretten gegen Juwelen und hatte einen Bürstenschnitt.

»Das haben die Mädchen gern«, meinte er und ließ sich im verbliebenen Rest der Tornowstraße bewundern.

## *In der Gefahr leben*

Den Drang zum Höheren befriedigte ich, indem ich Bäume erstieg. Dazu gab es im Kuhwald die besten Gelegenheiten. Selbst die Pappeln in der Bismarckallee mußten für meinen verstiegenen Ehrgeiz herhalten, wenn ich auch von ihnen am häufigsten herunterfiel. Pappelholz ist brüchig wie die Liebe, sagte Herr Wieland, der in der Müllerstraße wohnte und als Schreiner im Theater arbeitete. Meine Mutter, die sich am Zustand meiner Hosen eine Vorstellung von meinen Kletterkünsten machen konnte, riet mir, Dachdecker zu werden, da die ihre Arbeitskleidung gestellt bekämen.

Es war aber nicht das Klettern allein, das mich reizte. War ich einmal in der Baumkrone, ließ ich mich vom Wind schaukeln. Oft nahm ich ein Buch mit in die Höhe, verschränkte meine Beine um den Baumstamm und las. Wenn ich aufschaute, hatte ich einen weiten Blick über das in der Sonne glitzernde Gleisfeld des Güterbahnhofs, über das die Waggons rollten. Auf der anderen Seite breitete sich der Flugplatz Rebstock aus. Hinter ihm ganz in Schwarz die Kulisse des Taunus.

Ich war ein Romantiker der Höhe, jeden Augenblick gewärtig herabzustürzen. Grün in allen Schattierungen umwogte mich, und ich glaubte, darin zu schwimmen. Einmal – der Wind blies mir tüchtig um die Ohren, und der obere Teil des Baumstammes bewegte sich wie ein riesiges Pendel hin und her – konnte ich beobachten, wie ein Zeppelin den Landeplatz überflog, eine Schleife machte und sich dann zum Landen anschickte. Er kam aber nicht herunter, der Wind war zu stark. So ging das zwei-, dreimal. Endlich hatte das Bodenpersonal die Landetaue fest in den Händen, aber noch immer hatte das Luftschiff Auftrieb. Nur mit Mühe konnten die Männer es Meter für Meter herunterzerren. Da riß plötzlich das eine Tau in der Mitte, und alles, was an ihm hing, stürzte zu Boden. Der Wind trieb Schreie zu mir hin. Durch das Reißen des Taues begann der Zeppelin wieder zu steigen. Die am andern Tau wurden ein Stück in die Höhe gerissen, ließen los und überschlugen sich auf dem Rasen. Das Ende ihres Taues lag noch immer auf dem Boden, und zwei Männer versuchten, es zu halten. Vergeblich. Der Zeppelin hob sich von der Erde weg, und die beiden Männer schwebten mit den Beinen strampelnd in die Höhe. Sehr bald waren sie kaum mehr zu sehen.

Ich rutschte so schnell ich konnte den Baumstamm herunter und rannte in die Tornowstraße, um meinen Freunden von der Himmelfahrt der beiden Männer zu berichten.

Als wir außer Atem am Drahtzaun des Flugplatzes anlangten, war der Zeppelin gelandet, und Männer mit zerzausten Haaren banden die Taue fest. Hoch oben über dem Flugplatzgebäude schaukelte, bald zusammenfallend, bald aufgebläht, ein seidener Rüssel, der Windsack, und über das Gras hoppelten Kaninchen unter die Kiefern.

»Ich werde einmal Flieger«, stellte Paulchen fachmännisch fest.

»Da müßten dir aber erst Flügel wachsen.«

Einer der Männer humpelte und stützte sich auf die Schulter seines Begleiters. Er war die Bestätigung meines Berichts, den ich daraufhin gleich noch einmal, die Hände zu Hilfe nehmend, zum besten gab. Das Bild der beiden in den Himmel Entschwindenden wollte mir nicht aus dem Kopf gehen. Insgesamt viermal erzählte ich die Geschichte, und sie rückte immer mehr von dem wirklichen Geschehen ab. Phantasielose nennen das Aufschneiden. Sollen sie ruhig! Die Erfindung ist das Herz der Erinnerung. Zu guter Letzt hingen die beiden Männer nicht mehr am Tau, sondern flogen hinter dem Zeppelin her.

Zugegeben: Ich war von einem pedantischen Standpunkt aus ein Lügner. Das kam vom Lesen. Wer sich durch alle Bände Karl Mays hindurchgefressen hat, steht im Leben ganz anders da. Er hat für jede Gefahr eine Ausrede. Auch in den anderen Büchern, die ich las, ging es sehr unwahrscheinlich zu. Die Helden sahen jeder Gefahr gefaßt entgegen, immer den Tod im Nacken, und sie überstanden alles, ohne mit der Wimper zu zucken. Ein deutscher Junge trotzt jeder Gefahr, er kennt keine Angst. Aus diesem Holz werden Helden geschnitzt. Als gutes Beispiel mußte der Bamberger Reiter herhalten. Er sah Löcher in die Reihe seiner Feinde und hing über meinem Bett.

Ich sah in die vom Wind geröteten Gesichter meiner Freunde.

»Was hättet ihr denn getan, wenn ihr mit dem Zeppelin in die Höhe geschossen wärt?«

»Ich gehe nicht zur Luftwaffe«, erwiderte Rudi kleinlaut, dem es in der Höhe schwindlig wurde. Das fing bei ihm schon bei ein paar Metern an.

Die Angst lag überall auf der Lauer, aber keiner wollte sie wahrhaben. »Du traust dich nicht!« riefen wir dem Zögernden zu, und der antwortete wie aus der Pistole geschossen: »Wetten!«

Gewöhnlich verlor er die Wette und hatte noch den Spott dazu. Ich wettete mich in die größten Schwierigkeiten. Wer wollte schon ein Feigling sein? Das war schlimmer als ein Leistenbruch.

Am Zaun des Flughafengeländes drohten Schilder Unbefugten mit den schlimmsten Strafen. Ein Mann mit einer Schirmmütze auf grauem Haar trat an den Zaun und wollte wissen, ob wir Spione seien. Spione waren damals Mode. Sie sollten sehr finster dreinschauen und Pfeife rauchen. In unserer Siedlung rauchten nur wenige Pfeife, und wir wußten nicht mit letzter Sicherheit, ob sie nun Spione waren oder nicht.

Der Mann mit der Schirmmütze lachte, als er unsere betroffenen Gesichter sah. Er strahlte eine widerspruchsichere Kompetenz aus und kratzte sich mehrmals an der Nase und hielt dann jedesmal seine Finger, die zusammengepreßt waren, als wollte er eine Prise nehmen, dicht vor die Augen. Wie Schuljungen wiederholten wir seine Bewegungen und sein Mienenspiel. Zu meiner Verwunderung kratzte ich mich ebenfalls an der Nase. Als mir das bewußt wurde, ging ich wütend weg.

Rudi erzählte mir später, daß der Mann mit der Schirmmütze vor ihnen gegen den Zaun gepinkelt habe.

So einen habt ihr noch nicht gesehen, habe er gesagt, als er seinen Schwanz schüttelte.

In der Schule sahen wir einen Film, der das Wachstum einer Erbse zeigte. In einer knappen Viertelstunde keimte im Schnellgang die Erbse, wuchs in spiralförmigen Bewegungen zu einem Strauch, die Schoten reiften und platzten, und wiederum begann das Leben einer Erbse. Als ich im Garten meines Großvaters einen Erbsenstrauch in Augenschein nahm, geschah nichts. Mir ging das zu langsam. Ich wollte ernten, ehe ich gesät hatte. Mein Großvater lachte und sagte: »Gärtner und Väter müssen Geduld haben.«

Aber im Sommer 1938 war es gar nicht so einfach, Geduld zu

üben. Es geschah nicht viel – an der Oberfläche. Das meiste kündigte sich nur zwischen den Zeilen an. Wir waren fanatische Anhänger des Schlagworts. Wir suchten nach ihm als dem präzisen Ausdruck der Zeit. Wir zogen die Buntheit dem Grau vor. Aber der Ernst, mit dem wir das Außergewöhnliche verfolgten – Helga, die fünf Jahre älter war als wir, zeigte den älteren Jungen für fünfzig Pfennige ihre Brüste –, war nicht geringer als der, mit dem wir das sogenannte Positive – ein deutsches Mädchen kennt seine Grenzen – festzustellen beliebten. Doch schreckte es uns nicht ab, daß die Stellung des Anerkennenden stets gefährdet war durch Stillstand und Beruhigtheit.

Um der lähmenden Ereignislosigkeit zu entgehen, stellten wir unseren Mut auf die Probe. Wir rannten barfuß durch das Distelfeld neben dem Kuhwald, bis wir krebsrote, brennende Beine hatten, sprangen aus rangierenden Waggons in die Schottersteine, schossen auf dem Schlitten die vereisten Stufen der Brücke der Hindenburgstraße runter, balancierten auf den Fabrikmauern in der Voltastraße, wandelten zwischen Selbstschüssen und trotzten dem Schild »Für Unbefugte verboten«. Das meiste blieb jedoch nur Ankündigung und vorsichtiges Herantasten. Wer wollte schon nachts über den Main schwimmen oder mit einem Fallschirm vom Domturm springen? Wer wollte schon sterben?

Die Gefahr war ein Brausepulver, das das Leben aufwallen ließ. Hinterher, wenn die Spannung noch in den Muskeln saß, stolzierte man wie Graf Koks durch die Straßen und genoß die bewundernden und gleichzeitig neidischen Blicke der Zeugen, die kurz zuvor noch vor Schadenfreude geglänzt hatten.

Je schneller wir reagierten, um so weniger hatte die Angst eine Chance, mahnend dazwischenzufahren. Aber die Angst war da. Sie saß im Herzen und begehrte auf, wenn man allein war. Ich schämte mich vor mir selbst und hoffte, daß niemand, wenn ich mit den andern zusammen war, meine Gefühle an meiner Nasenspitze erraten könnte.

Ein Feigling war unten durch. Das schien so sicher wie das Amen in der Kirche oder so klar wie Kloßbrühe. Er konnte noch nicht einmal seinen Ruf durch Geschenke sichern.

Stefan, der einen Herzfehler hatte und sich vor allzu kühnen Unternehmungen in acht nehmen mußte, hielt sich von uns fern, ließ uns jedoch nicht aus den Augen. Man sah, wie er litt. Er warf uns Schokoladenplätzchen aus dem Fenster zu, die wir voller Verachtung in den Mund steckten.

In dieser Zeit, als in der Kuhwaldsiedlung kein Vulkan ausbrach, keine Revolution stattfand und kein Meteor niederging, als nur Windchen wehten, so daß die Frauen keine Mühe hatten, mit der Hand den Hut festzuhalten, lieh Walther, dem schon ein Flaum wuchs und die Stimme überkippte, mir Witteks Kurzgeschichten *Männer* aus und bemerkte stolz, als wollte er mir ein Staatsgeheimnis mitteilen: »Da steht drin, worauf es ankommt.«

Ich nahm das Buch noch am selben Abend mit ins Bett und las es, nachdem mein Bruder eingeschlafen war, in einem Zug durch. Die Augen brannten mir, doch stieß ich die Müdigkeit, die mich zu übermannen drohte, immer wieder zurück. Was waren das für Männer! Sie schienen nur darauf zu warten, mit zusammengeschlagenen Hacken zu sterben.

Stundenlang schwimmen die Überlebenden eines bei den Falklandinseln gesunkenen deutschen Kreuzers nach hartem Gefecht im kalten Wasser, viele versinken, der Rest kämpft rücksichtslos, nur noch vom Lebenstrieb beherrscht, um das nahende Rettungsboot. Da ruft in der beginnenden Panik ein

Befehl des Offiziers die Mannschaft über sich selbst hinaus. Sie gibt den Befehl durch, gewinnt ihre Zucht wieder und bewährt sich im Augenblick der großen Gefahr.

Die Bettdecke wurde zur eigenen Woge, die mir bis zum Hals sprang. Ich hielt das Buch wie eine Flagge hoch. Es war voller Fingerflecken. Aus den Sätzen flammten Bilder auf. Ich legte mich auf den Bauch und stützte mich auf die Ellenbogen.

Der Flieger steht in seinem Flugzeug über der abgezogenen Handgranate, ohne Verzweiflung, Schwäche, Zusammenbruch, sieht ruhig seinem Schicksal entgegen und grüßt das scheidende Leben.

»Stiefelchen muß sterben, ist noch so jung, so jung.«

Meine Mutter sang, wenn sie kochte, und die Gasflämmchen zuckten wie Blätter im Herbstwind.

Ich spürte die Versuchung der Gefahr und ging übernächtigt zur Schule.

»Wo bist du nur mit deinen Gedanken?« fuhr mich Lehrer Junglas an.

Ich blieb ihm die Antwort schuldig. Ich fühlte mich wie ein offenes Messer. Die Ereignislosigkeit machte mich krank.

Jetzt zur Sache. Gelobt sei, was stark macht.

Mit einem Springseil bereitete ich meine große Tat vor. Ich erkletterte einen Baum und verknotete es an einem dicken Ast, holte tief Luft, ergriff mit beiden Händen das andere Ende des Seils und sprang in die Arme der Gefahr. Als das Gewicht meines Körpers das Seil mit einem Ruck spannte, erhitzten sich meine Handflächen. Für einen Augenblick baumelte ich in der Luft, dann rutschte ich ab, stürzte in Brennesseln und schlug mit der linken Augenbraue auf einen Stein. Mein Blick verdunkelte sich, und ich spürte Blut auf meinen Wangen. Ich glaubte, Todeskälte in meinen Augenhöhlen zu fühlen. Die Brennesseln ätzten meine Hände. Der dumpfe Geruch der Erde stieg in meine Nase und betäubte mich. Die Spannung wich einem pochenden Schmerz.

Ich rappelte mich auf, betastete mich fieberhaft. Über meiner linken Augenbraue klaffte ein Riß, und das Blut begann auf meiner Wange zu trocknen, so daß es wie eine Maske meine linke Gesichtshälfte bedeckte. Ich ging auf Zehenspitzen nach Hause, die Wunde mit einem Taschentuch verdeckend.

Ich wußte nicht, ob ich nun ein Dummkopf oder ein Held war. Meiner Mutter erzählte ich vorsichtshalber, einige finster aussehende Männer hätten mich verprügelt. Sie schaute mich fassungslos an und erklärte unumwunden, da müsse man sofort zur Polizei gehen.

Das war mir jedoch gar nicht recht, und ich druckste herum, um schließlich zu einem Teil mit der wenig schmeichelhaften Wahrheit herauszurücken, daß ich selbst die finster aussehenden Männer gewesen sei.

»Sag nur, du hast dich selbst verprügelt?«

Um es kurz zu machen, es dauerte nicht lang, da hatte meine Mutter mir die ganze Wahrheit entrungen, und ich stand als gescheiterter Tarzan ziemlich belämmert da. Und was sagte meine Mutter? »Du bist mir ein schöner Dummkopf!«

Da hatte ich es. Eine allgemeine Mattigkeit durchzog meinen Körper, aber meine Mutter ließ mir keine Ruhe. Sie schleppte mich zum nächsten Arzt, der in der Friedrich-Naumann-Straße seine Praxis hatte. Im Warteraum roch es nach tausend Krankheiten. Meine Wunde blutete immer noch.

Der Arzt, der das Stethoskop wie eine Amtskette trug, griff meinen Kopf und hielt ihn in den grellen Lichtkegel einer Lampe. »So jung, und schon eine Mensur geschlagen. Das nenne ich Courage.« Er lachte, und das Licht der Lampe spiegelte sich in seinen Brillengläsern. Ich wußte nicht, wovon er redete. Über seine Wange kroch eine dunkelrote Narbe. Er desinfizierte die Wunde und schloß sie mit zwei Klammern, klebte ein Pflaster darüber, das an den Brauen zog, klopfte mir auf die Schulter und entließ mich mit den Worten: »Das ist bald geheilt. Frauen lieben Narben.« Er lachte.

Als wir wieder zu Hause waren, gab mir meine Mutter eine Ohrfeige. »Das ist für die Aufregung«, bemerkte sie und fügte hinzu: »Besser ein ehrlicher Patsch wie ein falscher Kuß.«

Die Wunde pochte, der Kopf schmerzte mir. Noch immer glaubte ich zu schwingen, so daß ich meiner Schritte nicht sicher war. Die Kunde von meinem Sturz sprach sich schnell herum. Es wurde sogar erzählt, daß ich bei einem Selbstmordversuch von einem Baum gestürzt sei. Ich brauchte Wochen, bis ich all die Märlein dementiert hatte. Ganz ist es mir nicht gelungen. Paulchen blieb bei seiner Version, daß ich Tarzan im Kuhwald gemimt habe. Ich trug den Namen wie ein Schandmal, und die Gefahren nahmen zu. Der Mut wurde mehr und mehr eine Angelegenheit der Verzweiflung.

Mein Vater besaß das Buch *Der gefährliche Augenblick*, das auf Fotografien den Untergang der Titanic, den Ausbruch des Mont Pelée, das Attentat von Sarajewo und anderen Katastrophen zeigte. Ich blätterte oft darin und steigerte mich in die Rolle eines Augenzeugen, jeden Augenblick gewärtig, selbst ein Opfer zu werden.

Am 7. November feuerte Henschel Grynzpan in der deutschen Botschaft zu Paris mehrere Schüsse auf den Legationssekretär Ernst von Rath ab, der zwei Tage später an den Wunden starb. Das war der 15. Jahrestag des Marsches zur Feldherrenhalle, und die Empörung lärmte durch Frankfurt. Am 10. November brannten die Synagogen. Ich sah den Rauch in den Himmel steigen.

Die Klammern über meiner linken Augenbraue waren längst entfernt, und nur noch ein leicht geröteter Strich erinnerte an die Wunde. Ein Vorgefühl der Wahrheit berührte mich, eine unerklärliche Trauer, die selbst der Bamberger Reiter nicht vertreiben konnte, der über meinem Bett hing.

## *Unverhofftes Wiedersehen*

Wieder einmal war mir die Hand ausgerutscht, und der Stein, der den Schornstein des Hauses gegenüber treffen sollte, traf statt dessen das Fenster in der Mansarde rechts. Gut gezielt, schlecht getroffen. So war das immer. Der Lärm des zerspringenden Glases steigerte nur noch meine Schuldgefühle, und um Frau Winter zuvorzukommen, die sich noch über die geringsten Kleinigkeiten aufregen konnte, selbst dann, wenn sie überhaupt keinen Grund dazu hatte, lief ich auf der Stelle zu meiner Mutter und beichtete meinen Fehlwurf.

Warum ich jetzt zum dritten Mal bei Winters eine Scheibe eingeworfen hatte, konnte ich mir beim besten Willen nicht erklären. Waren vielleicht die Steine selbst daran schuld, daß sie die von mir gewollte Richtung verließen und ihren eigenen Weg flogen? Hatten sie vielleicht etwas gegen das Ehepaar Winter und benutzten mich nur als Vollstrecker?

Mein sofortiges Geständnis wie meine Verkleinerung des Tatbestandes nutzten mir wenig, denn schon klingelte Frau Winter bei uns und erklärte mit einem vernichtenden Blick auf mich, diesmal sei der Stein viel größer als das letzte Mal. Sie zeigte ihn meiner Mutter, und ich war erstaunt, wie groß der Stein in der Zwischenzeit geworden war. Ich wagte jedoch nicht, darauf hinzuweisen.

Meine Mutter überließ es meinem Vater, ein ernstes Wort

mit mir zu reden, was dieser nach Dienstschluß auch mit einigem pädagogischen Eifer tat, nachdem er mich zuvor übers Knie gelegt hatte.

Zur Ehrenrettung meines Vaters muß ich sagen, daß er nicht gern strafte. Er haßte jede Art von körperlicher Gewalt und biß die Zähne zusammen, wenn er mir aufgrund schwerwiegender Vorfälle den Hintern versohlen mußte. Mußte? Ich selbst wußte nur zu gut, wann ich etwas angestellt hatte, so daß ich nicht gegen die Strafe aufbegehrte, sondern sie mit stoischer Haltung hinnahm und keinen Mucks sagte.

Ein Indianer weint nicht.

Damals bemühte ich mich mehr, ein Indianer zu werden als ein Deutscher, und meine Mutter hatte große Mühe, mich davon zu überzeugen, daß ich mich mit einer Hühnerfeder im Haar in der Schule nur lächerlich machen würde. So blieb ich als Sitting Bull incognito und schlich auf den Zehenspitzen durch die Kuhwaldsiedlung. Überall lauerten Gefahren. Herr Trabert schoß mit einem Luftgewehr auf Spatzen.

Was die Strafe nach dem mißlungenen Steinwurf anbelangt, so war sie mit der pädagogischen Intervention meines Vaters keineswegs erschöpft. Ich mußte noch für Wochen auf mein ohnehin kärgliches Taschengeld verzichten, um die Bezahlung der zerbrochenen Fensterscheibe zu sichern. Derlei Unkosten stehen nicht auf dem Haushaltsplan, erklärte meine Mutter. Unter dieser Strafe litt ich ganz besonders, hatte ich mir doch angewöhnt, mein Taschengeld für Waldmeisterlimonade auszugeben, die mir der Höhepunkt des Genusses zu sein schien. Inzwischen war ich überzeugt, daß Winters selbst an ihren zerbrochenen Fensterscheiben schuld hatten. Frau Winter grüßte ich daraufhin nur noch in gehobener Tonlage.

Zu allem Überdruß durfte ich für eine Woche nicht aus dem

Haus, um mich nicht wieder von einem Stein zu einem unüberlegten Wurf hinreißen zu lassen. Meine Mutter tröstete mich jedoch über diese Entsagung hinweg, indem sie mir mit Waldmeisterlimonade den Hausarrest erträglicher machte. Ich liebte meine Mutter ihrer Inkonsequenzen wegen um so mehr. So blieben mir nur noch die Steine auf meinem Schulweg, die ich jedoch einfach liegen ließ. Dabei war das Zertrümmern von Schaufensterscheiben zu dieser Zeit in Frankfurt an der Tagesordnung. Als meine Mutter mit mir in die Stadt fuhr, um mir einen Wintermantel zu kaufen, kamen wir am zerstörten Café Rothschild an der Ecke Biebergasse und Horst-Wessel-Platz vorbei. Die dicke Schaufensterscheibe wies sternförmige Löcher auf, die Spinnennetze über das Glas zogen, und Tortenstücke lagen auf dem Trottoir, an denen ein Hund schnupperte. Meine Mutter zog mich weg. Es war November, und grölende SA-Horden zogen durch die Innenstadt, ohne daß die Polizei etwas unternahm. Passanten drückten sich an die Hauswände und schlugen den Kragen hoch, um sich vor der Kälte und den Schreihälsen zu schützen.

Wir stiegen, ohne einen Mantel gekauft zu haben, an der Hauptwache wieder in die Straßenbahn.

»Heute gibt's alles umsonst«, lallte ein Betrunkener, als der Schaffner den Fahrschein sehen wollte. Über seinem Arm hing eine nagelneue Jacke, an der noch das Preisschildchen klebte. Durch die Bockenheimer Landstraße rannten aufgeregt Menschen, und in die Kastanien senkte sich das Grau des Himmels.

»Ich bin stolz, in diesen Zeiten des Umbruchs leben zu können«, wandte sich eine Frau in einem pelzbesetzten Mantel an meine Mutter. Ein süßliches Parfüm gab ihren Worten eine geheimnisvolle Nachdrücklichkeit. Ehe ich etwas sagen konnte, hatte mir meine Mutter schon die Hand über den Mund gelegt.

An der Bockenheimer Warte stiegen wir aus. Wenn ich auch an diesem Tag keinen Mantel erhalten hatte, so fand meine Mutter schließlich doch noch einen Grund, in die Stadt gefahren zu sein. »Du mußt zum Frisör«, stellte sie fest und bog mit mir in die Leipziger Straße ein.

»Wie immer Scheitel links!« sagte sie, und Herr Köhler, der über den Haarwuchs unserer Familie wachte, schnappte unternehmungslustig mit der Schere.

Auf dem Nachhauseweg spürte ich Kälte in meinem Nakken, und der Abend hüllte mich in die belebende Feuchtigkeit seiner Nebel ein. In den Fensterscheiben blühte das Licht auf. Ich sah, wie Frauen in der Küche hantierten. Es war schön, nach Hause zu kommen.

Am darauffolgenden Sonntag ging mein Vater mit meinem Bruder und mir in die Messe. Meine Mutter blieb zu Hause, weil sie sich nicht wohl fühlte. Sie hatte rote Flecken auf den Wangen und atmete schwer. In der feuchten, kalten Novemberluft konnte sie kaum atmen und blieb alle naslang stehen.

»Was hast du nur?« fragte ich.

»Ich denke nach.«

Nun, an diesem Sonntag dachte meine Mutter nach, und mein Vater ging mit uns nach der Kirche nicht unmittelbar nach Hause. Wir schauten einem Fußballspiel auf dem Paradeplatz zu. Ein Drache bohrte sich in den Himmel. An der Festhalle parkte eine Lastwagenkolonne vor dem eisernen Eingangstor. Eine Traube schweigender Menschen, die den gelben Davidstern trugen, schob sich langsam auf die Lastwagen zu. Ein Mann im Ledermantel las aus einer Liste Namen vor. Die Aufgerufenen hoben den Blick zum Sprecher, antworteten mit einem dünnen Ja und stiegen über ein kleines Holztreppchen in das Innere des letzten Lastwagens. War dieser voll, setzte er sich an die Spitze des Zuges und wartete mit laufendem Motor. Aus seinem Auspuff stiegen kleine Rauchwölkchen hoch, die einen betäubenden Gestank von Abgasen verströmten. Ich hielt den Atem an. Ein Mann mit einer weißen Armbinde an seinem Ledermantel stellte sich uns in den Weg und verwies meinen Vater auf die andere Straßenseite. Ein bärtiger Greis mit zerzaustem grauen Haar saß auf einem Koffer. Sein Kopf pendelte mit geschlossenen Lidern, das Gesicht blickte gen Himmel, ein verschwommenes, kindliches Lächeln spielte darauf. Er fuhr hoch, als sein Name aufgerufen wurde. Der Koffer kippte um, und ohne sich nach ihm umzusehen, stolperte der Alte auf das Holztreppchen zu. »Volle Fahrt!« schrie er, als er auf der obersten Stufe angelangt war und wedelte mit den Armen.

Mein Vater blieb stehen und faßte unsere Hände. »Was tun Sie hier eigentlich?« fragte er den Mann mit der weißen Binde.

»Wir schicken die Frankfurter Juden in die Ferien.«

Er bekräftigte die Auskunft mit einem ironischen Lächeln und forderte meinen Vater in strengerem Tone erneut auf, die andere Straßenseite zu benutzen. In diesem Augenblick löste sich eine Frau aus der Menschentraube und schrie den Vornamen meines Vaters. Er gab sich einen Ruck und steuerte mit meinem Bruder und mir auf die Frau zu, die gerufen hatte. Wir kamen nicht weit. Mehrere Männer drängten uns zurück, und als einer meinen Bruder herumdrehen wollte, trat ihm dieser gegen das Schienbein.

Im Nu waren wir umringt, und zwischen Arme und Beine hindurch sah ich, wie die Frau sich auf die Zehenspitzen stellte und uns zuwinkte. Aber auch sie wurde von mehreren Ordnungshütern zurückgedrängt. Sie war ganz in Schwarz, und über einem weißen Kragen wuchs ein schmaler Kopf.

»Wer war denn das?« fragte ich auf dem Heimweg.

»Wir haben zusammen studiert«, lautete die Auskunft meines Vaters, der ganz in sich gekehrt neben uns herlief. Mehr sagte er nicht, auch dann nicht, als ich die Uhrzeit wissen wollte. Er sagte den ganzen Tag nichts, saß mit geschlossenen Augen am Tisch und ließ das Sonntagsessen kalt werden. Meine Mutter legte ihre Hand auf seinen Arm und schickte uns auf die Straße. Als die Dämmerung sich in der Tornowstraße einnistete, entdeckte ich die Silhouette meines Vaters hinter dem Vorhang des Wohnzimmers. Ich stand auf dem Trottoir und versuchte seine Aufmerksamkeit auf mich zu lenken, aber es gelang mir nicht herauszufinden, ob er mich überhaupt wahrnahm. Er schien ins Leere zu sehen, durch mich hindurch ins Leere.

Wer alle Gefahren kennt, weiß, wieviel Mut zum Schlaf gehört. Ich lag noch lange wach und schreckte bei jedem Geräusch auf. Ich nahm mir vor, meinem Vater ein gehorsamer Sohn zu sein, ohne zu ahnen, wie unendlich schwer das war.

Mit frostigen Schritten ging der November durch Frankfurt. Frostiger Staub flog in braunen Stürmen durch die Stadt, und ergeben legte sich das raschelnde Laub zu den Füßen der Passanten. Es kam jetzt immer öfter vor, daß meine Mutter plötzlich stehenblieb und schwer atmete. Als ich sie fragte, ob sie nachdenke, lachte sie.

In der Schule warf ich mit einem Ball die Scheibe zum Lehrerzimmer ein. Das alte Lied, das alte Lied. Der Rektor hielt mir einen viertelstündigen Vortrag über die Ideale des deutschen Jungen und schrieb einen Brief an meinen Vater. Es kostete mich eine große Überwindung, nach Hause zu gehen. Überall lauerten Fenster.

## *Berufspläne*

Man muß wissen, mein Großvater war Eisenbähner, wie man in Frankfurt und Umgebung sagt – und was ist nicht Umgebung von Frankfurt? Das kam meinen eigenen Berufsabsichten sehr entgegen. Er erfüllte mir den Wunsch, einmal auf einer Lokomotive fahren zu können, den Heizer zur Linken und den Lokomotivführer zur Rechten. Für meinen Großvater war kein Platz mehr. Ich durfte das Signal der Anfahrt geben, und los ging es. Ein Zittern lief durch meinen Körper. Der Wind drängte den Dampf in unsere Kabine. Wir fuhren die leichte Steigung des Güterbahnhofs hoch und wieder zurück. Das war eine Weltreise.

Hinterher lief ich wie im Traum. Die Sonne versilberte die Schienen, und die Krähen, von dem schrillen Signal aufgeschreckt, kehrten auf die Maste zurück. Am liebsten hätte ich die Zeit angehalten.

»Was haben die Menschen nur gemacht, als es noch keine Lokomotiven gab?« fragte ich.

Mein Großvater betrachtet mich von der Seite. »Sie haben darauf gewartet.«

Daß ein Stück glühende Kohle ein Loch in meine Hose gebrannt hatte, hielt ich in meinem Hochgefühl für eine Auszeichnung. Meine Mutter dachte anders und verpaßte der Hose einen Flicken. Er war rot und verleidete mir für einige Zeit das

Verlassen der Wohnung. Paulchen war nämlich der Meinung, wenn noch andere Flicken dazu kämen, könnte ich gleich als Clown auftreten.

Ich muß vorausschicken: Bevor ich Lokomotivführer werden wollte, träumte ich davon, als Clown Stürme von Gelächter zu entfachen.

»Clown wird man nicht, man ist es«, gab meine Mutter zu bedenken.

War ich ein Clown?

Mit meiner Mutter zusammen hatte ich im Schumanntheater zwischen kurzhaarigen Männern und Bubikopffrisuren hindurch den großen Grock gesehen und sein »Nit mööööglich!« gehört, aber als ich zu Hause und auch noch vor dem Spiegel seinen Stuhlsprung nachzuahmen versuchte, verlor ich jeden Mut, Clown zu werden. Ich hatte den Sitz eines Küchenstuhls entfernt und war in den Stuhl hineingestiegen. Es gelang mir jedoch nicht, wie Grock aus dem Stuhl so herauszuspringen, daß ich mit beiden Füßen auf den Rahmen zu stehen kam. Vielmehr verstolperte ich einen ganzen Nachmittag, und hinterher hatte ich mehr blaue Flecken als Europa Länder, von einem verstauchten Fuß ganz zu schweigen. Mit einem Wort: Zum Clown fühlte ich mich nicht mehr berufen. Da schien mir die Aussicht, in einer dampfumwallten Lokomotive über die Schienen zu donnern, wesentlich angenehmer. Vor allem des Signals wegen, das das Herz auf Sturm setzte.

Als ich beiläufig erfuhr, daß auch Rudi und Günther und Stefan später eine Lokomotive besteigen wollten, fürchtete ich, die Menschheit könnte einmal nur noch aus Lokomotivführern bestehen, und ich ging daran, mich nach einem neuen Beruf umzusehen.

»Du hast noch viel Zeit«, erklärte mein Vater, der ein kleiner Fürsorgebeamter war und wahrscheinlich, wir haben nie darüber geredet, auch einmal Lokomotivführer hatte werden wollen.

So kam es, daß sich mir bei jedem Buch, das ich las, neue Berufsaussichten erschlossen. Die Zukunft wurde ein einziger Rangierbahnhof, ohne daß ich gewußt hätte, welche Weichen zu stellen gewesen wären. Chaos herrschte – und Angst.

Und dann sagte Dr. Kroll in der Quinta des Goethe-Gymnasiums: »Zuallererst müssen wir furchtlose und aufrechte Deutsche sein, um uns in schweren Zeiten bewähren zu können.«

Dr. Kroll sprach gern von Bewährung, das bei ihm immer wie Bewehrung klang. Hatte man etwas ausgefressen, die Tafel mit Karikaturen eines Lehrers beschmiert oder gar einem Magenwind die Freiheit gegönnt, mußten wir uns bewähren. Das bestand meist darin, daß der Schuldige sich in eine der vier Ecken unseres Klassenzimmers stellen mußte, um sich mit gesenktem Kopf seiner Schuld bewußt zu werden.

Bewährung, Durchführung, Durchsetzung – das waren die pädagogischen Donnerworte, mit denen uns Dr. Kroll in das deutsche Wesen einführte. Er haßte Fremdwörter und versah sie in unseren Aufsätzen mit drei Ausrufezeichen. Mit einem Blitzen der Augen ging er gegen das Fremde vor. Einmal fragte er, wer wohl besser einen Marsch spielen könne, eine deutsche Kapelle oder eine Negerkapelle. Da er gern Fragen stellte, die nicht selbstverständlich zu beantworten waren, schrie ich hinter meinem hochgestreckten Finger her: »Die Negerkapelle.«

Für einen Augenblick verlor Dr. Kroll seine Fassung und zog die Mundwinkel herab, und wieder einmal mußte ich den Eckensteher spielen, mit dem Gesicht zur Ecke, in die einer meiner Vorsteher in einem unbeobachteten Augenblick »Für Unbefugte verboten!« geschrieben hatte.

Es war gar nicht so einfach, ein deutscher Junge zu sein. Man mußte jeden Tag saubere Fingernägel haben, gut gekämmt sein, kerzengerade Haltung bewahren, immer die Brust raus und stets ein »Heil Hitler« auf den Lippen.

Dr. Kroll liebte, ja lebte die Ordnung – und ich war ein unordentlicher Junge. Was soll ich mehr sagen!

Ich wußte bei all den deutschen Verrichtungen nicht, wo mir der Kopf stand. Meinem Banknachbarn Eberhard aus Ulm, der so schwäbelte, daß ich mich auf seine Zuflüsterungen nicht verlassen konnte, ging es nicht besser. Er langweilte sich und zeichnete groteske Mägen und Verdauungstrakte in sein Heft. Manchmal schlief er. Jedesmal wenn ihn Dr. Kroll aufweckte, stammelte er: »Wieviel Uhr ist es?«

Die Klasse trampelte vor Vergnügen. Hinterher wurden die Fenster aufgerissen. Die Deutschstunde war mit vielen Gerüchen verbunden.

Pater China, der uns sechs Katholiken in der Klasse im weiten Feld der Religion unterrichtete, verzichtete bei seinem Eintritt in das Klassenzimmer auf den deutschen Gruß. Wir nannten ihn Pater China, weil er sich leicht dazu bewegen ließ, über China zu reden, wo er zwölf Jahre gelebt und gewirkt hatte. Er gab jedem von uns immer die beste Note, einfach, weil er glaubte, man müsse einem jungen Katholiken in dieser schweren Zeit etwas Mut machen. Wenn er nicht von China sprach, berichtete er von der Erscheinung der Mutter Gottes in Fatima. Er ließ durchblicken, daß sie eine furchtbare Katastrophe prophezeit habe, und nannte uns »arme Kinder«. Er blinzelte mit den Augen, als wollte er alles, was er sagte, wieder zurücknehmen. Nichtsdestotrotz träumte ich von der Katastrophe. Erscheinungen hatte ich beim besten Willen nicht.

Pater China ging sehr langsam und wedelte mit den Armen.

In China hatte er das Sich-Verbeugen bis zur höchsten Vollkommenheit gelernt. Wenn ihn ein Kollege mit dem deutschen Gruß bedachte, verbeugte er sich so tief, daß der erhobene Arm seines Gegenübers über ihn hinwegzeigte. Er war überhaupt keine Respektsperson, wohlgenährt, im Winter mit Pulswärmern und im Sommer von einer leichten grauen Jacke umflattert, besaß er das Talent, völlig unauffällig zu wirken. Man erzählte sich, daß er fünfzehn Sprachen spreche. Wir kannten nur sein Chinesisch, das er uns mit zusammengekniffenen Augen vormachte. Er brachte mich auf die Idee, Missionar zu werden, und ich sah mich schon von tausend armen Heidenkindern umringt, aber wie gewonnen, so zerronnen: Meine aufgegebenen Berufsabsichten füllten allmählich Papierkörbe, und die Zukunft zerblätterte wie eine alte Tapete.

Der Winter 1941 auf 1942 schickte die Kälte bis in die Herzen, und weiße Fahnen wehten vor den Mündern. Vor den hohen Fenstern unseres Klassenzimmers trieb weicher Schnee, in der Nähe des Goethe-Gymnasiums, am Hauptbahnhof, brodelte das Leben. Im fernen Rußland floß Blut.

»Betet für die Menschheit«, sagte Pater China und sah aus wie Buddha.

Unser Fähnleinführer dagegen schrie: »Jetzt kommt es auf jeden Mann an.«

Und Paulchen verkündete aus den Mundwinkeln, er habe schon einen Steifen gekriegt und sei auf dem besten Wege, ein Mann zu werden.

»Ruhe!«

Es gab keinen Zweifel, wir lebten über unsere Verhältnisse.

»Weißt du, was Natur ist?« fragte einer aus dem vorderen Glied.

Was sollte ich anfangen?

Er wartete meine Antwort gar nicht ab und flüsterte: »Was deine Mutter zwischen den Beinen hat.«

»Ruhe!«

Im Jungvolk war es wie in der Schule. Man mußte sich alle naslang bewähren. Die Fahne flatterte uns voran. Ich marschierte im letzten Glied, weil ich keine Pimpfenuniform trug. Meine Mutter weigerte sich, mir eine Uniform zu kaufen. Es gebe Wichtigeres. So verunzierte ich in Zivil den Glanz unseres Fähnleins. Ich duckte mich vor Scham und lag meiner Mutter täglich in den Ohren, sie solle mir doch endlich eine Uniform kaufen.

Endlich!

Sie kaufte mir jedoch zunächst nur eine schwarze, kurze Hose. Als ich sie zum erstenmal anhatte – sie war noch steif und rieb zwischen den Schenkeln –, schrie der Fähnleinführer gleich zu Beginn unseres Dienstes: »Tiefflieger von vorn!«

Ich stand vor einer schweren Entscheidung: Entweder warf ich mich in den Staub des Schulhofes, auf dem gewöhnlich unser Dienst stattfand, und meine Mutter würde mir nie den größeren Rest der Uniform kaufen, oder aber, ich verweigerte den Befehl und konnte noch die Hoffnung hegen, in den Besitz einer vollständigen Pimpfenuniform zu kommen. An einer Uniform, wie sie die andern trugen, hing mein ganzes Herz. Da konnte einem keiner so leicht Schwierigkeiten machen. Eine Uniform war ein Ehrenkleid, in ihr würde ich mich doppelt so groß fühlen, wenn ich durch die Straßen stiefelte, und keiner könnte die Angst erkennen, die mir in den Gliedern saß. Gründe dafür gab es immer, und die schlimmste Angst war die ohne Gründe, die einfach da war und den Atem kurz hielt. Gemeinschaft macht stark.

Kurzum: Ich warf mich nicht vor dem angedrohten Tieflieger zu Boden, sondern blieb stehen, selbst dann noch, als sich der Fähnleinführer drohend vor mir aufbaute und die Tiefflieger in einer höheren Stimmlage ankündigte.

Wegen Befehlsverweigerung wurde ich in den Strafzug versetzt, der hinter keiner Fahne hermarschierte und auch auf den mitreißenden Takt der Trommeln verzichten mußte. Gedemütigt schlichen wir dahin, und Zuschauer riefen uns zu: »'N bißchen mehr Schwung!«

Ich muß wohl nicht betonen, daß ich mich bis ins Mark schämte und mich überhaupt nicht als Held fühlte.

Meine Mutter versuchte mich aufzumuntern und backte mir einen Streuselkuchen, was sie immer bei wichtigen Ereignissen tat. Solange der Streuselkuchen noch warm war, vergaß ich meine Sorgen.

Da erwischte es meinen Vater. Mit einundvierzig Jahren erhielt er den Stellungsbefehl und mußte sich in einer der Preungesheimer Kasernen melden. Als wir ihn an einem Sonntag zum ersten Mal besuchen durften und er uns in verwaschener Uniform, die ihm viel zu groß war, entgegenkam, mit müden Augen und ohne die lakonische Autorität, mit der er zu Hause alle Gefahren zu bannen verstand, hatte ich Mühe, in ihm meinen Vater wiederzuerkennen. Die klobigen Kommißstiefel machten seinen sonst federnden Gang schwerfällig, und erst, als er seine Frau umarmte, kehrte etwas von seiner alten Elastizität in ihn zurück. Es dauerte eine Weile, bis er auch meinen Bruder und mich begrüßte. Er hatte seltsam gerötete Augen und stolperte über seine Worte.

»Was macht die Schule?« fragte er.

»Wir sind bei den Vandalen«, erwiderte ich. »Sie sollen gar nicht so schlimm gewesen sein.«

Es war mir unmöglich, das zu sagen, was ich sagen wollte.

So rettete ich mich in Beiläufiges, und mein Vater schlang seinen Arm um die Hüfte meiner Mutter.

Überall hingen Familienväter am Arm ihrer Frauen, und die Kinder standen betreten herum. Über der Kaserne hing eine drohende Stille. Auf dem Heimweg war mir sehr traurig zumute, und ich war überzeugt, daß Uniformen Gefängnisse waren, aus denen man nur sehr schwer entkam. Sie machten einen ganz andern Menschen aus ihren Trägern, Menschen mit einem kleineren Ich.

Aus Rußland schrieb mir mein Vater zum Geburtstag: »Wir ziehen durch die Gegend, durch die auch die napoleonischen Armeen vorgestoßen sind.«

Es trieb mich wie ein Verdurstender durch die Wüsten der Geschichte. Aber ich fand keine Quelle. Überall nur Geröll zwischen den Steinen. Auf dem ledernen Handschuh Friedrich des Zweiten wippte der Falke.

Paulchen wollte Flieger werden, Rudi Kapitän eines U-Bootes. Der Krieg lockte mit vielen Berufen. Vorerst sammelten wir jedoch Bombensplitter auf. Vor lauter Aufregungen vergaß ich, von meiner Zukunft zu träumen. Ich lebte nur noch in Augenblicken, sah durch das Küchenfenster, wie Herr Pecht in dem ihm zustehenden Gartenteil hinter dem Haus die Bohnen mit einer Schere erntete, hörte das Getratsche im Treppenhaus.

Als die ersten Bomben in unserer Nähe fielen, wurden wir zum Aufräumen eingeteilt. Wir stiegen über Schutt in zerstörte Wohnungen. Der Staub drang uns in die Lungen und kürzte den Atem. Ich trug Standuhren und Familienbilder auf die Straße, wo sie fehl am Platz waren. Auf dem Herd einer Küche köchelte noch eine Suppe. In den Dampf mischte sich ein Geruch von Kümmel und Mottenpulver. Eine alte Frau lag neben dem Küchentisch, den Kopf auf den aufgelösten Haaren wie auf einem Kissen, blicklos die Augen, die Hände schlaffe, tote Vögel.

»Wenn man ihr einen Spiegel vor den Mund hält und er verfärbt sich nicht, ist sie tot«, sagte ein Mann in Schaftstiefeln. Keiner hatte einen Spiegel.

Zu fünft schleppten wir die alte Frau ins Freie. Ihre Haare wickelten sich um meine Hände.

Als ich meiner Mutter erzählte, was ich getan hatte, schlug sie die Hand vor den Mund und starrte mich an: »Was sind das für Zeiten, in denen Kinder Totengräber werden müssen.«

Am nächsten Tag grub ich im Garten meines Großvaters ein Beet um und fischte Engerlinge aus der speckigen Erde. Hinterher entdeckte ich mehrere Blasen auf meinen Handflächen.

»Ich vermisse meinen Mann jeden Tag mehr«, klagte Frau Wede, die in der Mansarde wohnte, und kniff mir in den Hintern.

Als die Blasen aufgingen, begann ich ein Tagebuch, doch ich fand nicht die richtigen Worte. Ich schrieb und schrieb, und all meine Erlebnisse flüchteten zwischen die Zeilen. Als das Heft vollgeschrieben war, legte ich es neben meine Schuhe unters Bett und vergaß es.

## *Richard Wagner*

Von meinem Großvater sagte man, daß er Richard Wagner über alles geliebt habe; von seinem Sohn, meinem Vater, wußte ich dies aus eigener Erfahrung. Er wurde nachgerade feierlich, wenn er Wagner hörte, und ich konnte beim besten Willen nichts mit Wagner anfangen. Ich hätte mich als Verräter fühlen müssen. Immerhin gab mein Vater die Hoffnung auf meine Bekehrung nicht auf.

»Warte, bis du größer bist, dann wirst du schon den Zauber dieser Musik begreifen lernen.«

Nun, ich wurde größer und älter, ohne jedoch Richard Wagner auch nur einen Schritt näher gekommen zu sein. Im Gegenteil. Ich stellte mir die Frage, ob man nur von Wagner leben könne? Er hatte einen Ehrenplatz im Musikzimmer meiner Großmutter. Dort stand er in Gips auf einer Konsole und hatte eine gelbliche Farbe angenommen. Er blickte, soweit das in Gips überhaupt dargestellt werden kann, in die Zukunft. Das war genau dort, wo eine Schiebetür das Musikzimmer vom Wohnzimmer trennte. Sie stand fast immer offen. Bei einem bestimmten Abendlicht ähnelte der gipserne Wagner einem Sparschwein. Als ich diese Beobachtung meinem Vater mitteilte, legte er seine Hand auf meinen Kopf, schaute mich eindringlich an und sagte: »Ein Kritiker darf sich nicht von Haßgefühlen leiten lassen. Er muß Argumente haben.«

Das war leichter gesagt als getan. Was hatte ich schon für Argumente als dieses, daß mir die Musik Wagners ein körperliches Unbehagen verschaffte. Ja, ich war überzeugt, daß sich beim Zuhören meine Ohren kräuselten. Kurzum: Ich wurde wegen meiner Unfähigkeit, die Wagnersche Musik goutieren zu können, wie sich mein Vater ausdrückte, mitleidig angesehen.

Ob ich denn endlich soweit sei, fragte er mich öfters. Ich brachte Mozart ins Spiel, schon aus Solidarität mit seinem jugendlichen Alter. Mit Mozart ließ sich gut argumentieren. Er besitze Leichtigkeit und Klarheit, sagte ich, bei Wagner dagegen hätte ich den Eindruck, ein Gewitter würde dirigieren.

»Donner und Doria!« schrie mein Vater außer sich und erklärte in beruhigterem Tone, Wagner sei ein Orakel, ein Priester, ja mehr als ein Priester, eine Art Mundstück des »An sich« der Dinge, ein Telefon des Jenseits, ein Bauchredner Gottes, der nicht nur Musik, sondern Metaphysik von sich gebe.

»Was ist, bitte schön, Metaphysik?« fragte ich fast erschöpft.

»Das, was du nicht verstehst.«

So segelte ich weiter auf dem Schiff der Ignoranz, ohne den rettenden Hafen der Einsicht zu finden. Selbst mein Geigenlehrer, Herr Gstettner, der sonst jeder Auseinandersetzung aus dem Wege ging, es sei denn, es handelte sich um Mißtöne, gestand mir fast mit missionarischem Eifer, Richard Wagner sei etwas ganz Besonderes, und er habe einmal den Parzifal in Bayreuth erlebt und vor Glück geweint.

»Weinen sollte man nur bei ganz großen Anlässen«, fügte er, wieder den Tränen nah, hinzu.

Ist der Schmerz auch ein ganz großer Anlaß?

Mit meinen Freunden konnte ich nicht über Wagner reden. Sie besangen die morschen Knochen und liebten das Schmissige, vom Schlager bis zum eingeworfenen Fenster. Sie versuchten, mit mehr oder weniger geschrienen Lieder die Nationen in den Staub zu treten, die sich gegen Deutschland erhoben. Aber auch Wagner kämpfte für Deutschland. Seine Musik eröffnete eine wilde Landschaft voller Stabreime und voller von Schwaden umtanzter Felsen, voller Recken mit dem blanken Schwert in der Hand und mit finsterem Blick, die das Schicksal herausforderten. Sie drohten, tief Luft zu holen und den Schrei ihrer Unerschrockenheit gegen die Feinde herauszuschmettern.

Rolf Müller spielte Schifferklavier, das nun wirklich nicht mit Richard Wagner in Verbindung gebracht werden kann. Er spielte uns nur zu gern irgendwelche Volkslieder vor und schaute entsetzt auf seine Finger, wenn sie daneben griffen.

Es, es, es und es,
es ist ein harter Schluß,
Weil, weil, weil und weil,
Weil ich aus Frankfurt muß!

Er spielte dieses Lied so lange, bis die Müllerstraße, in der er wohnte, bei einem Bombenangriff in Schutt und Asche fiel. Das Schifferklavier konnte Rolf retten. Er hatte es immer mit in den Luftschutzkeller genommen, wo es manchmal, wie er erzählte, ganz von allein aufstöhnte wie ein Tier, das man mit den Füßen tritt.

Von Rolfs Mutter behauptete mein Vater, sie sehe wie Brunhilde aus. Sie hat zu unserem Glück nicht gesungen.

Man war vor Wagner nicht sicher. Überall lauerte er: in Gips oder in Öl. Seine Heldinnen und Helden wandelten singend durch den Alltag und machten Geschichte. Seine Musik verbrämte Großdeutschland und schloß sich fast an jede Sondermeldung im Radio an.

Onkel Fritz, der ältere Bruder meines Vaters, war meine einzige Rettung. Er schien nicht ganz auf Wagner eingeschworen zu sein und vertrat die Meinung, Wagner sei ein wenig zu viel auf einmal. Das ließ sich hören, dachte ich. Er sprach sogar von der Unabdingbarkeit dieser Musik. Ich habe auf diesem Wort wie auf einem Knochen herumgekaut. In diesen Tagen war alles gewaltig und unabdingbar, und Onkel Fritz höhnte: »Wozu denn Schönheit? Warum nicht lieber das Große, das Erhabene, das Gigantische? Das, was die Massen bewegt? Ist es nicht leichter, gigantisch zu sein als schön?«

Ich habe erst viel später die traurige Wahrheit dieser Worte begriffen, als Onkel Fritz zu den Klängen des Chopinschen Trauermarsches zu Grabe getragen wurde.

Zu meiner Schande muß ich gestehen, daß ich selbst mit dem Wort »gewaltig« hausieren ging und schon die geringste Gefühlsaufwallung als eine gewaltige Sache ansah, von andern Ausbrüchen und Ereignissen ganz zu schweigen. Das Leise hatte keine Chance. Der Lärm des Krieges übertönte alles, und unsere Fensterscheiben gingen zu Bruch.

Mein Vater riet mir, ich solle Wagner vom Musikalischen her verstehen, und zeigte mir die Partitur des Parzifal, die so viele Noten enthielt, daß einem angst und bange werden konnte. Um mir durch das Labyrinth zu helfen, sang mein Vater das Leitmotiv. Er ließ sich soweit herab, es mir sogar vorzupfeifen. Im Maße seiner Bemühungen wuchs meine Widerstandskraft, besonders dann noch, als er den Parzifal auf Platten kaufte und nach wilden Kurbeldrehungen auf unserem etwas klapprigen Plattenspieler zur Wohnzimmeraufführung brachte. Die Oper endete in gewissen Abständen in einem Winseln, und mein Vater drehte erneut die Kurbel. Auf diese Weise erlebte ich Richard Wagner in Ebbe und Flut. Mein Vater erklärte mir daraufhin, natürlich sei das im Vergleich zu einer tatsächlichen Theateraufführung nur ein kümmerlicher, winselnder Ersatz. In der Oper könne man Parzifal ohne solche mechanischen Unterbrechungen hören.

Unser Plattenspieler war ein Meister der Parodie. Er verwandelte sowohl den Orchesterklang als auch die Singstimmen in ein nasales Gepiepse, so daß ich immer wieder in Gelächter ausbrach, was meinen Vater dazu veranlaßte, die Nadel auszuwechseln, aber welche Nadel er auch benutzte, die Wirkung blieb die gleiche. Jedesmal, wenn mein Vater den Parzifal auflegte, war bei uns Karfreitag, bis meine Mutter aufbegehrte: »Kannst du nicht einmal etwas anderes auflegen?«

»Wie wäre es denn mit dem Herrn Meyer auf dem Himalaya?« rief ich begeistert. Wir hatten diese Platte, und meine Mutter konnte sämtliche Strophen auswendig.

Das war meinem Vater dann doch zuviel Respektlosigkeit Wagner gegenüber. Beleidigt und mit zusammengekniffenen Lippen verschloß er den Plattenspieler im Kleiderschrank, wo er im Mottenpulverduft für immer verstummte.

Aber damit war Richard Wagner keineswegs aus der Welt. Sonntags morgens ergossen sich aus den offenen Fenstern Küchendüfte und Musik aus den Volksempfängern in die Tornowstraße. In der getragenen Musik, mit der das Radio den Sonntag einstimmte, herrschte Wagner mit vielen Bläsern und beschwörenden Kontrabässen vor. Schließlich schätzte Adolf Hitler Richard Wagner und schien beim Zuhören, wie wir der Zeitung entnehmen konnten, so entrückt, daß Tante Gretel meinte, in dieser Abwesenheit sei ihr der Führer am liebsten. Die Wagnerbegeisterung Adolf Hitlers führte dazu, daß der Komponist zu allen Anlässen gespielt wurde.

Herr Fleischer, unser Ortsgruppenleiter, der zur erhabenen

und erhebenden Musik ein Verhältnis hatte wie ein Hörrohr zu einem Flaschenhals, wußte, was er dem Führer schuldig war, und machte eine Bildungsreise nach Bayreuth, wo er wegen Erregung öffentlichen Ärgernisses abgeführt wurde. Er hatte während einer Aufführung der Meistersänger von Nürnberg sich auch noch verpflichtet gefühlt, laut mitzusingen. Das war dann doch ein wenig zu viel Führerverehrung. Die ganze Tornowstraße zerriß sich das Maul darüber, wenn auch hinter vorgehaltener Hand.

Mein Vater löste das Problem, das dabei entstand, auf folgende Weise. Er erklärte, man könne nicht von dem Begeisterten auf den schließen, der diese Begeisterung hervorrufe.

Damals wußte ich von Wagners Leben und Wirken nur, daß er Schulden zu machen verstand. Zu Ehren meines Vaters muß ich sagen, daß er keine Schulden machte, aber auch nicht komponierte.

Vielleicht wäre mehr aus ihm geworden, wenn er Schulden gemacht hätte. Er lachte sehr selten und trug schwer an seiner Aktentasche. Er litt darunter, daß er seine Wagnerverehrung mit andern teilen mußte.

Meine Mutter meinte einmal, er sei ein stiller Genießer. Ich habe mir weiß Gott was darunter vorgestellt.

Es war nur zu offensichtlich: Er hätte am liebsten Richard Wagner ganz für sich allein gehabt. Daß er mich dabei nicht ausschließen wollte, war nachgerade eine Auszeichnung, die ich jedoch damals nicht als solche empfunden habe.

Als ich einmal vor dem Spiegel das Hemd wechselte, fand ich plötzlich, daß ich meinem Vater ähnlich war. In Wirklichkeit existierte jedoch diese Ähnlichkeit nicht. Aber waren dies nicht die Bewegungen meines Vaters, mit denen ich das Hemd zuknöpfte? Mein Vater tat mir leid. Er konnte nicht mehr berühmt werden, er konnte nichts anderes mehr werden als das, was er bereits war. Mit einem spöttischen Lächeln schien er sich gegen seine Niederlage zu wehren. War es überhaupt eine Niederlage? Oder gab es in dieser Welt, in der wir lebten, gar keine andere Möglichkeit zu bestehen, als mit einem spöttischen Lächeln? Wer zuletzt lacht, lacht am besten.

Das brachte ihn jedoch nicht davon ab, mir Wagner nahebringen zu wollen. So leicht und unbelehrt kam ich nicht davon. Gewaltiges stand mir noch bevor. Ich schäme mich noch heute, wenn ich daran denke.

Tante Ella leitete die Musikbücherei im Volksbildungsheim und veranstaltete zur Steigerung des allgemeinen Musikinteresses in Frankfurt Kammermusikabende, die sehr gut besucht waren, auch von unserer Familie, die den festen Kern der Zuhörerschaft bilden mußte. Selbst mein Bruder, der noch nicht in die Schule ging, war immer mit von der Partie. Er durfte nach Beendigung des Konzerts den Mitwirkenden einen Blumenstrauß übergeben. Warum mir nicht diese Aufgabe überlassen wurde, will ich mit Stillschweigen übergehen. Nur soviel: Blumen brachten mich zum Niesen.

Zu den Höhepunkten dieser Kammermusikabende zählte auch eine Wagnersoiree. Onkel Peter hatte wochenlang mit einer Sängerin und einem Sänger geprobt. Das Haus in der Obernhainer Straße war nachgerade wagnerdurchtost. Wenn Onkel Peter Wagner auf dem Klavier spielte, glaubte er ein Orchester unter seinen Fingern zu haben. Wir mußten auf den sonntäglichen Besuch bei meiner Großmutter verzichten, um die Proben nicht zu stören. Dann war es schließlich soweit. Ich hatte schon einen Tag vor dem Konzert Herzklopfen, und meine Mutter betrachtete mich besorgt: »Du siehst aus, als gingst du zu deiner eigenen Hinrichtung.«

Mein Vater trug seinen schwarzen Anzug. Meine Mutter hatte mir den besten aller Scheitel gezogen und sich selbst den Kapotthut aufgesetzt, der ihr die ideale Kopfbedeckung für Wagner zu sein schien. Mein Bruder steckte in einem Samtjäckchen. So pilgerten wir zu Wagner, mein Vater beschwingt, meine Mutter in Sorge, etwas vergessen zu haben, und ich skeptisch.

Als wir im Volksbildungsheim in der Eschersheimer Landstraße ankamen, hatten meine Haare die Scheitelglätte wieder verloren. Meine Mutter meinte, ich sähe verboten aus, und versuchte, mit den Fingern etwas Ordnung in meine Haare zu bringen. Wir nahmen in einer der vordersten Reihen Platz.

Tante Ella sagte händeringend einige Begrüßungsworte und stellte die Mitwirkenden vor, die sich sehr ausführlich vor dem Publikum verbeugten.

Der Sänger war schmal und hing geradezu in seinem Anzug. Auf seiner hohen Stirn glänzten schon Schweißtropfen. Mit weit ausholenden Schritten trat er an die Seite des Flügels und räusperte sich. Die eher zierliche Sängerin konnte in ihrem engen Kleid nur kleine Schrittchen machen. Onkel Peter rutschte unruhig auf dem Klavierstuhl hin und her, bis er den archimedischen Punkt gefunden hatte, von dem aus er die Welt aus den Angeln heben konnte. Er sah sehr entschlossen aus und schaute erwartungsvoll auf den Sänger, der seinerseits ihn fixierte.

Zuerst sei der Parzifal dran, flüsterte mir mein Vater ins Ohr, und schon verwandelte sich der Sänger in Gurnemanz. Seine Stimme war von unnatürlicher Kraft, die den kleinen Raum zu sprengen drohte. Ich schmiegte mich an die Seite meiner Mutter, die selbst etwas erschrocken schien und meinen Vater fragend anblickte. Onkel Peter beugte sich tief über die Tastatur und griff mit weitgespannten Fingern zu. Wagner fegte durch den Raum, strich die Buchreihen entlang und stürmte in die dunklen Ecken, wo er grollend verklang. Meine Ohren brachen auf, und in meinem Kopf ließ sich die Musik nicht beschwichtigen. Sie ergriff Besitz von mir. Ich war drauf und dran, mich Richard Wagner zu ergeben, als die Sängerin, zwei Schritte vortretend, sich in Kundry verwandelte. Der Sänger, der zurückgetreten war, betupfte sich die Stirn mit dem Taschentuch. Die Sängerin duckte sich, ehe sie sich auf die Zehenspitzen erhob, so daß ich einen kurzen, tiefen Einblick in den Ausschnitt ihres trägerlosen Kleides gewann – und schon war es um mich geschehen. Ein Lachen stieg in meine Kehle hoch. Ich versuchte, meine Lippen vor ihm zu verschließen. Vergeblich. Es rollte wie eine Woge aus mir heraus und stürmte gegen Wagner an. Zuhörer drehten sich nach mir um und drohten mit den Augen. Es gelang mir jedoch nicht, mein Lachen zu bändigen. Es durchrüttelte mich wie ein Hustenanfall. Ich zappelte an der Angel einer unendlichen Lächerlichkeit, japste und kicherte, prustete und gluckste. Mit der flachen Hand verschloß ich meinen Mund, aber die Gewalt des Lachens drückte sie wieder weg. Mein Vater lief ganz rot an, packte mich an meinem rechten Oberarm, stand auf und führte mich aus dem kleinen Saal. Ich spürte strafende Blicke auf mir. Noch immer quiekte ich, und Bilder von zusammenstürzenden Häusern schossen durch meinen Kopf. Die Welt versank in ein zwerchfellerschütterndes Chaos.

»Du hast uns ganz schön blamiert«, sagte mein Vater, als er die Tür hinter sich zugemacht hatte. Ich mußte den Rest des Konzerts in der Vorhalle verbringen. Wagner pochte gegen die große Eingangstür, die mir verschlossen blieb. Noch immer kämpfte ich gegen mein Lachen. Die Garderobiere schaute von ihrem Romanheftchen hoch.

»Was in aller Welt ist denn so komisch?«

Ich brachte keine Antwort zustande und schwitzte. Was hätte ich auch sagen sollen?

Am nächsten Tag lag ich mit hohem Fieber im Bett und sah Richard Wagner mit dem Taktstock auf mich zustürzen, um Rache zu nehmen. Ich empfand mein Los als Strafe.

Mein Vater redete mehrere Tage nicht mit mir. Die Scham machte mich fast bewegungslos. Als ich wieder aufstehen durfte, übte ich unter einem Bild Paganinis Geige, bis es mir schwarz vor den Augen wurde, jeden Tag, auch dann noch, als mein Vater eingezogen wurde.

Vor unseren kleinen Fenstern trieb weicher Schnee.

»Hauptsache, unsere Männer kommen wieder nach Hause.« sagte Frau Wede, während meine Mutter mir den Pullover, den sie für mich strickte, prüfend an die Brust legte. Die Sondermeldungen im Radio klangen immer weniger triumphierend, aber immer noch gab Richard Wagner den Ton an.

## *Das geborgte Heldentum*

Der Kuhwald, der sich zwischen dem Flugplatz Rebstock und dem Güterbahnhof erstreckte, war ein Wald ganz besonderer Art. In ihm wuchsen Buchen, Birken, Ebereschen, wilde Kirschbäume, Tannen, Kiefern, Ahorn, wilde Äpfel und Eichen durcheinander. Im Herbst sammelten wir die verwehten Blätter, klebten sie in ein Heft und schrieben ihre Herkunft in Schönschrift darunter. Herr Fleischer war der Meinung, der Kuhwald sei eine Rassenschande. So sehe doch kein deutscher Wald aus.

Es war auch Herr Fleischer, der mir die Gelegenheit bot, etwas Genaueres über die körperliche Vereinigung von Mann und Frau zu erfahren. Wir entdeckten ihn, wie er an versteckter Stelle des Kuhwalds auf einer Frau lag, die spitze Schreie ausstieß. Wir duckten uns hinter ein paar Farnwedel und hielten den Atem an. »Er fickt sie«, murmelte Paulchen und grinste überlegen, als hätte er derlei schon hundertmal gesehen. Ich mochte das Wort ficken nicht. Es war ohne Geheimnisse: Ein abfälliger I-Laut, der in der Kehle endete.

Ich legte mich auf den Boden und spürte die Kühle des Mooses. Ein Specht hämmerte gegen einen Baumstamm. Ich entdeckte seinen roten Hinterkopf im Blättergrün. Direkt unter ihm glänzte der Hintern von Herrn Fleischer wie ein riesiger Kürbis. Zwei zappelnde Beine, die in Sandalen endeten, schlugen über ihn zusammen. Die Sonne flimmerte zwischen den Blättern und trieb Lichtschächte durch das Halbdunkel.

Als Herr Fleischer sich, mit den Händen abstoßend, wieder erhoben hatte, zog er hastig seine Breecheshosen hoch und schaute sich um. Er schwankte, ohne sich um die Frau zu kümmern, die noch immer vor ihm lag. Rudi kicherte in sich hinein und zeigte mit zitterndem Zeigefinger auf die Frau.

Später sahen wir sie neben Herrn Fleischer auf dem Hauptweg. Sie hatte die Haare hochgesteckt und summte vor sich hin. Als Rudi ihnen das unvermeidliche »Heil Hitler« entgegenschmetterte, grüßte Herr Fleischer eilfertig zurück und bemühte sich um Würde, indem er den Bauch einzog. Die Frau lachte.

Mir war nicht wohl dabei, ein Geheimnisträger zu sein. Herrn Fleischers Hintern zappelte in meinen Gedanken. Ich fing einen Streit mit Paulchen an, der wie immer in einem Ringkampf endete. Als ich mit verschmutzten Knien in die Tornowstraße einbog, hatte schon das Theater des Sonnenuntergangs begonnen. In den Fensterscheiben verblühte die Sonne. Die Ahornblätter winkten im Wind. Aus dem Kuhwald zog sich, resigniert am Boden liegend, bis zum Bordstein hin, ein knisternder Faden, der sich an unsere Füße hängte und flüsternd gelbrote Worte aus Blättern flocht.

»Uuuuuu?«

»Weißt du schon das Neuste?«

»Was denn?«

Es gelang mir nicht, das Erlebte für mich zu behalten. Ich erzählte es jedoch meiner Mutter nur in Andeutungen. Sie schüttelte den Kopf und schaute mich prüfend an.

»Ausgerechnet Herr Fleischer!«

»Kriegt die Frau jetzt ein Kind?« wollte ich wissen.

»Hoffentlich nicht von Herrn Fleischer.« Die Worte blieben an der Leimrute der Scham hängen.

Herrn Fleischers Liebesabenteuer machte die Runde, und Frau Winter erzählte, daß Frau Fleischer ihren Mann mit dem Regenschirm verprügelt habe. Seitdem sah man Herrn Fleischer nur noch in Uniform. Als Ortsgruppenleiter sei man immer im Dienst, sagte er.

»Wir werden den Kampf aufnehmen, zum Teufel!«

Seine Lippe zuckte, sein Rücken straffte sich, und er brauchte unendlich lange, um eine Zigarette anzurauchen. Er bemühte sich, so zu wirken, als wäre nicht gut Kirschen mit ihm zu essen. Das Büro der Ortsgruppenleitung war im Hause gegenüber untergebracht. Ich konnte von unserm Wohnzimmer aus sehen, wie Herr Fleischer sich in Akten vertiefte. Ein Ausdruck grenzenlosen Mißtrauens beherrschte sein Gesicht.

Als der Krieg ausbrach, erhängte sich ein alter Mann im Kuhwald. Aus seinen Manteltaschen ragten Zeitungen. Tagelang war der Ort des Selbstmords mit einem weißen Band abgesperrt. Ich glaubte, den Tod in den Ästen herumturnen zu sehen.

»Hast du schon einmal einen Toten angefaßt?« fragte ich Rudi.

»Unsern Hund, nachdem ihn ein Auto überfahren hatte. Und ich habe es bis ins Herz hinein gespürt. Das kannst du mir glauben.«

Im Trubel der Siege in Polen war der Selbstmord schnell vergessen, aber in den Träumen spielte er noch eine große Rolle.

»Was geht nur in einem Menschen vor, der sich das Leben nimmt?«

Meine Mutter ließ eine Masche fallen. »Manchmal ist die Verzweiflung stärker als wir.«

Es war eine nebelreiche, sonderbare Zeit. Mit frostigem Schritt zog durch Deutschland der giftige November. Er jagte das goldene Waldflüstern aus den Bäumen, und das goldene Waldflüstern legte sich ergeben auf den Boden und blieb an unseren Schuhsohlen kleben.

Es war eine nebelreiche, sonderbare Zeit. Die Eiswinde nahten schon in bauschigen Wolken, die bleiern waren und blau, und in der Hysterie des Sieges in Polen glaubten alle an den Frühling. In den Zeitungen übernahmen die Überschriften alle Verantwortung, und jedesmal, wenn eine Sondermeldung aus dem Radio in den Alltag drang, riß man die Fenster auf und kommentierte das Geschehene. Alle warteten auf den endgültigen Sieg und das Ende.

»Sie lügen uns noch um den Verstand«, erklärte Herr Pecht, der schwer verwundet aus dem Weltkrieg zurückgekommen war und seine beiden Buben mit prophetischem Zorn gegen die Zeit erzog.

»Wenn mir einer auf die Wange schlägt, halte ich ihm die andre auch noch hin.«

»Ich habe das überhört«, bemerkte Herr Fleischer und verlegte seine ganze Würde in die Brust.

Herr Pecht umfaßte mit der linken Hand seinen rechten, steifen Arm. Wenn er redete, schaute er unter sich.

»Warum?«

»Eben deswegen, weil Sie sich im Kampf für unser Vaterland im Weltkrieg bewährt haben. Solche Reden, wie Sie sie jetzt führen, passen nicht in unsere Zeit.«

»Keiner kommt unverändert aus einem Krieg zurück ...« Weiter kam er nicht. Seine Frau zog ihn in den Hausgang. Als er mich sah, der alles mitangehört hatte, näherte er seinen Mund meinem Ohr und flüsterte: »Wenn wir nicht umkehren, werden wir unweigerlich zugrunde gehen, mit Leib und Seele.«

Seine Worte drangen feucht in mein Ohr.

Es war eine nebelreiche, sonderbare Zeit. Schnee fiel, und Spuren liefen durch den Kuhwald. Wir maßen sie mit dem Lineal und beobachteten die Krähen, die auf den Masten des Güterbahnhofs saßen und die Flügel erwartungsvoll spreizten.

Als der Frühling dann schließlich mit seinen Tauwinden kam und wir unsere Stiefel nicht mehr mit Öl einschmieren mußten, lagen immer noch ein paar Flecken Schnee im Kuhwald – und der Krieg ging weiter.

»Es gibt bald keine weißen Flecken mehr auf der Weltkarte«, sagte mein Großvater, der sich selbst eine riesige Karte Europas über den Schreibtisch gehängt hatte, um den Krieg bis in die letzten Winkel verfolgen zu können.

Im Kuhwald war es noch möglich, sich vor der Welt zu verstecken. In der Schule dagegen war man allen Blicken preisgegeben, den schadenfrohen der Klassenkameraden und den prüfenden der Lehrer. Im Kuhwald erkletterte ich eine Buche und ließ mich vom Winde wiegen. Der Himmel war bleigrau, und die Kälte nagte an meinen Händen. Jetzt kam es nur darauf an, sich festzuhalten. Die Waggons klapperten auf dem Rangierbahnhof über die Schienen und quietschten in den Weichen. Der Lärm wurde vom Wind in ein metallenes Seufzen verwandelt. Mit an der rauhen Rinde wund geriebenen Schenkeln umschlang ich den Baumstamm. Beim Abstieg blieb ich mit meiner Hose an einem Ast hängen. Ich verzögerte meine Heimkehr bis in die Abenddämmerung.

»Wenn du wieder deine Hose verreißt, kannst du nackt herumlaufen«, erklärte meine Mutter, als sie den Winkelriß entdeckte.

So weit wollte ich es jedoch nicht kommen lassen, und ich paßte höllisch auf, daß ich nirgendwo hängenblieb. Es war umsonst. Meine Kleidung demonstrierte auf eine fürchterliche Weise die Vergänglichkeit. Sie zerfiel mir am Leibe, die bloßen Sonnenstrahlen durchlöcherten sie. Die Kriegsware taugte keinen Schuß Pulver. Da war es dann doch besser, ich trug die von meiner Mutter auf meine Maße gebrachten Hosen und Hemden meiner Onkel.

»Friedensware hält eben besser«, stellte meine Mutter mit einigem Nachdruck fest. So geschah es, daß ich nicht nur altklug aussah, sondern auch altklug daherredete. Außerdem kam hinzu, daß meine Mutter die Tatsache in Erwägung zog, daß der Mensch im kindlichen Alter noch wächst und mir alles viel zu groß zuschnitt.

»Du wirst schon hineinwachsen«, tröstete sie mich, und ich ging, so gut ich konnte, meinem Spiegelbild aus dem Weg. Es war schwer, sich vorzustellen, daß man wuchs, daß man in seine Kleider hinein- und wieder herauswuchs.

Wenn ich mich zwischen Schlaf und Wachsein befand, war es mir, als würde ich in die Tiefe geschleudert, als fiele, stürzte ich von einem hohen Turm herab. Meine Empfindungen zeigten mir eine Bresche, die in meine Welt geschlagen wurde. Durch diese Bresche flog ich in eine andere, gestaltenwimmelnde Welt hinein, von der es nicht genügt zu sagen, man werde dort von furienähnlichen Geschöpfen überfallen. In ihr war selbst das Weltgewebe mehr als ein Furiengewebe.

Im Kuhwald wurden diese Träume wieder wach, und ich schaute hinter die Bäume und mißtraute jedem Schatten.

»Ein deutscher Junge hat keine Angst.«

Ich zwang mich, selbst noch nach der Abenddämmerung durch den Kuhwald zu laufen. Die Angst ließ sich nicht abschütteln. Sie knisterte und regte meine Phantasie zu den furchtbarsten Vermutungen an.

Es wurde viel vom Heldentum geredet: In der Schule, zu Hause und auf der Straße. Ich war ein Straßenkind, oder wie man in Frankfurt sagte, ein Gassebub, und spitzte meine Ohren. Was ich aufschnappte, trug ich lange mit mir herum, bis ich mich durch Fragen davon befreien konnte. Aber jede Antwort schaffte neue Ängste.

Im Jungvolk wurden die Helden besonders hoch gehandelt: Der Freiherr von Richthofen stach den Grafen Zeppelin, Störtebecker Karl den Großen und Lützows Wilde Jagd die Goldene Horde aus. Wir saßen und marschierten Schulter an Schulter. Unsere Ängste retteten sich in die Gemeinschaft, in der unser Ich im Schulterschluß kapitulierte.

Gemeinschaft macht stark.

So wurden Körper, die hinter der Fahne durch die Straßen zogen, zum Teil eines großen Körpers, und dieser Körper hielt auch dann noch zusammen, wenn er wieder in seine Teile zerfiel. Es gab keine Menschen mehr, sondern nur noch einen großen Vielfüßler. Eine Vielheit von Worten wurde durch eine Vielheit von Stimmen abgelagert. Richtig geordnete Sätze wurden dort zerhackt, wo sie aufeinanderprallten, und die Worte flogen sinnlos und wahnsinnig geworden auseinander wie die Scherben zerschlagener, leerer Flaschen. Durcheinandergebracht, verbanden sich die Worte dann wieder in einen endlosen Satz, ohne Anfang und Schluß. Dieser Satz war jeden Sinnes beraubt und schien aus sinnlosen Märchen zu bestehen. Diese endlose Sinnlosigkeit eines Satzes hing wie ein Nebel über Frankfurt. Über dem Kuhwald schaukelten Flugblätter herunter, die die Märchen zurücknahmen. Wer ein solches Flugblatt nicht abgab, machte sich strafbar. Herr Fleischer begab sich höchstpersönlich in den Kuhwald und fahndete nach Flugblättern. Er schirmte die Augen mit der Hand ab und schaute nach oben in die Bäume. Als er etwas Weißes entdeckte, ließ er eine Leiter holen und klaubte eigenhändig ein regennasses Flugblatt aus den Zweigen. Für einen Augenblick sahen wir nur seinen Hosenboden, der fast die Größe einer Plakatwand hatte.

»Alles nur Lügen, alles nur Lügen!« sagte er, wieder unten angekommen, atmete schwer und wischte sich die Hände an den Hosen ab.

Auf dem Flugblatt, das ich in einem Brombeerbusch am Bahndamm des Güterbahnhofs fand, war von sinnlosen Opfern die Rede, und das Wort »Deutsche« glänzte in fetten Buchstaben. Das Flugblatt glich einer Todesanzeige.

»Müssen wir alle sterben?« fragte ich meine Mutter.

Der Heldenmythos zerbröckelte. Die Reihen waren nicht mehr fest geschlossen.

Frau Reger, die selbst auf ihrem Hauskittel das Mutterkreuz wegen ihrer fünf Buben trug – der jüngste ging noch in die Volksschule – erklärte, sie sei jetzt zu alt, um noch Kinder zu kriegen. Meinen Vater hörte ich zu meiner Mutter sagen, Frau Reger habe sich sterilisieren lassen. Ich erschrak vor dem Wort.

»Was versteht man denn darunter?« fragte ich Günther, der schon im Stimmbruch war, sonntags eine Krawatte trug und sich einmal im Monat rasierte.

»Da schneiden sie dir die Eier ab.«

Die Antwort befriedigte mich nicht, und meine Mutter wagte ich nicht zu fragen.

Es hing ein Brausen in der Luft.

Frau Wede las meiner Mutter die Briefe ihres Mannes vor, der an der Front in Rußland kämpfte.

»Wenn doch alles schon vorbei wäre oder erst gar nicht geschehen«, sagte meine Mutter.

»Sagen Sie das nicht«, erwiderte Frau Wede, »der Führer weiß schon, was er tut.«

Diese Zuversicht war für Frau Wede nicht ohne Einschränkungen. Sie ließ sich bei Frau Weigel alle paar Wochen die Karten legen. Frau Weigel wohnte zwei Häuser weiter und trug immer, wenn sie vor die Haustür ging, einen Pelzmantel.

Mein Vater meinte, sie habe die Zukunft der anderen sehr gut angelegt.

»Kann man denn jetzt schon wissen, was einmal geschehen wird?« fragte ich.

»Erst dann, wenn sie Gegenwart wird, kennen wir die Zukunft«, erklärte mein Vater, der jede falsche Hoffnung aus den Angeln heben konnte. Seine Haare schoben sich als Dreieck in seine Stirn, so daß sein Gesicht wie eine Maske wirkte. Er mied die Kriegstaumelgespräche, die zum nachbarlichen Verkehr gehörten, und las seiner Familie jeden Sonntag nach dem Essen Adalbert Stifter vor, der kein Ende nehmen wollte und mir unweigerlich die Augen zum Schlaf zudrückte.

»Das Traurige und Schwermütige der Karwoche und darauf das Feierliche des Sonntags begleiten uns durch das Leben.« Diesen Satz habe ich behalten. Auch sehe ich das Gesicht meines Vaters noch vor mir, wie er einen Augenblick die Augen von der Buchseite nahm. Er erweckte ganz den Eindruck, als wolle er sich klamm und heimlich aus der Gegenwart stehlen, das Buch wie einen Wegweiser in der Hand haltend, als müsse er dem Lärm entrinnen, der nicht an unseren Fenstern haltmachte, sondern über uns stürzte und jeden Gedanken im Keim erstickte. Mit der Zeit durchschaute ich die Listen meines Vaters, die uns aus dem Auge des Wirbelsturms herausführen sollten. Er war alles andere als ein Held. Vielmehr vertrat er die Meinung, daß Heldentum kein Intelligenzbeweis sei.

Was soll ich sagen? Ich schämte mich meines Vaters. Lieber wäre es mir gewesen, er hätte mit irgendeiner Waffe in der Hand eine feindliche Festung zur Übergabe gezwungen. Als er schließlich auch eingezogen wurde, sah er in seiner verwaschenen Infanterieuniform aus wie in Zivil.

Er war ein gnadenloser Realist, der jeglicher Form der Illusion mißtraute – und was in aller Welt war damals keine Illusion? Er brachte es fertig, jeder Begeisterung den Elan zu nehmen. Er fand so viele Haare in der Suppe, daß er sich daraus eine Perücke hätte machen können. In unserer Wohnung, jetzt Parterre rechts, kam er sich wie ein in kosmischen Räumen eingeschlossener Gefangener vor, der freier ist als andere Menschen, für den der winzige Raum zwischen den vier Wänden dem ganzen Raum des Alls gleicht.

Nachts beobachtete er in der Mansarde durch ein Fernrohr den Sternenhimmel. Vom Mond beschienen und mit phosphoreszierenden Flecken überdeckt, hockte er auf einem erhöhten Stuhl unter dem Dachfenster und erklärte mir die verschiedenen Konfigurationen.

»Der Polarstern befindet sich am Ende des Schwanzes vom Kleinen Bären.«

Ich folgte seinem Finger in die Nacht.

Meine Mutter warnte ihn, er solle mich nicht zu lange durch das Fernrohr gucken lassen, sonst würde ich schlecht träumen. Tatsächlich träumte ich von Meteoren, die die Erde zerschlugen.

Als ich versuchte, Rudi mein gerade erschautes Wissen mitzuteilen, erklärte er mir, was ihn angehe, so sehe er nur einen Haufen Sterne, sonst nichts, weder einen Löwen noch einen Herkules, noch einen großen und kleinen Bären.

Im Kuhwald liebten sich indes die ungeduldigen Liebespaare unter dem abnehmenden Mond.

»Was sein muß, muß sein«, sagte Herr Trageser, auf seinen Spaten gestützt, in dem sich die speckige Erde spiegelte.

Helga erschien geschminkt in der Tornowstraße und behauptete allen Ernstes, sie habe sich nicht geschminkt. Sie lief Herrn Fleischer in die Arme, der ihr eine große Szene machte.

»Ein deutsches Mädel schminkt sich nicht«, schrie er. Helga wurde ganz rot im Gesicht, ließ die Schultern fallen und lief trotzig nach Hause. Sie war zwei Jahre älter als ich und doch viel älter. Paulchen wußte, daß sie schon einen Büstenhalter trug.

»Helden reden nicht, sondern handeln«, sagte unser Turnlehrer und brach sich den Fuß, als er uns eine Übung am Pferd vormachen wollte. Wir schlugen uns blutig, um diesen Satz auf die Probe zu stellen.

Noch war der Mai nicht gekommen, wenn es auch schon zwischen den Baumstämmen grün flimmerte.

Zu dieser Zeit entdeckten wir in der Sandkuhle am Rande des Kuhwalds, direkt neben der Richthofenstraße, einen Mann, der uns zuwinkte. Wir rannten durch die Disteln auf ihn zu.

»Der gerade Weg ist fast immer der unbequemste. Glaubt mir. Wenn ich die Wahl hätte, entweder geradeaus durch Disteln oder in einem Bogen ohne Hindernisse voranzukommen, ich würde einen Bogen laufen.«

»Das ist Ansichtssache«, erwiderte Paulchen.

»Ihr seid also Helden, nehme ich an. Klar doch. Heutzutage muß man ein Held sein, um überhaupt bestehen zu können.«

Er knöpfte umständlich sein Hemd auf und zeigte uns seine bloße Brust, auf der ein tätowiertes Hakenkreuz zu sehen war. Wenn er tief atmete, bog sich das Hakenkreuz wie ein vergabelter Ast im Wind. Auf seinem rechten Armmuskel drohte ein spitzer Dolch, auf dem linken züngelte eine Schlange.

»Jungs«, sagte er und schniefte, »in Kriegszeiten wird das letzte von einem Mann verlangt. Da heißt es, die Zähne zusammenbeißen und durch.« Er ließ seine Muskeln spielen und trat einen Schritt auf uns zu.

Als ich ihn fragte, ob er denn an der Front gewesen sei, schlug er die Hacken zusammen und schrie mit starrem Blick über unsere Köpfe hinweg: »Gefreiter Hund zur Stelle.«

Er wartete auf unser Lachen.

Als dieses ausblieb, demonstrierte er ein perfektes »Rührt euch!« und knöpfte sein Hemd wieder zu. Er erinnerte, weiß Gott weshalb, an einen Zirkusclown, der steckengeblieben ist. Aber gehört es nicht zu einem Clown, daß er steckenbleibt oder stolpert und nicht so ist wie die andern? Nach militärischer Tradition begann er, durch Gymnastik seinen Körper zu stärken. Er streckte die Arme aus und machte zwölf Kniebeugen. Nach dieser Übung rieb er sich den nackten Schädel.

»Auf die Körperbeherrschung kommt es an und auf den Kopf, der sie dirigiert«, stammelte er, noch schwer atmend.

Die Schuhriemen hingen ungebunden an seinen Stiefeln herunter. Die Bäume im Hintergrund glichen im Sprung erstarrten Pferden, die Wolke über uns einem Theatervorhang. Das Bild einer Zirkuspremiere. Der Lärm des Güterbahnhofs steigerte sich zu einem nie endenwollenden Tusch.

Und schon nahte der Theaterdirektor in der Person von Herrn Fleischer, flankiert von zwei Polizisten.

Kaum hatte sie der Glatzkopf bemerkt, schaute er unruhig um sich, versuchte eine Kehrtwende, trat jedoch in der Hast auf einen Schuhriemen und stolperte.

Da schritt schon die Staatsgewalt ein. Der eine Polizist riß ihm die Arme auf den Rücken, der andere durchsuchte ihn. Herr Fleischer stand breitbeinig davor und wartete.

»Was hat er denn verbrochen?« fragte ich.

»Das will ich dir sagen. Er ist ein Betrüger, ein Ehrbesudler. Er läuft mit einem Ritterkreuz herum, das ihm gar nicht zusteht. Er hat es irgendwo geklaut. An der Front war er nie, sondern nur im Kittchen. Ein schöner Held!«

Der eine Polizist zog dem Glatzkopf ein Ritterkreuz aus der Hosentasche und hielt es ihm drohend vor die Nase.

Paulchen machte Herrn Fleischer darauf aufmerksam, daß der Glatzkopf auch noch ein Hakenkreuz auf der Brust habe.

»Das ist bekannt. Eine Schande für Deutschland.«

Die Schande, die an solch unliebsame Begegnungen gewöhnt zu sein schien, ging zwischen den beiden Polizisten zu einem Auto, das in der Richthofenstraße parkte, die in einem Bogen den Flugplatz Rebstock umfaßte. Herr Fleischer sprach mit einigen Neugierigen, die hinzugekommen waren. Er wirkte sehr aufgeregt. Wir liefen durch den Waldstreifen und über den Bahndamm zu den Gleisen, wo wir, einer nach dem andern, auf die vorbeirollenden Waggons sprangen. Die Rangierer drohten uns mit ihren Lampen. Wir kauerten im vorderen Teil und preßten uns an die Wand, um beim Aufprall nicht durch den Wagen zu fliegen. Der Schrei der Lokomotive wirbelte hinter uns her, und der Staub stieg uns in die Nase, so daß wir niesen mußten. Nach der Erschütterung des Aufpralls stiegen wir aus den Waggons und rannten über die Gleise zum Bahndamm zurück und sahen die Schrebergärten vor uns, die voller Selbstschüsse steckten.

Es war jetzt besser, nicht zu denken. Vielleicht kamen die Gedanken aus dem von Angst aufgewühlten Herzen, Gedanken, die nicht im Kopfe, wohl aber im Herzen hausten. Von dem

Bahndamm aus hatte man einen weiten Blick über die geometrisch geordneten Siedlungshäuser hinweg nach Osten, wo sich schon die Dunkelheit versammelte.

War das die Zukunft?

Würden wir alle einmal tätowiert werden?

Meine Mutter erzählte mir, daß sie gehört habe, das Tätowieren tue nicht weh. Ein bißchen Gepiekse und sonst nichts.

Aber was in aller Welt sollte ich mir auf die Brust tätowieren lassen.

Einen Sonnenaufgang? Ein zweites Gesicht? Ein ...?

»Die Zeit tätowiert uns. Das langt«, erklärte meine Mutter.

Von diesem Jahr zählte nur noch der Herbst im Kuhwald, und im letzten Jahr des Krieges kam es schon einmal vor, daß die Bewohner der Siedlung Bäume fällten, um das Holz im Winter verfeuern zu können. Die Kälte übernahm die Herrschaft, und Herrn Fleischer plagte der Rheumatismus, so daß er öfters vergaß, den deutschen Gruß zu erwidern.

So verschwand der Kuhwald nach und nach in den Öfen und stieg zum Himmel auf, wo er einen grauen Schleier bildete. Jetzt brauchte man andere Helden.

## *Die Abfälle des Krieges*

Angefangen hatte es mit Caracciola, Bernd Rosemeyer kam dazu, dann der Graf Zeppelin und ein Brustbild des alten Fritz. In meiner Familie rauchte niemand, aber Herr Wiegand uns gegenüber rauchte wie ein Schlot. Er hatte schon ganz gelbe Finger davon und eine heisere Stimme, die leicht in ein Hüsteln überkippte. Herr Wiegand hatte keine Kinder. Seine Beine waren angeschwollen und von roten Pusteln übersät, eine Folge seiner Gewohnheit, im Bett wollene Unterhosen zu tragen. Das sagte wenigstens seine Frau, die auch sonst viel über ihren Mann erzählte, so daß wir alle über ihn sehr gut Bescheid wußten. Herr Wiegand fror, und so nahm es nicht wunder, daß er die Glut nur so durch die Zigarette in sich hineinzog.

Daß er mir die Zigarettenbildchen überließ, beglückte mich einerseits, stürzte mich jedoch auch in die ärgsten Skrupel, denn meine Mutter machte einmal die Bemerkung, Herr Wiegand werde unweigerlich innerlich verkohlen, wenn er so weiterrauche. Sollte er auf diese Weise zum Märtyrer meiner Sammlerleidenschaft werden? Immerhin gelangte ich auf diese Weise in den Besitz so vieler Zigarettenbildchen, wie sie keiner meiner Freunde und Feinde hatte. Gerade dieser Vorteil verschaffte mir noch mehr Feinde.

Herr Wiegand war nicht mein einziger Lieferant von Zigarettenbildchen. Tornowstraße 12, Parterre links, wohnte Frau

Lochner, die ihrerseits einer großen Sammlerleidenschaft frönte. Sie sammelte Männer, und da diese Männer die Wohnung ihrer Gastgeberin mit Zigarettenqualm markierten, war es nicht weiter verwunderlich, daß Frau Lochner in den Besitz von zahlreichen Zigarettenbildchen kam. Sie warf sie in die Mülltonne, wo ich sie entdeckte. Mir bleib fast das Herz stehen, als ich Asta Nielsen, die mir noch fehlte, auf einem verwelkten Salatblatt erblickte.

Sammler werden sehr mutig, wenn sich ihnen die Gelegenheit bietet, eine Rarität zu erwerben. So erging es auch mir. Nach einigen Anläufen faßte ich mir endlich ein Herz und klingelte bei Frau Lochner. Sie empfing mich in einem roten Morgenrock und duftete wie ein Blumenbeet.

»Was verschafft mir die Ehre deines Besuchs?« begann sie, und ihre Stimme stieg verheißungsvoll in die Höhe. Vor Schreck kam ich ins Stottern. Doch gelang es mir schließlich nach mehreren Versuchen, meine Bitte halbwegs deutlich vorzutragen. Meine Zunge drohte sich zu verknoten.

»Kannst du haben, mein Junge«, sagte sie, rauschte aus dem Zimmer und kam mit einem Stoß Zigarettenbildchen zurück. Als sie sie mir überreichte, schaute sie mich groß an und stellte die Frage:

»Findest du mich schön?«

O, Asta Nielsen, sollte ich dich jetzt verraten. Ich starrte Frau Lochner an und wurde so rot wie ihr Morgenrock. Sie hatte schwarze Locken, die sich wie ein Helm über ihren Kopf stülpten, ein rundes Gesicht mit Grübchen und einem kleinen Näschen, das immerfort zu zittern schien.

Frau Lochner drehte sich um ihre Achse, daß der Morgenrock für einen Augenblick einen Kegel bildete, um sich dann wieder an den Körper anzuschmiegen. Es war alles rund an ihr, und ihre schwarzen, mit silbernen Blumen verzierten Pantöffelchen bildeten ein wohlüberlegtes Pendant zu ihren Haaren.

Was sollte ich sagen?

Was ist überhaupt Schönheit?

Ich zögerte.

Frau Lochner stand im Mittagslicht, das aus dem Küchenfenster über sie floß. Ihr Körper zeichnete sich schwarz unter dem Morgenrock ab. Der Hauch eines Schnurrbärtchens lag über ihren Lippen.

»Ja!« stammelte ich, um weiterer Zigarettenbildchen in Zukunft sicher zu sein, und ging auf die Wohnungstür zu. Als ich noch einmal zurückblickte, sah ich aus der Fülle der schwarzen Haare ihr perlfarbenes Gesicht mit den dunkelblauen Augen, die in einem Lächeln schwammen.

»Du kannst ruhig wiederkommen«, rief mir Frau Lochner nach.

Draußen auf der Straße betrachtete ich das Bild der Asta Nielsen, das in meiner Brusttasche zerknitterte, minutenlang. Die Sonne spiegelte sich auf dem Glanzpapier. Ich weiß nicht, ob ich ein Portrait von der Frau Lochner in ein Album geklebt hätte.

»Stellen Sie sich vor, sie soll schon einmal verheiratet gewesen sein und ist mit dem Zeppelin geflogen. Beziehungen muß man haben, dann ist alles möglich, einfach alles«, hörte ich Frau Gelbke, die keine Beziehungen hatte, zu meiner Mutter sagen. Von Frau Gelbke stammte auch die Bemerkung, daß Frau Lochner nicht jugendfrei sei. »Die Welt ist ein einziges Kino«, meinte meine Mutter.

Frau Lochner hatte taubenblaue Vorhänge, und aus ihren meist offenen Fenstern tönte Musik, wie sie sonst aus keinem andern Fenster der Tornowstraße zu hören war. Frau Lochner liebte Jazz, den sie mitsummte und mit zuckenden Körperbewegungen begleitete, die man von der Straße aus verfolgen konnte, wenn sie die Vorhänge aufgezogen hatte, und wann war das nicht der Fall?

»Das ist doch keine Musik!« schrie Herr Winterfeld, der über Frau Lochner wohnte und unter den lärmenden Ausdünstungen seiner Nachbarin litt.

Frau Lochner ignorierte den Tadel an ihrer musikalischen Begeisterung, summte unverdrossen weiter und warf die Arme hoch, als würde sie einem unsichtbaren Liebhaber um den Hals fallen wollen. Herr Winterfeld hing über der Fensterbank und gestikulierte nach unten.

»Bei diesem Negerlärm kann ich mich nicht konzentrieren.«

Frau Lochner hielt inne, trat ans Fenster und winkte Herrn Winterfeld zu, der sich nicht konzentrieren konnte und wie eine unförmige Fahne aus dem Fenster hing. Hinter ihm erhob sich Lärm, ein hysterischer Schrei ließ ihn zurückfahren. Seine Frau erschien mit einem Kopftuch, das ihre hochgesteckten Haare mit einer Schleife bändigte.

»Laß dich nicht mit diesem Weibsbild ein!«

Frau Lochner lachte. Sie dachte nicht daran, ihren Plattenspieler auf Zimmerlautstärke zu stellen. Wenig später dröhnte Operettenmusik aus Winterfelds Wohnung, und dazu gesellte sich die Stimme von Frau Winterfeld, die aus der Vogelperspektive zu kommen schien. Das war das Signal für Herrn Beck, Pensionär und Sonntagsjäger. Mit den Händen an seinen Hosenträgern trat er ans Fenster, schüttelte energisch den Kopf und legte seinerseits los:

»Dieses Miststück, ach, ist das ein Miststück! Der werde ich es zeigen.«

Ich starrte voller Erwartung auf das Fenster, aus dem jetzt Marschmusik heraustönte. Herr Beck war nicht mehr zu sehen. Frau Lochner legte ihre Kissen und Bettdecke auf die Fensterbank und strich sie mit den Händen glatt. Ein Wirbel aus Dreiviertel- und Vierviertaltakten jagte durch die Tornowstraße und trieb die Spatzen auf die Dächer. Andere Fenster wurden aufgerissen, und sehr bald dröhnte es aus allen Ecken. Ein Brausen nistete sich zwischen die Häuser. Die Stunde meines Auftritts war gekommen. Ich rannte nach Hause, holte meine Geige aus dem Kasten, riß das Wohnzimmerfenster auf und gesellte mich zu den anderen Stimmen. Es war das erste Mal, daß ich in einem Orchester spielte, und es war furchtbar. Die Töne trafen mich wie Geschosse und raubten mir die Zuversicht, mich je mit meiner Geige durchsetzen zu können.

Plötzlich sah ich über die Saiten der Geige hinweg, wie Herr Fleischer aus dem gegenüberliegenden Haus stürmte, seine Pistole aus dem Halfter riß und in die Luft schoß.

»Seid ihr verrückt geworden!« schrie er hinter dem Schuß her und schaute nach rechts und nach links. Das zarte Wölkchen, das den Schuß begleitete, stahl sich davon. Die Musik verebbte. Die Tornowstraße sank zu ihrem normalen Geräuschpegel zurück. Ich wickelte meine Geige in ihre Windel, in der ich auch gelegen hatte, und verstaute sie wieder in ihrem Kasten.

Ich war sicher, daß niemand mein Spiel beachtet hatte. Es war gar nicht leicht, ein verkannter Künstler zu sein. So widmete ich mich wieder meinen Zigarettenbildchen, die ich in die leeren Felder ihrer Bestimmung klebte. Durch das geschlossene Fenster drangen erregte Stimmen. Meine Mutter erzählte mir später, daß Herr Fleischer zum Glück niemanden getroffen habe.

Frau Lochner blieb trotz des Schusses ins Blaue bei ihrer Gewohnheit, bei offenem Fenster Jazz zu hören. Auch sah man sie an der Seite eines uniformierten Herrn mit strengem Scheitel und quiekenden Schaftstiefeln. Er überragte sie um mindestens zwei Kopflängen und schaute auch dann noch geradeaus, wenn seine Begleiterin mit ihm redete. Zu meiner Erleichterung konnte ich feststellen, daß er Zigaretten rauchte.

Ich malte mir schon meinen nächsten Besuch bei Frau Lochner aus. Einige Wochen später jedoch entdeckte ich sie auf der Zeil am Arm eines anderen Mannes. Er trug einen schwarzen Anzug, aus dessen Brusttasche ein weißes Tüchlein winkte. Zu meinem Entsetzen rauchte er nicht, sondern benutzte seine Hände nur dazu, sie an Frau Lochner rauf und runter gleiten zu lassen. Ich war mit meiner Mutter Schuhe kaufen. Es war schon bemerkenswert, wie viele Schuhe mir nicht paßten. Frau Lochner grüßte meine Mutter, während der Mann mit dem schwarzen Anzug in einer Verbeugung vornüberzukippen drohte.

»Welch ein Zufall!« sagte meine Mutter, die eine ausgesprochene Begabung für Zufälle hatte.

Auch der nächste Mann, den Frau Lochner zu ihrem Begleiter erkor, rauchte nicht. Aber das war dann gar nicht mehr von Bedeutung. Ich hatte das Interesse für Zigarettenbildchen, Filmschauspielerinnen und historische Persönlichkeiten verloren und tauschte die Alben gegen ein Buch über deutsche Singvögel, das in mir die Frage weckte: »Singen französische Amseln französisch?«

Ich nahm das Buch mit in die Bonifatius-Schule und legte es Herrn Wulf vor, der Naturkunde unterrichtete und die deutschen Flüsse von ihrem Ursprung bis zu ihrer Mündung verfolgte. Sein über das Pult sich erhebender Kopf schien nicht am Halse, sondern an den zwei Händen befestigt zu sein. Herr Wulf war sehr klein und trug einen Bart, über den er in Augenblicken pädagogischer Entrücktheit strich. Seine zehn mit gelben Hautfalten überzogenen, hüpfenden Finger liefen über die Blätter. Wie ein riesiges Insekt sahen sie aus, wie eine zehnbeinige Spinne, deren Beine über das knisternde Papier liefen.

»Die Vögel nehmen wir im nächsten Jahr durch«, erklärte er und schlug das Buch zu. »Alles zu seiner Zeit!«

Ich dachte an die Amseln, die in den Holunderbüschen am Rande des Kuhwalds saßen und ihr Nest verteidigten. Konnten sie überhaupt ihre Stimmen erheben, bevor wir sie durchgenommen hatten?

Alles zu seiner Zeit.

Das klang wie eine Drohung und brachte alle meine Erwartungen durcheinander.

Lehrer Wulf schleppte sein Wissen durch den Unterricht. Die Stunde dauerte 45 Minuten. Die Minute besteht bekanntlich aus lauter kleinen Sekunden. Die Sekunden liefen und bildeten Minuten. Schwerfällig wälzten sich die Minuten, und langsam, langsam gingen die Stunden dahin, nur zu selten vom Klingeln zur Pause zur Ordnung gerufen. Ordnung mußte sein.

Wir legten die Hände auf unser Pult und drückten das Kreuz durch, um geradezusitzen. Die Gerade spielte die Hauptrolle in der Geometrie unseres Lebens. Herr Wulf ging zwischen den Reihen auf und ab. Bis er die Ordnung hergestellt hatte, war die Stunde schon halb vorüber. Ordnung und Disziplin zählten mehr als Wissen. Ein ordentlicher Mensch mit sauberen Fingern und strengem Scheitel, der den Haarwuchs disziplinierte, dachte nicht an Asta Nielsen und gab seinen Schulbüchern keine Eselsohren. Ein ordentlicher Mensch stellte seine Phantasie ab und war nur noch Ohr.

Nur in einen leeren Kopf kann viel reingehen.

Herr Wulf drohte: »Ich werde schon ein wenig Wissen in eure leeren Köpfe hineinbringen.«

Meine Vorgänger hatten in die Bank, auf der ich saß, Buchstaben und Fratzen geschnitzt, so daß ich jeden Tag mit einem Relief auf dem Hintern nach Hause lief, wo ich es auf unseren glatten Stühlen wieder auswischte. So erging es uns allen.

Herr Wulf hatte 1916 vor Verdun gelegen und für die Gefangennahme eines Franzosen das Eiserne Kreuz erhalten. Wenn er mit uns zufrieden war und Ordnung in der Klasse herrschte, erzählte er uns seine Heldentat. Mit einem einzigen Satz sprang er vom Großen Feldberg herab, ließ den Altkönig links liegen, setzte über den Rhein hinweg und stürmte mit aufgesetztem Bajonett auf den überraschten Feind zu.

»Verdun war unser Schicksal«, schloß er und fügte nach einer Weile seligen Erinnerns hinzu: »Jetzt tilgen wir die Schmach.«

Auf einer großen Landkarte von Mitteleuropa, die von einem hölzernen Galgen herunterhing, erklärte uns Herr Wulf den Vormarsch in Frankreich. Der Sommer glänzte an den Fenstern.

»General von Rundstedt nimmt auf dem Marsch über Reims und Chalons-sur-Marne Verdun.«

Ungestüm durchbohrte er Verdun auf der Landkarte.

»Sie haben ein Loch in die Karte gestoßen«, schrie ich von meinem Platz aus.

»Wir sind im Krieg«, antwortete er, gab sich einen Ruck und verscheuchte die Erinnerungen.

»Das Verständnis der Geschichte erschließt sich nur dem, der in den Völkerschicksalen einen Plan der Vorsehung angelegt findet und erkennt, daß im Zeitlauf der Geschichte ebenso alles organisiert ist wie in der Raumwelt der Natur.«

Der Satz hatte ihn viel Mühe gekostet, und in völlig anderer Tonlage fuhr er fort: »Der Main entspringt im Fichtelgebirge und fließt in großen Schlangenbewegungen auf den Rhein zu.«

Das Papierschiffchen, das ich vom Eisernen Steg in den Main geworfen hatte, schien auf der Stelle zu schaukeln und kam nicht voran. Der Main lag träge vor Frankfurt. Die Augen fielen mir zu. Erst die Klingel brachte mich wieder in die Gegenwart zurück.

Wir stürmten an Herrn Wulf vorbei, der mit einem nachsichtigen Lächeln auf seine Taschenuhr schaute. Er war ganz Feldherr.

Hinter einer großen Mauer, die den Schulhof teilte, hörten wir die Stimmen der Mädchen. Sie hatten in der anderen Hälfte der Schule Unterricht. Sie gingen meist Hand in Hand. Ihre Zöpfe schwangen wie Uhrpendel hin und her. Sie durften aus pädagogischen Gründen etwas früher als wir nach Hause.

In der großen Pause schrieben wir »Ich liebe dich« auf ein Blatt aus dem Schulheft, zerknäulten es und warfen es über die Mauer. Ein Gekicher stieg auf der anderen Seite hoch. Das blödeste Zeug kam mir in den Kopf. Ich dachte mich an die Seite einer Frau. Herr Wulf stand auf der obersten Stufe der Treppe und pumpte wie ein Maikäfer.

»Aufhören!« krächzte er. Aber immer mehr Papierknäulchen flogen jetzt von beiden Seiten über die Mauer, und das Gekicher stieg zu einem Gezwitscher an. Wäre die Mauer nicht gewesen, das wußte ich, hätte ich mich zu Tode geschämt. Mädchen waren für mich Traumbilder aus der Entfernung. Nur Volker hatte schon eine Flamme. Wir hingen am Gitter, das den Schulhof vom Trottoir trennte, und pfiffen hinter ihm her, wenn er mit seinem Flämmchen, das auf ihn gewartet hatte, den Heimweg antrat. Sie hätten ihn sehen müssen, wie er neben ihr herstolzierte, ein Hund, der ein verwirrtes Schaf vor den Wölfen in Sicherheit brachte ...

Das Schönste an der Schule war der Heimweg. Am Paradeplatz schnallten wir die Ranzen ab und spielten Fußball. Ich rannte, bis ich Eisen in meinem Mund schmeckte.

Meine Mutter haßte Unpünktlichkeit und die grünen Flekken auf meinen Hosen. Sie waren der untrügliche Beweis, daß ich wieder einmal Fußball gespielt hatte. Warum mußte auch das Gras abfärben? Die ganze Welt steckte voller Verrat.

Und dann waren die Hausaufgaben dran. Ein auf dem Küchentisch liegender Bleistift fesselte meine Aufmerksamkeit. Ich faßte den Entschluß, dem Ende des Bleistifts eine spitze Form zu geben, aber als ich am Küchentisch saß, an dem ich meine Schulaufgaben in den ersten Verdauungswehen erledigte, hatte ich den Entschluß schon vergessen. Die Zerstreutheit kam daher, daß ein tiefer Gedanke mich im selben Augenblick erleuchtete; und sogleich, zur ganz ungeeigneten Zeit, entwikkelte sich der Gedanke zu einem fortlaufenden Gedankengang. Ich dachte an Asta Nielsen, und Asta Nielsen stand in einem Salon. Sie ging energisch auf einen Mann zu und gab ihm eine Ohrfeige. Ich war begeistert und sah das Schattenmuster des Vorhangs auf der Tischplatte. Durch einen türkisblauen Durchblick triumphierte die Sonne. Die Dächer der Müllerstraße glänzten. Wenig später war alles wieder in ein flimmerndes Grau getaucht, das alles aufzulösen schien. In diesem Augenblick fiel mir wieder mein Entschluß ein. Ich nahm den Spitzer aus meinem Mäppchen und stülpte ihn über den stumpfen Bleistift, den ich nach ein paar Drehungen wieder herauszog und prüfend hochhielt. Auf seiner Spitze tanzte der Himmel, den wieder das Sonnenlicht erobert hatte. Als ich sie auf das Blatt in meinem Heft setzte, entstand ein kleines Loch. Verdun war überall, und das Getöse, das vom Güterbahnhof in die Wohnungen der Tornowstraße drang, klang wie Kanonendonner.

Frau Lochner ging neuerdings an der Seite älterer Männer, die sie mit umständlicher Höflichkeit umsorgten. »Es ist eine Schande!« regte sich Frau Gelbke auf, deren Mann inzwischen eingezogen worden war und lange Briefe nach Hause schrieb. Sie trug sie in ihrer Handtasche bei sich und las sie bei jeder Gelegenheit vor. Hinterher fragte sie mit einem hastigen Blick über die linke Schulter hinweg: »Es wird doch alles gutgehen?«

Frau Lochner strahlte, summte Lieder und gab den Hüften einen Schwung, der Herrn Walther dazu brachte, selbst dann, wenn sie schon in männlicher Begleitung war, den Hut vor ihr zu ziehen. Herr Walther hatte einen Sohn und eine wuselige Frau, die sich im Fenster und auf der Straße nur mit einem Kopftuch zeigte, außer sonntags, da hing sie im geblümten Kleid am Arm ihres Mannes wie eine Ertrinkende. Er war der Besitzer von Bügelfalten, die, wie mein Großvater sagte, Papier durchschneiden könnten. Es wurde gemunkelt, daß Herr Walther geheime Aufträge habe, was auch immer das war. Ein Froschausdruck lag in seinem Gesicht, den auch schon sein Sohn angenommen hatte, und seine Augen waren ganz starr vor Aufmerksamkeit. So müssen Detektive aussehen, dachte ich und durchforschte mein Gewissen nach Verfehlungen, die im Trubel der Ereignisse nicht die gerechte Strafe gefunden hatten. Die Verbotsschilder überall hielten die Schuldgefühle wach. Am Gartentor von Herrn Dickberner hing ein Schild mit der Drohung unter einem Totenschädel: »Achtung! Selbstschüsse! Betreten des Gartengeländes auf eigene Gefahr!« Je weniger es zu essen gab, um so mehr wurden Gärten durch Selbstschüsse gesichert.

Mit der Zeit gewöhnte ich mich, auf eigene Gefahr zu leben. Ich hatte dazu die besten Gelegenheiten.

Das Zimmer, das ich mit meinem Bruder teilte – acht große Schritte in der Länge und drei in der Breite – lag direkt neben einer Gaslaterne, deren milchiges Licht durch den Rolladen ein flimmerndes Gitter auf meine Bettdecke zeichnete. Als das Licht aus den Nächten verbannt wurde, um feindlichen Flugzeugen kein Ziel zu bieten, wurde die Glasverkleidung der Gaslaterne blau angestrichen, so daß das Licht schnell versickerte und schon von unserem Fenster aus kaum mehr zu sehen war.

Und wie änderte sich die Tornowstraße!

Jede Nacht ertrank sie in völliger Dunkelheit, so daß die Häuser unbewohnt schienen. Manchmal entließ ein nicht ganz geschlossener Rolladen einige Linien Licht, und schon riefen Stimmen: »Licht aus!«

Ein Rolladen knirschte. Unser Zimmer sog die Schwärze auf wie ein Löschblatt die Tinte. Lediglich unter der Tür zum Wohnzimmer zitterte ein Streifen Licht. Ich hörte meinen Vater reden. Seine Stimme flog wie ein Vogel durch das Wohnzimmer, ohne daß ich ein Wort verstand. Er flüsterte. Neugier trieb mich aus dem Bett. Ich platzte in das Wohnzimmer und war für einen Augenblick geblendet. »Ich kann nicht schlafen«, erklärte ich, die Hand noch auf dem Türgriff.

»Du mußt bis tausend zählen«, riet mir mein Vater, ohne mich anzusehen.

Ich kehrte zögernd in mein Bett zurück, in das sich Kühle eingenistet hatte, und zählte, bis sich die Zahlen in Seufzer verwandelten. Es half nichts, der Schlaf ließ sich nicht herbeizählen. Er hatte sich unerreichbar hinter die Dinge zurückgezogen. Wieder kroch ich aus dem Bett und ging leise zur Tür, kauerte nieder und sah durch das Schlüsselloch. In der schattigen

Ecke des Wohnzimmers zeichnete sich stolz die gekrümmte Gestalt meines Vaters ab – wie mir schien – aus fließenden Helligkeiten, ein schmerzhaft lächelnder Mund, die eng an den Kopf gekämmten Haare, die ein Dreieck in die Stirn schoben, die Stirn glänzend weiß und hoch, empört, beleidigt. Ich sah die Hose meines Vaters auf mich zukommen, dann drehte sich vor meinen Augen der Schlüssel um. Ich sprang von der Tür weg. Es war plötzlich so dunkel, daß ich nur mit Mühe den Weg zurück zu meinem Bett fand. Dort lag ich noch lange wach und atmete die Dunkelheit ein. Viel später hörte ich meine Mutter lachen. Die Dunkelheit machte die Welt immer rätselhafter.

Die Abende steckten voller Tücken, und in der Nacht fand sich keiner mehr auf der Straße zurecht. Herr Walther rannte gegen die Gaslaterne vor unserem Fenster und brach sich den rechten Arm, den er wochenlang in einem Gipsverband hatte. Er sah aus, als würde er eine eingerollte weiße Flagge mit sich herumtragen.

Wenn Frau Lochner in der Dunkelheit ausging, zeichnete sie sich mit einer Taschenlampe den Weg, und doch kam es immer wieder vor, daß sie einem Mann in die Arme lief. Gewöhnliche Fußgänger redeten mit sich selbst, um Entgegenkommende auf sich aufmerksam zu machen.

In der Dämmerung verwandelten sich die Menschen. Wir zogen durch die Straßen des Kuhwalds und beobachteten die Inszenierungen des Verdunkelns. Frauen schlossen die Fenster und ließen die Rolläden herunter. Auf ihren Gesichtern lag für einen Augenblick der Schimmer des Abends. Die Geräusche nahmen an Intensität zu, und die Worte klangen endgültiger. Jetzt wirkte das »Heil Hitler« weniger aggressiv. Man sagte es zu Schatten und nicht zu Volksgenossen. Jetzt hörte man auch hin und wieder »Guten Abend!«, und es gab nur wenige, die erschrocken stehenblieben und verlangten: »Das heißt ›Heil Hitler!‹«

Jetzt begann die Herrschaft des Privaten. Liebespaare küßten sich und verschwanden Hand in Hand im Kuhwald. Wir verlängerten das Versteckspiel bis in die Dunkelheit. Die Tage gingen nur zögernd zu Ende, und bei Fliegerangriffen wurde die Nacht wieder zum Tag, wenn die Scheinwerfer ein gleißendes Netz über den Himmel zogen, in das sich die Bomber verfingen. Die Flak bellte, und glühende Detonationen rissen Löcher in den Himmel. Granatsplitter schlugen auf die Dächer auf, daß es klirrte. Paulchen war der erste, der sie sammelte. Sie waren fingerlang und scharf wie ein Messer. Paulchen trug sie in einem Säckchen mit sich herum und bot das Stück für 10 Pfennige an.

Als er schon vierzehn Stück hatte, entdeckte ich meinen ersten Granatsplitter im Schotter des Güterbahnhofs. Er hatte die Form einer Heuschrecke. Ich verstaute ihn in meiner rechten Hosentasche, wo er sich durch den Stoff arbeitete und verlorenging. Paulchen grinste schadenfroh und hielt sein Säckchen triumphierend in die Höhe. Er hatte bis jetzt noch kein einziges Stück verkauft. Rudi nannte ihn einen Kriegsgewinnler. Das Wort machte die Runde. Jeder, der vom Krieg einen Vorteil hatte, war ein Kriegsgewinnler. Das Schimpfwort saß locker auf der Zunge. Sehr bald hatte ich auch ein Säckchen Granatsplitter zusammen und trug es wie einen Schatz mit mir herum. Rudi schlich vornübergebeugt die leeren Gleise des Güterbahnhofs entlang. Er suchte nicht nur, er las die Zukunft aus den Schottersteinen und fand einen Granatsplitter in der Größe eines ausgewachsenen Igels, den ihm Paulchen mit allen Mitteln abzuluchsen versuchte. Rudi schüttelte energisch den Kopf und legte seinen Fund vorsichtig auf den Boden.

»Stell dir vor, das wäre Gold!«

»Das ist doch egal. Wenn du ihn auf den Kopf kriegst, bist du hin«, sagte Paulchen voller Neid.

Jetzt sterben müssen!

Einander überholend rasten die Pulse durch meinen Körper. Es waren Schwärme sich selbst denkender Gedanken. Die Angst hatte mich am Wickel. Mit der Kuppe meines rechten Zeigefingers fuhr ich über den eisernen Klumpen und spürte die Risse.

Worin unterscheidet sich der Heldentod vom gewöhnlichen Tod? Was ist der Tod?

Die Fragen saßen mir im Nacken und ließen nicht locker. Mein Großvater meinte, ich sähe aus wie ein alter Mann.

Immer neue Granatsplitter prasselten über den Kuhwald nieder, und die Nächte brachen taghell auf. Wie ein gelber Schwarm zogen die von den Scheinwerfern angeleuchteten Wolkenflocken dahin, und, verdichtet zu Rauch, fielen sie auf die Dächer wie eine Drohung.

Ein englischer Bomber stürzte in den Biegwald. Die Beine des toten Piloten ragten unter den Trümmern hervor. Die Stiefel waren wie neu und hatten glänzendschwarze Gummisohlen. Ein Mann in einem grünen Lodenmantel zog sie ihm aus.

»Er hat meine Schuhgröße«, erklärte er mit einem um Nachsicht bittenden Blick und grinste. Er stieg aus seinen abgetretenen Schuhen und warf sie in weitem Bogen in das Unterholz. Dann eroberten seine Füße die neuen Stiefel. Er trat fest auf, stemmte sich in den Boden, drückte die Knie durch und ging mit großen Schritten davon. Ich haßte ihn so sehr, daß es schmerzte.

»So sind die Menschen«, sagte ein alter Mann, der mich beobachtet hatte, und zeigte mit seinem Spazierstock auf den Davoneilenden.

Aus seinem Gesicht sprach unausrottbare Müdigkeit. Die Strümpfe des Toten hatten Schweißflecken. Soldaten bogen die Trümmer der Flugzeugkanzel auseinander und zogen ihn ins Freie. In seinen hellen Augen spiegelte sich der Himmel, und in seinem schwarzen Schnurrbärtchen glänzte Blut. Ich fragte mich, ob es wahr sei, daß in den Augen der Toten ihr letzter Blick zu sehen ist.

»Wie siehst du denn aus?« rief meine Mutter, als ich zu Hause ankam.

»Ich habe keinen Hunger«, erwiderte ich. Ich empfand noch immer einen düsteren Ekel, und dieser Ekel übertrug sich auf mich selbst.

»Du solltest dir die Hände waschen, ehe du ißt.«

Ich hielt mir die Hände vor die Augen, die ich an den Trümmern schmutzig gemacht hatte.

Ich kaute endlos an einem Stück Brot herum, und ein saurer Geschmack breitete sich in meinem Mund aus. Ich würgte.

Meine Mutter schaute mich besorgt an.

»Bist du krank?«

Mich quälte eine viel wichtigere Frage: Wie ist es, wenn man stirbt?

Aber ich brachte sie nicht über die Lippen, sondern starrte auf das Stück Brot, das fingerdick mit Magerquark bestrichen war. Mein Bruder hatte schon einen weißen Schnurrbart. Quark beherrschte den Alltag. Der Konsum hatte eine große Lieferung bekommen, und alle aßen Quark. Quark sei gesund. Aber auf die Dauer wurde die Gesundheit eine Obsession. Ich hätte wie das blühende Leben aussehen müssen, so viel Quark steckte in mir.

Am nächsten Morgen berichtete der Generalanzeiger, der, wie mein Großvater behauptete, nur aus Quark bestand, daß im Biegwald ein englischer Bomber abgestürzt sei. Ein Foto zeigte den aufgeborstenen Rumpf des Flugzeugs zwischen den Bäumen. Der Pilot sei umgekommen, der Rest der Besatzung habe sich mit dem Fallschirm gerettet und sei von Landjägern aufgegriffen worden. Ich saß wie auf Kohlen. Vor mir knisterte die Zeitung.

Meine Mutter zeigte auf die Uhr. Ich schlüpfte mit den Armen durch die Riemen meines Ranzens. Der Tag begann mit einem Geheimnis.

Durch den Wind wuchsen mir Flügel. Ich strich mit den Fingern den Staketenzaun entlang und spürte, wie die Farbe abblätterte. Das Herz stieg in mir hoch. Ich rannte den ganzen Weg bis in die Schule.

Sie standen auf dem Schulhof und reckten die Hälse. Ich war an diesem Tag nur der neunzehnte, am Tage zuvor der dritte. Vor lauter Atmen konnte ich nicht sprechen. Dabei hatte ich einen so großen Anlauf genommen. In der ersten Stunde, kurz nach dem »Heil Hitler!« und den zehn Kniebeugen zur Leibesertüchtigung wurde ich endlich mein Geheimnis los.

»Ich habe einen Toten gesehen«, flüsterte ich meinem Nachbarn zu.

»Da ist doch nichts dabei. Im Krieg gibt's viele Tote.«

Weiter gedieh der Dialog nicht. Herr Wulf, dessen Ohren bis zur letzten Bank reichten, stand plötzlich vor mir und bohrte seinen Zeigefinger in meine Brust.

Was ich denn so Wichtiges zu erzählen hätte?

Er bestand auf einer Antwort, indem er seinen Zeigefinger noch stärker gegen meine Brust preßte. So blieb mir nichts anderes übrig, als vor der ganzen Klasse zu erzählen, daß ich einen Toten gesehen habe.

Herr Wulf hob die Schultern.

»Ein deutscher Junge hat keine Angst vor dem Tod!« sagte er und hielt die Schultern oben. Er atmete schwer und verdrehte die Augen. Ich sah verzaubert zu: Herr Wulf spielte die Statue eines Helden. Und was war ich? Um ein deutscher Junge zu sein, hätte ich ein Übermensch sein müssen. Ich hätte das Flugzeugwrack auf den Schultern zum Alteisenfritz schleppen sollen. So war ich vor dem Anblick eines Toten weggelaufen und hatte ein Quarkbrot gegessen. Helden essen kein Quarkbrot. Sie leben in einer Welt, in der Quark keine Rolle spielt. Sie halten den Blick geradeaus. Sie springen in die Bresche und setzen die Schritte auf den Boden wie Brückenpfeiler. Sie haben ein Ziel vor den Augen. Sie erwecken Angst und Schrecken.

Herr Wulf ließ seine Schultern wieder fallen und begann seinen Unterricht. Das Gewitter war an der Reihe. Er beschrieb einen Kugelblitz und dessen sonderbare Wirkung: Eine volle, glatte Kugel rollt lautlos in ein Gebäude und füllt es mit blendendem Licht aus, das in einem ungeheuren Knall zerbirst. Er klatschte zur Bekräftigung seiner Worte in die Hände.

»Was lernt ihr daraus?«

Mich trieb der Teufel.

»Daß ein deutscher Junge keine Angst vor einem Kugelblitz haben darf.«

Natürlich mußte ich daraufhin zur Strafe für die Verunglimpfung des deutschen Jungen einen kleinen Aufsatz über das Gewitter schreiben.

»Bis zum nächsten Mal!«

Und das mitten im Sommer, als noch nicht einmal ein winziges Wölkchen den Himmel trübte. Ich dachte mir ein furchtbares Gewitter aus, und Blitze von der Länge eines Abenteuerromans durchzuckten meine Phantasie. Es kamen jedoch gerade nur drei kümmerliche Seiten dabei heraus. Was kann man auch schon über ein Gewitter schreiben, als daß es blitzt und donnert. Alles andere ist gelogen.

Die Bombenangriffe nahmen zu, und fast jede Nacht wurde zum Tag, so daß man auf der Straße in einem Buch hätte lesen können. Jetzt konnten wir auch Bombensplitter sammeln, die sich in Häuserwände hineingebohrt hatten. Wir pulten sie mit dem Schraubenzieher heraus. Sie waren plumper als die Granatsplitter und hatten kaum in einer Hand Platz. Sie galten doppelt soviel wie ein Granatsplitter, aber mit der Zeit verloren wir das Interesse am Abfall des Krieges. Ich schleppte meine beiden prallgefüllten Säcke zum Alteisenfritz und erhoffte ein Vermögen dafür zu kriegen. Er wog sie auch tatsächlich ab, holte einen Bleistift vom Ohr und feuchtete ihn an seiner Unterlippe an, aber als er kein Stück Papier fand, schob er ihn wieder auf sein Ohr. Mit schwingenden Armen ging er in seine Bretterbude und kam mit einer Pfauenfeder zurück, mit der er seine Nase kitzelte.

»Die kannst du dir in die Haare stecken, dann bist du ein Indianer«, erklärte er mit seiner heiseren Stimme. Hinter ihm erhob sich ein wüstes Durcheinander von Maschinenteilen, Eisenstücken, Stangen, Schrauben, Nachtgeschirren, ausgeleierten Nähmaschinen, verrosteten Fahrrädern und im Wind klappernden Autowracks.

»Mehr gibt es nicht?«

»Junge, du hast Deutschland geholfen. In einer Zeit wie in der unsrigen kommt es auf Kerle an wie dich.«

Alteisenfritz zeigte seine Goldzähne.

Ich konnte meine Enttäuschung nicht verhehlen und warf die Pfauenfeder in den Gerümpelberg.

## *Vor dem Spiegel*

Wenn Rudi aufgeregt war, kam er ins Stottern. Das hatte den Nachteil, daß wir ihn nicht sehr gut verstanden, wenn er uns mit wilden Grimassen etwas mitzuteilen versuchte. Günther riet ihm, alles aufzuschreiben, aber wer hat schon immer einen Bleistift und ein Stück Papier in einer seiner Hosentaschen?

Hinzu kam, daß Rudi immer aufgeregt war und aus allem eine Sensation machte. Verstanden wir ihn nicht gleich, wurde er noch aufgeregter. Mit einem Wort: Es war ziemlich sicher, daß er kein Politiker werden würde.

Mit der Zeit hatte er eine Zeichensprache entwickelt, die wenigstens eine Ahnung von dem vermittelte, was er sagen wollte.

Was er jedoch eines Tages in die Luft zeichnete, konnte ich beim besten Willen nicht enträtseln, und als mich Rolf aufklärte, der atemlos hinzukam, fand ich die Figur, die Rudi entworfen hatte, schlichtweg übertrieben. Sie stellte eher eine Riesendame dar als Frau Senft, die nackt vor dem Spiegel in ihrem Schlafzimmer tanzen sollte.

»Mit wem?« wollte ich wissen.

»Mit sich selbst«, sagte Rolf. »Du kannst sie sehen. Paulchen hat eine Kiste unter ihr Fenster gestellt.«

Paulchen stand auf der Kiste, als wir ankamen, und machte uns Zeichen, ruhig zu sein. Er hatte rote Flecken im Gesicht und kicherte leise vor sich hin.

»Ich werd verrückt.«

Nur widerwillig stieg er von der Kiste, um mir Platz zu machen.

Und da tanzte Frau Senft tatsächlich nackt vor dem Spiegel, die Hände auf den Oberschenkeln. Der Vorhang zerteilte ihren Leib in unendlich viele Teilchen. Sie sah aus, als wäre sie in einem Netz gefangen. Ihre Haut schimmerte im Spiegel heller und ihre Haare glänzten dunkler. Durch das geschlossene Fenster hörte ich das dumpfe Klatschen der Fußsohlen auf dem Boden, eine Trommel, die immer schneller zu werden schien. Die Arme hoben sich, die Hände klatschten über dem Kopf. Die Brüste zappelten wie kleine Tiere. Das Zimmer lag im Dunkeln, nur der Spiegel schimmerte und das, was in ihm geschah.

Eine Hand packte mich an der Schulter und holte mich von der Kiste. Ich strauchelte und sah vor mir die immer etwas drohende Gestalt von Herrn Trageser.

»Was gibt's da zu sehen?«

»Frau Senft ist verrückt geworden«, antwortete Paulchen an meiner Stelle und kratzte sich am Hintern.

»Wie willst du das denn wissen?«

»Sie tanzt ganz allein nackt vor dem Spiegel.«

Das »nackt« klang wie eine Explosion. Ich trat einen Schritt zurück. Herr Trageser war so groß, daß er, ohne sich auf die Zehenspitzen stellen zu müssen, in das Fenster schauen konnte.

»Wenn man in anderer Leute Fenster guckt, sieht man nur Verrückheiten. Seht nur einmal durch eure eigenen Fenster, wenn euer Vater mit eurer Mutter sein Spielchen treibt.«

»Mein Vater treibt keine Spielchen«, wehrte sich Paulchen.

»Das wird deiner Mutter aber nicht gefallen.«

Es war nur zu klar: Wir sprachen verschiedene Sprachen.

Herr Trageser lachte, daß sein Adamsapfel wie ein Heronsball über dem Hemdkragen tanzte.

Plötzlich öffnete sich das Fenster, und Frau Senft erschien in einem klatschmohnroten Hausmantel, den sie mit der Hand über der Brust zusammenhielt.

Ehe sie etwas sagen konnte, redete schon Herr Trageser, nachdem er seine Kappe mit übertriebener Höflichkeit abgesetzt hatte: »Sie werden verzeihen, Frau Senft, daß hier unter Ihrem Fenster ein kleiner Menschenauflauf stattfindet. Die Herren waren neugierig, und ich glaube, sie wollen sich wieder verabschieden.«

Er zwinkerte mit den Augen, und Frau Senfts Gesicht nahm die Farbe ihres Hausmantels an.

»Einen Augenblick ...!« hauchte sie, verschwand hinter dem Vorhang und kam mit einer Tafel Schokolade zurück, die sie Paulchen zuwarf.

»So, belohnt werdet ihr auch noch!« brummte Herr Trageser, setzte seine Mütze wieder auf, gab ihr den richtigen Sitz und verließ den Schauplatz, nicht ohne noch einmal sehr intensiv Frau Senft angestarrt zu haben.

Paulchen hatte seinen freigiebigen Tag, er spendierte Rolf und mir ein kleines Stückchen und lief mit dem größeren Rest davon. Die Schokolade schmeckte sehr bitter, und erst allmählich setzte sich die Süße durch.

Ich mußte immerzu an Frau Senft denken, wagte jedoch nicht, sie anzusehen, wenn ich ihr begegnete. Einmal entdeckte ich, als ich sie von der Seite betrachtete, ein Lächeln auf ihren Lippen, das ich als Geschenk mit nach Hause nahm, und abends, als die untergehende Sonne ein flimmerndes Muster durch den Rolladen and die Wand zeichnete, tanzte sie in meinen Gedanken weiter.

Monate später erschien Frau Senft in einem schwarzen Kleid und in schwarzen Strümpfen, durch die ihre Haut schimmerte. Ihr Mann sei in Rußland gefallen, erzählte meine Mutter. In derselben Nacht träumte ich, wie ich sie aus einem brennenden Haus rettete. Das Feuer fraß sich in mich hinein, aber ich blieb unerschütterlich wie Harry Piel.

Frau Senft ist dann ausgezogen, und ein älteres Ehepaar kam in ihre Wohnung. Der Mann züchtete Kaninchen, und die Frau strickte für die Soldaten wollene Strümpfe gegen den scharfen Winter in Rußland.

## *Der Weltuntergang*

Als die Wohnung im ersten Stock links frei wurde, waren wir alle gespannt, wer jetzt einziehen würde. Herr und Frau Wiesel, die es beide fertigbrachten, ihrem Dackel Arthur ähnlich zu werden, waren auf eine sehr distanzierte Art freundlich gewesen und hatten jedem im Haus den deutschen Gruß wie ein Geschenk angetragen. Herr Wiesel verhinderte das Herunterrutschen seiner Hose durch breite Hosenträger, die er, wenn er seine Jacke abgelegt hatte, in kurzen Abständen nach einer kurzen Dehnung zurückschnellen ließ, so daß sie auf sein Hemd knallten. Im Sommer trug er ein Netzhemd und eine kurze Hose, die die Bedeutung seines Bauches noch verstärkten. Dieser lag wie ein schützender Damm zwischen ihm und der Welt.

Er stand aber auch unter dem Schutz seiner Frau, die die Wohnung so sauber hielt, daß man, wie meine Mutter bemerkte, vom Fußboden hätte essen können. Meist sah man sie mit einem Besen oder einem Staubtuch, und ich stellte mir vor, wie sie auch ihren Mann abstaubte. Sie stand im Ruf äußerster Sparsamkeit und lieh sich bei den Nachbarn Salz, Zucker, Mehl und Butter aus, um dies in kleineren Mengen wieder zurückzugeben.

Ihr Mann war ein ausgesprochener Naturfreund, der, um den Reinigungsorgien seiner Frau aus dem Weg zu gehen, mit dem Dackel in den Taunus flüchtete, wo er, den Hund hinter sich herziehend, sich am Busen der Natur wähnte. Einmal sahen wir ihn, als mein Vater mit meinem Bruder und mir ebenfalls im Taunus unterwegs war, wie er vom Aussichtsturm des Großen Feldbergs, das Fernglas gegen die Augen gepreßt, in die Mainebene schaute. Ein an allen vier Ecken verknotetes Taschentuch krönte sein Haupt und gab ihm das Aussehen eines erschöpften Wüstengängers. Sein Gesicht war rot, und sein Dackel hechelte in den letzten Zügen.

Ich will mich jetzt nicht bildlich ausdrücken, sondern es bei der Bemerkung belassen: Wenn je der Große Feldberg einen hohen Besucher hatte, dann war es Herr Wiesel. Als er das Fernglas absetzte und uns sah, ging ein fast stürmisches Erkennen über sein Gesicht. Er versammelte sich zum deutschen Gruß und fügte hinzu: »Ist unsere deutsche Heimat es nicht wert, daß wir sie bis zum letzten Mann verteidigen müssen.« Herr Wiesel sagte dies vor Ausbruch des Krieges, und er schlug dabei die Hacken zusammen, so daß das Fernglas von ihm wegschwang und zurück gegen seinen Bauch klatschte. Arthur wedelte mit dem Schwanz und schnupperte an unseren Schuhen.

Herr Wiesel war in seinem Element. Im Besitz eines Fernrohrs glaubte er sich Herr aller Aussichten. Er stocherte mit dem Zeigefinger im Horizont herum und erklärte uns die zu Miniaturen geschrumpften Ortschaften. Mit dem Ausdruck begeisterter Großzügigkeit überreichte er mir das Fernrohr, damit ich mich selbst überzeugen konnte. Ich finde, daß eine Aussicht, wenn man sie durch ein umgedrehtes Fernglas betrachtet, an Glanz, Helle und Körperhaftigkeit gewinnt. Farben und Konturen treten ganz deutlich hervor. Der Gegenstand bleibt zwar ein bekannter Gegenstand, wird aber plötzlich lächerlich klein und ungewohnt. Das erweckte in mir die Vorstellung, als träumte ich. Frankfurt schwamm im Dunst.

Natürlich hatte Herr Wiesel sofort mitbekommen, daß ich das Fernglas falschherum hielt. Er riß es mir aus den Händen und setzte es richtig an meine Augen.

»So siehst du besser!«

Die Nähe enttäuschte mich.

Da geschah es, daß sich die Augen Herrn Wiesels weiteten, zu leuchten, zu glänzen begannen. Er fragte meinen Vater, ob er sich die Ehre geben dürfe, uns zu einem Trunk einzuladen. Er schien wie ausgewechselt und stieg summend vor uns die Treppe des Aussichtsturms hinunter. Mein Vater machte ein gequältes Gesicht.

Herr Wiesel bestellte meinem Bruder und mir Limonade, und als mein Vater bekannte, daß er keinen Alkohol trinke, brach er in ein meckerndes Gelächter aus: »Hat man denn schon einmal so etwas gehört!«

Er sagte dies in einem vorwurfsvollen Ton und maß meinen Vater von Kopf bis Fuß.

»Herr Heckmann, das hätte ich Ihnen gar nicht zugetraut.«

So trank er ganz allein ein Bier, und der Schaum zauberte ein Schnurrbärtchen unter seine Nase.

Er redete ununterbrochen und ließ meinem Vater nicht die geringste Chance, auch nur ein Wörtchen zwischen seine Sätze zu schieben. Er redete vom Ersten Weltkrieg, schimpfte auf die Juden und die Kommunisten und meinte, man solle kurzen Prozeß mit ihnen machen. Endlich sei Deutschland an der Reihe, seine nur zu berechtigten Forderungen durchzusetzen. Von Deutschland, wo er schwitzend verweilte, kehrte er in den Taunus zurück und tätschelte seinen Hund. Mit einem Wort: Herr Wiesel war in seinem Element und genoß offensichtlich die Abwesenheit seiner Frau, die die Sauberkeit über das Heldentum stellte.

Mit einem strengen Blick auf meinen Vater sagte er: »Seien Sie stolz auf Ihre beiden Buben. Deutschland braucht jetzt Männer.«

Er strich über meine Haare und bestellte noch ein Bier. Beim vierten Bier war seine Stimme so laut geworden, daß man nur noch die Hälfte von dem verstehen konnte, was er sagte. Zum Glück fand er einen, der ihm gründlicher zustimmen konnte als mein Vater. Wir bedankten uns für die Limonade und machten uns auf den Heimweg.

Noch lange hallten Herrn Wiesels Worte nach, bis sie im Gezänk der Eichelhäher untergingen. Die Sonne stand tief im Westen und vergoldete die Baumwipfel. Es war schwer, sich an die Stille zu gewöhnen, die nur selten von den wegsuchenden Wanderern unterbrochen wurde.

Als Herr Wiesel in der Nacht nach Hause kam, sang er, und Arthur bellte. Kurz darauf ließ sich auch Frau Wiesel hören. Sie schrie:

»Du bist ein Schwein!«

Am nächsten Morgen war Herr Wiesel wieder ein Mensch mit Tränensäcken unter den Augen und einem strengen Scheitel. Er ging etwas gebeugt. Auf dem Großen Feldberg hatte er ganz anders ausgesehen.

Ich selbst trottete mit einem Muskelkater in die Schule. Herr Wiesel lief vor mir her. Zuerst dachte ich, er eile, doch bald stellte sich heraus, daß der eilige Gang mit nach vorn geworfenem Oberkörper ihm eigentümlich war. Herr Wiesel flüchtete zur Arbeit. Er arbeitete in einem Büro und hatte gleich mehrere Bleistifte in der Brusttasche seiner Jacke stecken, jeden Augenblick bereit, ein Diktat aufzunehmen.

Es war eine Sensation, als bekannt wurde, daß Wiesels ausziehen. Ich hatte die etwas absurde Vorstellung, alle im Haus müßten für immer zusammenbleiben. Der Gedanke hatte etwas für sich, war aber auch fürchterlich, wenn ich an die ständigen Ermahnungen Herrn Wiesels dachte, die immer mit »Ein deutscher Junge« anfingen. Sie verleideten mir mein Deutschtum, dem ich nie gerecht werden konnte.

Die Packer brauchten fast einen ganzen Tag, um die Möbel aus dem ersten Stock in den dunklen Rachen des Möbelwagens zu verfrachten. Herr Wiesel stieg jedesmal mit ihnen die Treppe hinab und schrie: »Passen Sie doch auf!«

Frau Wiesel hörte man in der Wohnung jammern.

»Alles Eiche«, stellte Frau Wede fest, die mit den andern Neugierigen den Auszug kritisch verfolgte. Frau Wiesel hatte niemanden in die Wohnung gelassen. Ihr Mann mußte jedesmal die Schuhe ausziehen, bevor er eintrat, und in Filzpantoffeln schlüpfen. Seine Frau ging nicht, sondern schwebte. Sie haßte Schmutz und hielt jeden Kratzer, den die Packer verursachten, für eine persönliche Beleidigung.

Ich konnte mir gar nicht vorstellen, wie so viele Möbel, die an mir vorbeigetragen wurden, je in der Wohnung Platz gefunden haben konnten. Die Bilder trug Herr Wiesel eigenhändig zum Möbelwagen. Sie zeigten Berggipfel in den verschiedensten Größen. Es war kein Zweifel, Herr Wiesel liebte die Höhen, an denen er sich nicht satt sehen konnte. Zu guter Letzt stolzierte er noch mit einem ausgestopften Auerhahn die Treppe hinunter und erklärte dem Mann im Möbelwagen: »Wenn ihm auch nur eine Feder fehlt, mache ich Sie persönlich haftbar.«

Der Auerhahn zitterte auf einer dicken Astgabel.

»Haben Sie den selbst geschossen?« fragte ein Packer.

»Nein, ich schieße nur auf Feinde.«

Herr Wiesel stellte sich auf die Zehenspitzen, um genau zu

verfolgen, wie der Auerhahn in einem Karton verstaut wurde. Dann ging er in das Haus zurück und verabschiedete sich bei jedem mit einem kräftigen Handschlag. Aufgekratzt schwärmte er von Garmisch-Patenkirchen, dem neuen Wohnort.

»Wenn ich dort aus dem Fenster schaue, sehe ich die Berge.«

Er holte in Erwartung dieses Ausblicks tief Luft. Seine Frau sagte mehrmals: »Hoffentlich haben wir nichts vergessen!«

Als sie vor das Haus trat und noch einmal zu den Fenstern ihrer Wohnung hochschaute, begann sie zu weinen. Ihr Mann trat an die Seite meines Vaters und flüsterte: »Sie müssen verstehen, meine Frau hat nahe ans Wasser gebaut.«

Er schlug meinem Vater auf die Schulter und grinste. Dieses Grinsen, das einen Goldzahn entblößte, blieb mir im Gedächtnis, und jedesmal, wenn ich später einen Goldzahn sah, fiel mir Herr Wiesel ein. Aus einem Zahn wurde ein Mensch, und aus dem Menschen die Geschichte einer Wohnung, und in diese Wohnung zogen andere Menschen ein, die wiederum eine Geschichte ergaben.

Aber zunächst blieb die Wohnung einige Wochen leer. Die Tür war unverschlossen, so daß ich an Nachmittagen in unbeobachteten Augenblicken in die Wohnung schleichen konnte, um meine Gedanken in sie einziehen zu lassen. Meine Schritte hallten in den leeren Räumen. Es gab nur kahle Wände und nackte Fenster.

Die Zeit jagte über mich dahin. Es entstand die Illusion einer mit vielen Bildern geschmückten Wohnung. Ich war Robinson, der ein neues Leben beginnen konnte, und ich füllte die Leere der Wohnung mit unzähligen Geschichten. Aus den Mustern der Tapeten schälten sich monströse Gestalten, die durch die Räume schritten und mich mit einer Handbewegung aufforderten, tiefer in die Leere einzudringen, und je tiefer ich in die Leere eindrang, um so mehr bevölkerte sich die Wohnung.

Sie kennen die furchtbare Bedeutung des Wortes »plötzlich«. Sie kennen auch die aufhebenden Konsequenzen dieses Wortes.

Plötzlich hörte ich meinen Vornamen und die energischen Schritte meiner Mutter. Die Tür öffnete sich.

»Was machst denn du hier?«

Ich stürzte aus den Wolken der Illusion in die Wirklichkeit zurück und fragte meinerseits: »Warum ziehen wir denn hier nicht ein?«

Meine Mutter erinnerte mich daran, daß wir vor gar nicht so langer Zeit aus der Mansardenwohnung Tornowstraße 5 nach Parterre rechts, Tornowstraße 6, verzogen seien. Ich konnte mich noch gut an das Durcheinander erinnern, als wir nichts fanden und die Suppe beinahe mit den Händen hätten löffeln müssen. In der ersten Nacht in der neuen Wohnung hatte ich vergeblich versucht, wie gewohnt aus dem Bett zu steigen und war mit dem Kopf gegen die Wand gestoßen. Ich glaubte allen Ernstes, eingemauert zu sein und dachte an das Schicksal der lebendig Begrabenen, von denen zu lesen ich öfters Gelegenheit hatte. Ich schrie, bis mein Vater an das Bett trat und mir riet, es einmal auf der anderen Seite zu versuchen. Zu meiner Überraschung klappte es, und ich kam auf eine mir bis dahin unbekannte Weise aus dem Bett. In den nächsten Wochen konnte ich mich überzeugen, daß Wohnen nichts anderes bedeutet, als sich an die Umgebung zu gewöhnen. Doch gab es immer wieder Rückfälle. Hatte ich das vergessen?

Ich konnte mir diese Frage damals nicht zufriedenstellend beantworten, wußte ich doch, daß ich das Unbekannte, Neue im gleichen Maße scheute, wie ich es herbeisehnte. So war das auch mit meiner Angst.

Als ich das nächste Mal in die leere Wohnung im ersten Stock schleichen wollte, war die Tür verschlossen. Ein paar Tage später arbeiteten Weißbinder und Tapezierer in ihr und sangen, daß es wie in der Kirche klang, wennzwar ihre Lieder in der Kirche etwas befremdlich gewesen wären. Sie trugen Hüte aus Zeitungspapier. Ich beneidete sie. Am liebsten hätte ich selbst auch zu einem Pinsel gegriffen. Man muß immer wieder die Welt verändern.

Dann war es soweit. Im ganzen Haus roch es nach Terpentin, so daß selbst die Gedanken diesen Geruch anzunehmen schienen. Wieder stand ein Möbelwagen vor dem Haus. Die neuen Mieter, ein Ehepaar mit zwei Buben, die wie aus dem Ei gepellt aussahen, starrten das Haus an. Wir hingen am Fenster und winkten ihnen zu. Frau Wede stand an der Haustür und sagte: »Heil Hitler!«

Der neue Mieter, ein kleiner, gedrungener, schwarzhaariger Mann mit einem steifen rechten Arm, den er mit dem linken an die Hüfte preßte, antwortete mit einem »Grüß Gott!«, was Frau Wede in arge Verlegenheit brachte. Konnte man Adolf Hitler mit Gott in Verbindung bringen? Sie zögerte und streckte dann doch die Hand aus, um die neuen Mieter zu begrüßen.

Ich hatte große Mühe, mit ein paar Grimassen die Aufmerksamkeit der beiden Buben auf mich zu lenken. Sie schauten immer wieder ängstlich zu ihrem Vater, als erwarteten sie von ihm einen Hinweis, wie sie sich zu benehmen hätten. Die Frau war eher schmächtig, mit frischen Farben in dem langen, schmalen Gesicht und mit einer nervösen Art, pflichtschuldigst zu lachen. Man sah ihr an, daß sie sich unbehaglich fühlte. Sie hatte sich bei ihrem Mann eingehängt, der fast ein wenig feierlich in das Haus trat. Die Buben folgten, und ihre blank gewichsten Schuhe glänzten in der Sonne.

Was soll ich sagen? Eine Distanz blieb. Pechts, so hießen die neuen Mieter, lebten ganz für sich. Manchmal hörte man sie in ihrer Wohnung singen.

»Das sind ja Kirchenlieder«, stellte meine Mutter fest.

Das war sehr ungewöhnlich. Frau Pecht hatte einen langen Zopf, den sie meist hochsteckte, so daß er wie eine Krone auf dem Kopf saß. Sie hatte es immer eilig und huschte durch das Treppenhaus, als wäre sie auf der Flucht. Als unser Milchmann, der vor Höflichkeit nur so triefte, sie mit »Gnädige Frau« anredete, errötete sie und verschüttete die Milch.

Ihr Mann lachte nie. Sein Gesicht strahlte eine dunkle Autorität aus. Er ging stets in Schwarz: schwarze Jacke, schwarze Hose, schwarze Krawatte, schwarze Schuhe und, in die Stirn gedrückt, ein schwarzer Hut. Er wirkte wie sein eigener Schatten. Das rechte Bein zog er nach, so daß neben einem festen Schritt auch ein Schleifen zu hören war. Er sei im Weltkrieg verschüttet gewesen, erzählte man. Man erzählte aber auch, daß er und seine Familie Bibelforscher seien. Er hatte eine Art, mich anzuschauen, daß mir all meine Sünden einfielen, was mich schon einige Zeit kostete. Einmal faßte er mich auf der Treppe am Ärmel, näherte seinen dünnlippigen Mund meinem Ohr und fragte: »Glaubst du an Gott?«

Ich mußte mich am Geländer festhalten. Seine Augen wichen nicht von meinen Augen. Diese Frage hatte mir noch keiner gestellt, und ich wußte beim besten Willen nicht, wie man sie zwischen Treppe und Haustür beantworten konnte.

Gott? »Wir sind alle in Gottes Hand«, sagte meine Mutter, wenn der Lärm der Weltgeschichte vor unserer Haustür nicht haltmachte, wenn unser knisterndes Radio die bluttriefenden Neuigkeiten im Wohnzimmer verbreitete, daß ich sie mit in meine Träume nahm.

Gott war das Andere.

»Lassen Sie mich um Gottes Willen in Ruhe!« hatte meine Mutter geschrien, als Frau Fleischer bei uns geklingelt hatte, um ihr die Mitgliedschaft in der NS-Frauenschaft anzutragen.

»Wir deutschen Frauen wissen, was die Stunde geschlagen hat, dazu brauchen wir Jesus nicht!«

Ich hatte mich gewundert, daß kein Blitz und kein Donnerschlag in Frau Fleischer gefahren war. Unversehrt stand sie im Gang und funkelte mit den Augen. Sie warf obendrein noch unsere Wohnungstür zu. Meine Mutter legte mir die Hand auf die Schulter.

»Sie hätte sich wenigstens verabschieden können«, sagte sie, und ihr Gesicht versank in einen Ausdruck von Empörung und Mißvergnügen.

Herr Pecht wiederholte die Frage, und sie kroch in mein Herz. Wie angewurzelt stand ich da. Ich wollte antworten, doch aus meinen Mundwinkeln troff der Saft eines Eukalyptusbonbons. Enttäuscht wandte sich Herr Pecht von mir ab und stieg die Treppe hinunter: Ein fester Schritt und ein suchender. Er ging wie immer kerzengerade.

Am nächsten Morgen lag eine kleine Broschüre in unserem Briefkasten: »Der Weg zu Gott«.

Herr Pecht war ein strenger Vater, und er ahndete jede kleine Verfehlung seiner beiden Buben mit einer so fürchterlichen Tracht Prügel, daß das ganze Haus Zeuge seiner Erziehung wurde. Rolf und Frieder steckten immer zusammen und hielten sich von den andern fern. Sie schienen freilich darunter zu leiden. Es war gar nicht so einfach, sie zu verstehen. Sie sprachen wie ihre Eltern schwäbisch. Während ihr Vater die Höhe des Hochdeutschen erklimmen konnte, blieben sie in der Froschperspektive ihrer Mundart, die ich lange Zeit für eine

Geheimsprache hielt, bis mich mein Großvater aufklärte, in Deutschland gebe es viele Mundarten, die dazu führten, daß keiner den andern verstehe.

»Ich spreche keine Mundart!« wehrte ich mich.

»Daß ich nicht lache!«

»Spricht Adolf Hitler eine Mundart?«

»Der spricht großdeutsch.«

»Versteht das jeder?«

Mein Großvater schloß seine Augen in einem Gelächter, das seinen ganzen Körper durchschüttelte. Ich sah es gern, wenn er lachte.

Als der Krieg ausbrach, holten zwei Männer in Ledermänteln Herrn Pecht ab. Ich sah seine Frau am Fenster weinen. Sie ließ die Schultern hängen und winkte, aber ihr Mann drehte sich nicht um. Seine beiden Begleiter hatten ihn in die Mitte genommen, so daß sie ihn fast verdeckten.

Noch am selben Tag stürmte Frau Pecht in unsere Wohnung. Sie hatte ein schwarzes Kleid an und preßte ein Taschentuch an ihre Brust.

»Gott straft uns!«

»Warum sagen Sie das?« fragte meine Mutter.

»Sie werden meinen Mann umbringen, wie sie schon viele umgebracht haben, die nicht so denken wie sie. Ich weiß es, ich weiß es!«

Meine Mutter kochte einen Kaffee und schickte mich und meinen Bruder aus der Wohnung. Ich haßte diese Demonstrationen des Erwachsenseins. Gab es Geheimnisse, die nichts für meine Ohren waren? Ich ging zu Rudi und spielte Rommé mit ihm. Als er die Karten mischte, fragte ich unvermittelt: »Glaubst du an Gott?«

»Spielen wir Karten oder Religionsunterricht?«

Es war zu offensichtlich, daß Rudi lieber Karten spielte. Auf dem Heimweg sah ich die untergehende Sonne, eine große, orangenfarbene Kugel. Sie glitt langsam in schräger Richtung über den Horizont.

Frau Pecht war gegangen, als ich nach Hause kam. Es roch nach Bohnenkaffee, und die Tassen standen noch auf dem Tisch im Wohnzimmer. Ein Taschentuch lag auf dem Stuhl.

»Sie hat es vergessen«, erklärte meine Mutter.

Ich ekelte mich davor, faßte es mit den Fingerspitzen an und legte es auf das Sofa, auf dem mein Vater nach Dienstschluß über den Tag nachzudenken pflegte. Nach seinem Gesichtsausdruck zu urteilen, konnten es keine guten Tage sein.

In den folgenden Tagen schlossen sich Rolf und Frieder uns an. Wir pinkelten auf unsere Warzen und gruben im Kuhwald wilden Meerrettich aus. Schon von einem Biß wurde mir so schlecht, daß ich mich übergeben mußte. Dabei hatte ich nur zeigen wollen, zu welchen Taten ich fähig war.

Aus offenen Fenstern drangen die Sondermeldungen aus dem Polenfeldzug.

Herr Fleischer redete zu uns: »Wir sind das Volk, das bis an die äußersten Grenzen der Welt vordringen wird. Tapfere Männer, die weder Tod noch Teufel fürchten, tragen unsere Fahnen ins Feindesland. Eine neue Epoche beginnt. Die Woge bricht sich am Fels, sie brodelt, die Gischt sprüht. Was wollt ihr? Was? Den Schwanz einziehen? Zu einem Nichts zerstäuben? Nein, Kameraden, so wollen wir nicht enden. Wir werden den Gefahren entschlossen ins Auge sehen. Wir sind der Fortschritt.«

Herr Fleischer stand mit geschlossenen Beinen vor uns und schwitzte. Es kam jetzt immer wieder einmal vor, daß er einen über den Durst trank und wie Herr Dapper Reden hielt. Ich wagte nicht, mich unter seinem feuchten Wortschwall davonzustehlen. Herr Fleischer machte aus jedem Widerspruch, der ihm widerfuhr, eine Staatsaktion. Er würde mich von zwei Männern in Ledermänteln abführen lassen. Die schlimmsten aller Möglichkeiten wurden immer wahrscheinlicher, und mein Vater meinte, wir würden uns noch wundern. Mit einem Wort: Ich träumte so schlecht, daß ich meiner Mutter eröffnete, nicht mehr schlafen zu wollen. Das Aufstehen machte keinen Spaß mehr, mochte der Morgen noch so herrlich sein, mochte der leichte Wind wehen, gerade als blättere er in einem Buch, mochte der Himmel noch so blau sein. Die Müdigkeit steckte in meinen Gliedern wie Blei, und ich duckte mich unter sie.

Ausgerechnet in dieser Zeit wurde ich in das Goethe-Gymnasium aufgenommen, nachdem ich die Aufnahmeprüfung vor allem wegen eines Weitsprungs bestanden hatte.

»Solche Jungen brauchen wir.«

Der Sand, in dem ich gelandet war, kühlte meinen Hintern. War der Weitsprung eine Übung des Fortschritts?

Die Gedanken hingen an den Fäden der Wörter und zappelten hin und her. Es war gar nicht so einfach, ein Wort jedesmal mit seiner Bedeutung zusammenzubringen, ja, ich hatte oft den Eindruck, als wollten die Wörter ihren Bedeutungen entfliehen. Eklige Sprachklumpen blieben zurück, die ich immer wiederholte in der Hoffnung, ihren Sinn auf diese Weise zurückrufen zu können.

Dr. Kroll, unser Deutschlehrer, stanzte jedes Wort aus seinem Mund. »Der Jugend gehört die Zukunft.«

Die Zukunft grimassierte am Klassenfenster. Eine Fliege kroch über die Fratzen.

»Was bedeutet das für die heutige Jugend, für euch?«

»Daß wir älter werden«, hauchte ich und sah Schadenfreude in seinen Augen aufglimmen.

»Bei dir herrscht wohl Sonnenfinsternis!«

Man lachte zögernd. Die Sonnenfinsternis, die ich mit meinem Vater beobachtet hatte, glich einem toten Auge, das an den Rändern verglühte. Wolkenschwärme stürzten über es her; von überall schwangen sich Schatten hervor, alles bedeckten die Schatten. Ich sah einen großen schwarzen Punkt am Himmel, aber dann schälte sich die Sonne langsam wieder aus dem Dunkel, und die Schatten versickerten in der Erde.

Dr. Kroll ging an die Tafel und schrieb mit quietschender Kreide:

»Der Jugend gehört die Zukunft.«

Das Unheil eines Besinnungsaufsatzes nahte. Jetzt kam es nur darauf an, die richtigen Worte zu finden. Sie standen uns gut vorgekaut zur Verfügung. Letztlich kam es nur auf eine gesunde Verdauung an. Runterschlucken und an Deutschland denken.

Dr. Kroll hatte im Frankreichfeldzug den rechten Arm verloren. Er schaukelte, wenn er ging. Sein Lächeln erreichte nie seine Augen.

»Nur keine Fremdwörter!« riet er.

Für mich war jedes Wort ein Fremdwort. Mein Füllfederhalter kratzte auf dem Papier, das sich gegen das zu sträuben schien, was ich schreiben wollte. Ich war drauf und dran, die gewünschte Besinnung zu verlieren.

Als Herr Pecht nach zwei Wochen wieder nach Hause kam, hatte er zu allem Schwarz noch schwarze Ringe um die Augen. Er bedankte sich bei meiner Mutter, daß sie seiner Frau beigestanden hatte, und sagte, fast flüsternd: »Die Wege des Herrn sind manchmal sehr seltsam.«

Ich nahm diesen Satz mit auf die Straße und drehte ihn nach allen Seiten. Genaugenommen, bedeutete er nichts anderes, als daß wir nicht die geringste Ahnung von dem hatten, was geschah. Die Zukunft war eine Krähe, die sich auf unserem Dach niederließ und ihren Schnabel an den Schieferplatten rieb, und die Vergangenheit staute sich in den Mülltonnen.

Als Webers erfuhren, daß ihr Sohn in Rußland gefallen sei, flaggten sie Schwarz. Jeder, der an ihrem Fenster vorüberging, blieb stehen und kondolierte. Und aus Ulli, der den Mädchen den Rock hochgehoben hatte, wurde ein toller Kerl, von dem man sich viel erhofft hatte. Frau Weber stand hinter der Fahne und nahm die Kondolenzen mit unbewegter Miene entgegen. Sie hatte eine Fotografie ihres Sohnes im Fenster stehen. Ulli war 21 Jahre alt geworden und hatte Flugzeugmechaniker werden wollen. Sein Vater trug eine schwarze Binde an seiner Jacke.

Ich betrachtete die Fotografie des Bamberger Reiters über meinem Bett, aber nichts änderte sich. Er schaute in eine Zukunft, die längst wieder Vergangenheit geworden war. In den Zeitungen las ich, daß die Alliierten in Italien gelandet seien. Der Winter stand bevor. Wir sammelten Ohrenwärmer und Wolldecken für die Soldaten in Rußland.

Paulchen fühlte sich getrieben, ein Gedicht auf Adolf Hitler zu schreiben. Er las es mir mit leuchtenden Augen vor und ging dabei auf und ab.

»Ich fühle in mir, daß ich ein Dichter werde«, gestand er, ohne mit der Wimper zu zucken, und las mir das etwas umfangreiche Gedicht, das mehr aus Reimen als aus Sinn bestand, noch einmal vor. Er hätte es mir noch ein drittes Mal vorgelesen, wenn ich nicht geflohen wäre.

»Du Banause!« schrie er hinter mir her.

Banause hin, Banause her, ich zog Huckleberry Finn vor und plante für später, nach Amerika auszuwandern. Meine

Freunde ähnelten den Freunden Huckleberry Finns so gut wie nicht, und der Main war nicht der Mississippi. Die Tornowstraße drohte immer enger zu werden, und man konnte leicht von meinem Fenster in die Wohnungen gegenüber schauen. Abends rasselten die Rolläden zur Verdunkelung herunter.

In dieser Zeit der kürzer werdenden Tage prophezeite Herr Pecht meiner Mutter für den 1. Dezember 1943 das Ende der Welt. Er prophezeite dies nicht nur meiner Mutter, so daß es nicht lange dauerte, bis so ziemlich jeder in der Tornowstraße und darüber hinaus den Termin des nahen Weltuntergangs kannte. Die Kunde drang von Wohnung zu Wohnung, kroch über die Treppen in die Mansarden, und morgens, wenn die Leute sich wuschen, wenn sie den Gasherd anzündeten, wenn die einen auf die Magermilch aufpaßten, die darauf lauerte überzulaufen, und die andern unter dem Wasserhahn hüpften, klatschten und tratschten sie darüber.

»Haben Sie schon das Neuste gehört? Die Welt geht am 1. Dezember unter.«

»Wer behauptet das?«

»Herr Pecht aus der Tornowstraße 6, und er hat es aus der Bibel.«

»Die ist doch längst überholt.«

»Man kann nie wissen.«

Bitte schön, was macht man, wenn man hört, die Welt gehe an diesem oder jenem Tag unter? Herr Fleischer wetterte, daß sei der reinste Mumpitz und untergrabe die Moral. Den Endsieg könne uns keiner nehmen.

»Warten wir ab!« beruhigte mich mein Vater.

Das war leichter gesagt als getan. Jeden Tag schaute ich nach Anzeichen des nahen Weltuntergangs. Die Schwalben waren schon längst nach Süden aufgebrochen, und die Spatzen beherrschten jetzt unangefochten unsere Straße. Die Ligusterhecken hinterm Zaun verloren die Blätter wie jedes Jahr. Das war nichts Außergewöhnliches. Es war auch nichts Außergewöhnliches, daß sich Rudi die rechte Hand verstauchte, um die Mathematikarbeit nicht mitschreiben zu müssen. Die Front zerbrach in Rußland, und die Russen zogen auf die polnische Grenze zu.

Vom Mond beschienen und mit phosphoreszierenden Flekken überdeckt, schlich ich am 30. November durch die Tornowstraße. Als ich in unser Treppenhaus trat, hörte ich die Familie Pecht singen. Nach dem Abendessen, das ich hastig in mich hineinstopfte, lief ich in das Zimmerchen, in dem mein Bruder und ich schliefen, und zog den Rolladen hoch. Über den Streifen Himmel zwischen den Dächern zuckte ein Meteor. Jetzt? Nein! Der Lärm vom Güterbahnhof drang ungeniert in meine Ohren: Trillerpfeifen der Rangierer, das Quietschen der Räder in den Kurven, die Signale der Lokomotiven, das Dröhnen der aufeinanderprallenden Puffer. Ein weiblicher Schatten, das Gesicht in einem kleinen Muff vergraben, huschte durch den bläulichen Schein der Laterne. Schlüssel rasselten, eine Haustür fiel zu. Jetzt? Nein! Ich ließ den Rolladen wieder runter und bereitete mich auf eine lange Nacht vor, die ich prompt verschlief. Am nächsten Morgen war nichts Außergewöhnliches geschehen, das auf den nahen Weltuntergang hingewiesen hätte. Der Rolladen erhob sich vor dem gewohnten Bild. In den Fensterscheiben gegenüber spiegelte sich der Morgen. Nirgendwo zeigten sich Risse. Die Erde hielt meinen Schritten stand. Herr Pecht verließ mit seiner Frau und seinen beiden Buben das Haus, sie eilten davon. Sie trugen Rucksäcke und warfen keinen Blick zurück.

Wußten sie mehr als wir? Wollten sie sich retten?

In der Schule vergaß ich den nahen Weltuntergang und deklamierte: »The dog has stolen the sausage.«

»Ein stimmhaftes S bitte!« schrie Dr. Vater, der in Oxford studiert hatte und so englisch aussah, wie ein Frankfurter englisch aussehen konnte.

Am Nachmittag steckte ich Paulchen Hagebuttensamen unter den Hemdkragen, und er schwor mir wieder einmal ewige Rache. Ich muß der Vollständigkeit halber bekennen, daß er es war, der mir am Tage zuvor auf dem Schulweg Hagebuttensamen unter die Hose gesteckt hatte. Wegen ehrfurchtslosem Kratzen am Hintern mußte ich eine Strafarbeit schreiben.

So fügte sich eins zum andern, und als der erste Dezember 1943 schließlich mit einem verwirrenden Abendrot zu Ende gegangen war, stand es unbezweifelbar fest, daß die Welt trotz allem beabsichtigte, noch weiter zu bestehen.

Meine Mutter erzählte mir am nächsten Morgen, daß Pechts spät in der Nacht zurückgekommen seien und wie die Indianer über die Treppe in ihre Wohnung geschlichen seien.

»Die Wege des Herrn sind manchmal sehr seltsam.«

Als ich Herrn Pecht ein paar Tage später auf der Treppe begegnete, machte ich ihn halb triumphierend, halb enttäuscht auf die Tatsache aufmerksam, daß die Welt nun doch nicht untergegangen sei.

Herr Pecht lächelte überlegen, beugte sich zu meinem Ohr herab und flüsterte geheimnisvoll. »Das glaubst du! Schau dich doch einmal in der Welt um!«

Mein Herz, der Vernunft nicht gehorchend, bebte und pochte; und alles umher schien deswegen so – und wieder auch nicht so.

## *»Gemeinschaft macht stark«*

»Eins, zwei, eins, zwei«, zählten wir laut und suchten Gleichschritt zu halten. Vor mir marschierte Rolf, der kurze Beine und einen prallrunden Hintern hatte. Er marschierte nicht, sondern watschelte, und ich gab mir die größte Mühe, ihm nicht auf die Fersen zu treten.

»Rechts e Pappel, links e Pappel, In de Mitt en Pferdeappel.«

Die Fahne flatterte uns voran, die Sohlen klebten auf dem Asphalt. Wir schwitzten und rochen, und der Fähnleinführer marschierte neben uns her und schrie: »Ein Lied!«

Wir begannen mit der schwarzbraunen Haselnuß und kamen nicht über die erste Strophe hinaus.

»Abteilung halt!« brüllte der Fähnleinführer und stemmte die Arme in die Seiten. Ich rannte in Rolfs Rücken hinein.

»Das ist kein Lied, das ist ein Gejaule!«

Er lief auf und ab, die Hände immer noch in den Seiten, und seine Stimme stieg hoch wie ein Drachen. Er nannte uns einen Sauhaufen von Jammerlappen und einen pickligen Knabenchor und was sonst noch. Er überbot sich in der Beschimpfung unserer Sangeskunst, daß es uns nur so in den Ohren knallte. Das Beste war dann noch, überhaupt nicht zu reagieren, einfach stillstehen, die Augen auf einen fernen Punkt gerichtet, und warten, bis dem Fähnleinführer die Luft ausging und er uns wieder in den Gleichschritt schickte.

»Eins, zwei, eins, zwei!«

Er schaute auf unsere Beine, die wie Pendel hochflogen und wieder zurückfielen. Ich marschierte in der vorletzten Reihe.

»Stechschritt!«

Meine Arme und Beine schienen sich zu verselbständigen, mein Körper wurde eine Maschine und meine Knochen ein rotierendes Gestänge. Ich knirschte. Mit einem hastigen Blick prüfte ich, ob ich in der Reihe blieb. Die Nebenmänner links und rechts taten das gleiche. Ein Befehl entließ uns wieder in den Marschschritt.

Augenmaß mußte man haben.

Die Pappeln der Bismarckallee zogen vorüber. Es begann zu regnen, und die Nässe versammelte sich in meinem Rücken. Die Haare klebten an der Stirn fest und bildeten ein Gitter vor meinen Augen.

Aus der Nase fließt das Blud,
Die Bei' hawwe si uns abgehackt,
Awwer uns gehts ghud,
Aus der Nase fließt das Blud,
Die Bei' hawwe se uns abgehackt,
Awwer uns gehts ghud.

Regentropfen spritzten uns in den Mund. Rolfs Strümpfe waren bis zu den Schuhen herabgerutscht. Es sah aus, als balanciere er auf Bojen. Im nassen Glanz blinkte die Kuppel der Festhalle. Die graublaue Nässe des Asphalts wurde von vorbeifahrenden Autos hochgewirbelt und gegen unsere Beine geschleudert. Im Regendunst verschwanden die Häuser fast, und die Regenschirme der Passanten standen schräg im Wind. Es war, als schöben sich die Riesenkörper der Häuser aus dem Luftraum herüber in einen anderen, unbekannten Raum. Es schimmerten von dort ihre Konturen herüber, die ineinander verwobenen Karyatiden, Erker, Balkone und Fensterreihen. Die Straße stand Spalier.

Wir trotzten dem Regen, und unser Fähnleinführer marschierte auf der Höhe der Fahne. Sein Braunhemd war vor Nässe schwarz. Unter ihm zeichneten sich seine kantigen Schultern ab, die rhythmisch vorwärts drängten.

Vor dem Hauptbahnhof standen Kofferträger und schauten zu uns herüber.

»Bei einem solchen Wetter läßt man keinen Hund vor die Tür.«

Unser Fähnleinführer fixierte den Mann wie einen Schwachsinnigen.

»Wir sind keine Waschlappen!« schrie er und drehte sich um sich selbst.

Auf dem Hauptbahnhof trug Atlas die Welt auf seinen Schultern.

»Eins, zwei, eins, zwei.«

Unser Fähnleinführer hielt seinen schmalen Kopf in den Regen. Er zeigte seinen Stolz mit jedem Schritt, er federte in den Knien, er präsentierte uns Frankfurt. Ich sah Gesichter in den Fenstern. Aus den Eingangstüren des Schumanntheaters glomm Licht und kroch über den Asphalt. Der Marsch wollte kein Ende nehmen, und die Lieder gurgelten in unseren Kehlen. Jedesmal, wenn die Müdigkeit in meine Augen zu steigen drohte, riß ich den Kopf hoch.

Ich marschierte nicht mehr, es marschierte.

Wir waren ein langgezogenes Rechteck. Passanten blieben stehen und grüßten die Fahne, die von der Nässe bewegungslos geworden war. Wir marschierten durch die Hohenzollernallee in die Bismarckallee, wir marschierten durch Pfützen, in denen wir das Spiegelbild eines wolkenverhangenen Himmels zertraten. Wir ließen die Schultern hängen.

Und schon wieder peitschte uns ein »Eins, zwei, eins, zwei« zum zielstrebigen Aufrechtgehen.

Auf dem Paradeplatz schrie unser Fähnleinführer: »Abteilung halt!«

Weiter kam er nicht. Nach einem so langen Marsch waren wir des Stillstandes entwöhnt und stolperten aufeinander. Unser Fähnleinführer griff sich mit beiden Händen an den Kopf. Der Regen hatte nachgelassen, und helle Flecken zeigten sich auf den Wolken. »Ihr seid ein Sauhaufen!« brüllte er und wandte sich empört von uns ab. Nach einigen Versuchen gelang es uns schließlich, perfekt auf seine Befehle zu reagierten. Perfekt! Es hätte nicht viel gefehlt, und er wäre mit einem Lineal unsere Reihen entlanggegangen, um unsere Schuhspitzen in eine gerade Linie zu rücken. Er liebte Regelmäßigkeit und Symmetrie. Am meisten liebte er breite, gradlinige Straßen, durch die er uns marschieren lassen konnte. Verträumt schaute er auf ein Ziel hinter der Siedlungsfassade des Kuhwalds. Das Ende einer Straße war immer der Anfang einer anderen Straße. Er reckte sich in die Höhe. Er wünschte, wir flögen nur so dahin, und die Straßen strömten uns entgegen, eine nach der anderen. Er wünschte, daß die ganze sphärische Oberfläche unseres Planeten wie durch Schlangenringe durch schwarzgraue Häuserkuben eingefaßt würde, daß die ganze von Straßen zusammengedrängte Erde im kosmischen Linienlauf die Endlosigkeit wie ein gradliniges Gesetz durchschnitte, daß ein Parallelstraßennetz, durchkreuzt von einem andern Parallelstraßennetz, sich mit den Flächen der Quadrate und Kuben in die Himmelsabgründe bohrte: Für jeden Stadtbewohner je ein Quadrat, für jeden Deutschen je ein Quadrat.

Er starrte uns erwartungsvoll an, sah aber auch die weite Kluft zwischen uns und unserer Zukunft. Ob wir es je schaffen würden?

»Gemeinschaft macht stark!« brüllte er und gab es uns mit auf den Heimweg. Er blieb selbst versonnen zurück. Er war ein Idealist, der Großes mit uns vorhatte, und wir begriffen es nicht.

»Der ist glatt verrückt, uns so lange durch den Regen latschen zu lassen«, stellte Rudi fest, als wir außer Hörweite waren.

Meine Mutter war mit meinem Aussehen überhaupt nicht zufrieden, als ich mit bläulicher Gänsehaut nach Hause kam.

»Du siehst aus wie ein Gehenkter.«

Meine Jacke und Hose waren beim Trocknen zusammengeschrumpft und beengten mich unter den Armen und zwischen den Beinen. Ich protestierte.

»Schau dich nur im Spiegel an«, riet mir meine Mutter.

Ich war nicht auf mich selbst gefaßt und schaute an mir vorbei.

»Gemeinschaft macht stark«, sagte ich etwas unvermittelt.

»Was du nicht sagst!«

Ich klapperte mit den Zähnen. Der Tag endete in einem Schüttelfrost, und in der Nacht fantasierte ich:

»Eins, zwei,

Eins, zwei!«

Ich verwandelte mich in eine stromlinienförmige Maschine und schoß durch die Straße. Hüte hoben sich von den Köpfen und legten ehrerbietige Stirnen frei. Ich versuchte mich zu wehren, aber ich konnte den Panzer der Maschine nicht abstreifen. Alle Passanten sahen plötzlich aus wie unser Fähnleinführer und zeigten auf Postkarten das Vexierspiel der Zukunft. Bei näherem Hinsehen entpuppte sich die Maschine als ein schwarzes Loch.

Als ich in der Nacht aus den Träumen aufschreckte, saß meine Mutter an meinem Bett. Sie hatte ein nasses Tuch auf meine Stirn gelegt.

»Du redest ja im Schlaf.«

Sie war nur ein Schatten. Das Licht, das durch die Türritzen drang, reichte gerade aus, ihre Umrisse anzudeuten.

Über eine Woche hütete ich das Bett und enträtselte die verschlungenen Figuren der Tapeten. Wenn man lang genug auf etwas starrt, wird es zum Menetekel.

Jeden Abend umwickelte meine Mutter meine Waden mit einem kühlnassen Handtuch; es half nicht viel. Das Fieber blieb, und aus den Fugen der Zeit krochen seltsame Beunruhigungen. Am nächsten Wochenende erklärte mir meine Mutter: »Du bist noch krank und bleibst im Bett!«

Am späten Abend klingelte der Fähnleinführer. Er wollte wissen, ob ich denn tatsächlich krank sei. Ich hörte, wie er mit meiner Mutter redete, die ihm mehrfach sagte: »Er hat Fieber. Sie können es ihm messen, wenn Sie Wert darauf legen!«

Der Kopf des Fähnleinführers erschien in der Türspalte, betrachtete mich mißtrauisch und wünschte mir eine gute Besserung. Er hatte einen Blick, der einen auf der Stelle zum Drückeberger machte. Meine Mutter drängte ihn zur Seite und schlug die Tür zu. Ein knappes »Heil Hitler« kündigte seinen Abschied an.

»Das sind Kinder und keine Soldaten«, rief meine Mutter hinter ihm her. Ich wartete, bis die Haustür zufiel. Dann holte ich meine Lektüre unter der Bettdecke hervor und stellte mich an die Seite des Löwen von Flandern. Mein Herz brannte. Ich spürte den Luftzug der Fahne. Kriege mordeten durch meine Träume.

Es war mein Großvater, der mich wieder in die Wirklichkeit zurückbrachte.

»Du kannst zehnmal ein tapferer Kerl sein und viele Fußmärsche gemacht und den Großen Feldberg bestiegen haben, aber bitte schön, ein Dummkopf darfst du nicht sein.«

Es war gar nicht so leicht, kein Dummkopf zu sein.

Im Sommer 1942 fuhr unser Fähnlein mit der Bahn nach Rommelshausen im Vogelsberg. Jeder trug einen von einer Kolterrolle umrahmten Tornister mit drei Hemden, drei Unterhosen, drei Paar Strümpfen und dem Waschzeug. »Nur das Notwendigste!« hatte unser Fähnleinführer geraten, der sich schon rasieren mußte.

Nur das Notwendigste.

Rudi, der vor Aufregung ununterbrochen quasselte, sagte mit der Nase am Abteilfenster: »Wenn ich meinen Tornister zehn Kilometer trage, habe ich eine Delle im Rücken.«

In Rommelshausen wurden wir auf verschiedene Bauernhöfe verteilt. Wir spülten Pellkartoffeln mit frischer Milch herunter. Durch die kleinen Fenster der Stube, in der wir am unteren Ende eines großen Tisches saßen, schimmerte der Hof mit Rosensträuchern und Malven und dem violetten Abgrund eines offenen Pferdestalles. Eine alte Frau mit einem schwarzen Umhang saß auf der Türschwelle und weinte vor sich hin. Man hatte uns gesagt, sie habe den Verstand verloren. Von den Weideplätzen kamen Kühe zurück. In der Dämmerung glänzten ihre Augen in allen Regenbogenfarben. Es war, als gäbe es keinen Krieg auf der Welt.

In der Scheune roch es betäubend nach frischem Heu. Wir alberten herum, bis wir vor Erschöpfung einschliefen. In der Nacht weckte uns ein Gespenst, das sich jedoch als unser Fähnleinführer erwies.

Am nächsten Morgen mußten wir schon um sieben Uhr antreten. Wir waren alle noch so verschlafen, daß wir mehr wankten als gingen. Der Fähnleinführer stellte sich vor uns hin, schnickte seine flachsblonde Haarmähne zurück und erklärte uns in einem weihevollen Ton, daß das Blut unser Schicksal sei. Er dampfte nur so vor Unternehmungsgeist. Die Bauern fuhren mit ihren Heuwagen an uns vorüber und knallten mit der Peitsche, so daß Rudi zusammenzuckte. Wir lachten über seine Angst. Wir befanden uns in jenem ausgelassenen und verzückten Zustand, den so eine ungewöhnliche Situation wecken konnte: der Morgenglanz auf den roten Dächern und das Geflimmer der Sonne im Laub der Dorflinde. Schwalben schossen an uns vorüber. Der Schäferhund im Hof gegenüber kroch, seine Hütte hinter sich herziehend, auf uns zu und bleckte die Zähne.

»Stillgestanden!« schrie unser Fähnleinführer, und der Hund stellte sich auf die Hinterbeine.

Wir marschierten aus dem Dorf in die Wiesen, über denen die Lerchen trillerten. Staub stieg zwischen unseren Beinen hoch. Im Wald schoben sich Lichtschächte durch das plötzliche Halbdunkel. Es war ein vollkommener Tag.

Unser Fähnleinführer genoß diesen Ausnahmezustand. Wir waren ihm ausgeliefert, und er ließ uns wie Marionetten an seinen Befehlen zappeln.

Er konnte den Hals nicht voll genug kriegen. Wir machten einen Waldlauf, bis der Schweiß uns in die Augen drang und die Bilder auslöschte. Wir, die wir keine Uniform trugen, waren nur das übliche lästige Anhängsel. Die Verachtung des Fähnleinführers lag auf uns. Er schien sich zu wundern, daß wir überhaupt laufen konnten. »Erst durch die Uniform erhält die Würde eines Deutschen ihren letzten Anstrich«, hatte er einmal gesagt. Als wir dann zur Spitze vorpreschten, schrie er, wir sollten in der Reihe bleiben. So fielen wir wieder zurück und übertrieben die Langsamkeit unserer Fortbewegung. Zwischen den Baumwipfeln tanzte das Blau.

Es war ein vollkommener Tag, und ich vergaß, daß ich nicht zu Hause war. Vor uns weitete sich der Wald, erfüllt von getragenem Rauschen und majestätischer Dämmerung, hinter der das Sonnenlicht spielte. Auf unserem Weg zogen Wagenspuren dahin, in denen hie und da noch Pfützen vom letzten Regen standen. Der blonde Schopf unseres Fähnleinführers wehte an der Spitze. Sein Braunhemd ergraute im Schweiß.

Es war ein vollkommener Tag, vom Gesang der Vögel und unserem schweren Atem beherrscht. Das Laufen wurde zur selbstverständlichsten Sache der Welt, und die Entfernungen schmolzen unter unseren Schritten nur so dahin. In einem weiten Bogen liefen wir wieder aus dem Wald heraus, so daß wir für einen Augenblick von der Sonne geblendet waren, bis wir den grünen Schwang der Wiesen erfassen konnten. Gebüsch verriet den Lauf eines Baches. Unser Fähnleinführer stürmte mit einem Schrei in ihn hinein und stampfte durch das Wasser. Wir folgten seinem Beispiel, glitten auf den glitschigen Steinen aus und stürzten kopfüber in die Strömung. Unser Gejohle trieb Fasane aus dem Versteck.

Als wir uns ausgetobt hatten und von Kopf bis Fuß naß waren, rissen wir uns die Uniform- und Kleidungsstücke vom Leib und hängten sie in die Büsche zum Trocknen auf. Es war ein vollkommener Tag. Da geschah es.

Einer schrie: »Du bist ja beschnitten«, und zeigte mit dem Zeigefinger höhnisch auf mein Geschlecht. Seinem Zeigefinger folgten die Blicke der anderen.

Ich hielt meine Hände schützend vor mich.

»Was heißt beschnitten?« wollte Rolf wissen und schaute an sich selbst hinunter.

»Er ist ein Jude!«

»Ein Jude?«

Von Parolen aufgewiegelt, fielen sie über mich her, und ihre nackten, nassen Leiber begruben mich unter sich. Ich schlug mit den Fäusten um mich und versuchte, die Last von mir abzuwälzen. Ich war nicht Samson, doch ein mir unbekannter Ekel verlieh mir ungeahnte Kräfte. Ich hörte Schmerzensschreie über mir. Die eigenen Schmerzen trieben mich nur noch mehr an. Erde kam mir zwischen die Zähne und schmeckte bitter. Über die Augen fiel mir ein fließender Blutschleier. Schließlich konnte ich mich befreien, taumelte einige Schritte zurück, senkte den Kopf und stieß ihn mitten in den Knäuel zuckender Leiber.

»Laß dir nichts gefallen!« hatte mir meine Mutter immer wieder geraten. »Laß dir nichts gefallen!«

Das ist leichter gesagt als getan. Meine Wut drohte zu verebben. Da schrie einer: »Reiß ihm die Eier ab!«

Ich stieß ihm die Faust in den Magen. Wieder warfen sie sich über mich.

»Aufhören!« schrie unser Fähnleinführer, und sein Glied stand wie ein Fahnenmast von ihm ab.

»Seid ihr verrückt geworden!«

Ich rappelte mich hoch und wischte mir das Blut aus dem Gesicht. Rolfs Kopf pendelte mit geschlossenen Lidern, das zerschundene Gesicht hielt er in die Sonne, ein verschwommenes, kindliches Lächeln spielte darauf.

»War das ein Kampf!« stammelte er.

Abends am Lagerfeuer unternahm unser Fähnleinführer den kläglichen Versuch, die medizinischen Hintergründe meiner Beschneidung zu erklären. Es machte die Sache nur noch schlimmer. Jetzt war man überzeugt, daß ich eine ansteckende Krankheit habe und darüber hinaus noch Jude sei.

Die Nacht hing violett, lastend wie ein farbiger Bergfels. Dazwischen liefen die Adern erstarrter Bäche, ein Stern tauchte in einen Schacht schwarzer Wolken.

Ich schlief die Nacht nicht und wälzte mich im Heu herum. Schmerzen liefen durch meinen Körper. Ich hörte das Rasseln der Ketten im Kuhstall. Es klang, als würden die Waffen für das letzte Gefecht zusammengetragen.

Der Schlaf kam wie ein Raubtier.

Meiner Mutter erzählte ich nichts von der Keilerei und bagatellisierte die blauen Flecken auf meinem Körper.

Es fiel mir nicht leicht, so mir nichts dir nichts in den Alltag zurückzusteigen. Die Welt hatte sich verändert. Überall drohten die Zeichen der Gemeinschaft. Ein paar Wochen hielt ich mich von meinen alten Freunden fern und las Huckleberry Finn. Dann schellte Rudi und erklärte an unserer Haustür, sie bräuchten einen Tormann für ein Fußballspiel. Ich ging auf der Stelle mit ihm. So verrückt ist der Mensch.

## *Rittersporn*

»Wir leben in einer Zeit, grausamer als wir fassen können, und dennoch wachsen Blumen«, erklärte Onkel Peter, der freilich eher ein theoretischer Gärtner war und auf der Suche nach dem idealen Garten Bücher um Bücher wälzte.

Mindestens einmal in vierzehn Tagen ging er in die Volksbücherei, um sich in der Gartenliteratur umzusehen. Da vertiefte er sich in die Pläne herrschaftlicher Gärten vergangener Zeiten, zeichnete eigene Entwürfe und vergaß, daß es Krieg war und daß er in seinen Geschichtsstunden vom Krieg reden mußte.

Der Garten meiner Großmutter, der sich hinter dem Haus treppenartig bis zur Mauer an der Weidenbornstraße erstreckte, wurde vom Sommer bis zum Herbst vom unbeschreiblichen Blau des Rittersporns beherrscht. Onkel Peter nahm die Parade der Stauden ab, und es kam schon einmal vor, daß er, den Blick in das Blau gerichtet, über die Einfassung eines Beetes stolperte und zwischen die Blumen stürzte.

Für die Romantiker ist die Wirklichkeit stets eine tückische Wildnis. Onkel Peter war ein unverbesserlicher Romantiker und überließ seine Gedanken einer besseren Zukunft. Mein Vater lebte für den Augenblick. Wenn wir zur Blütezeit des Rittersporns bei meiner Großmutter in der Obernhainer Straße zu Besuch waren, schnitt er, kurz bevor wir wieder aufbrachen, einige Rispen ab und band sie zu einem Strauß. Schon in der

Straßenbahn begann der Herbst, und die Blüten rieselten zu Boden. Am nächsten Morgen war die Vase auf unserem Wohnzimmertisch von verblaßten Rittersspornblüten umsäumt, und die nackten Rispen drohten wie Finger.

Onkel Peter nannte meinen Vater einen Blumenmörder, was dieser überhaupt nicht gern hörte. Er wehrte sich mit der Behauptung, alle Schönheit sei vergänglich und man müsse sie genießen, wenn sie sich gerade frisch entfalte. Ich versuchte mir vorzustellen, wie alles, was ich liebte, verging und verschwand. Es wurde mir schwindlig bei diesem Gedanken.

Der Rittersporn erstrahlte jeden Sommer aufs neue in seiner Pracht, und ich konnte die Uhr meiner Erwartungen nach seiner jährlichen Wiederkehr stellen, wenn sein Blau, von Hummeln umsummt, sich wie eine Theaterkulisse im Hintergrund des Gartens meiner Großmutter ausbreitete.

Einmal hörte ich, wie mein Vater vor dieser Kulisse Onkel Peter riet, eine Frau zu nehmen. Onkel Peter tat so, als habe er meinen Vater nicht verstanden.

Es bemühten sich viele Frauen um ihn, aber auch um mich, um mit ihren mütterlichen Gefühlen auf diese Weise auf sich aufmerksam zu machen. Wir spielten Versteck im Garten und tauchten in das Blau des Rittersporns. Onkel Peter hielt sich abseits und lobte Harras, wenn dieser ein Hölzchen apportierte.

Meine Mutter war der Meinung, Onkel Peter habe ein jähes Lächeln voll Güte, aber diese Güte sei eine sanfte, hilflose Güte, die um Distanz flehte. Tatsächlich war er immer auf dem Sprung, sich zu verabschieden.

Eine ständige, sonntägliche Besucherin im Hause meiner Großmutter war »das Große«, eine Kollegin und Freundin Tante Ellas. Sie überragte Onkel Peter um einen Kopf und bedurfte wegen ihrer Größe gar keines eigenen Namens. Sie war eben das Große. Ihre Züge waren zart und wirkten noch unfertig wie die Züge eines Kindes. Eine Fülle dunkel-rötlichbraunen Haares, das sie über den Ohren zu Schnecken gerollt trug, betonte die Blässe ihres Gesichts. Zwei runde, weit geöffnete Augen blickten mit einem leicht bestürzten, offenherzigen Ausdruck unter diesem Haar hervor. Wenn sie lächelte, schloß sie die Augen. Sie überragte auch den Rittersporn, so daß ihr Kopf auf dem Blau zu schwimmen schien.

Ich verehrte sie und ließ mir von ihr sogar Märchen vorlesen, wenn ich auch schon längst aus der Welt der Aschenputtel und Schneewittchen zu Sigismund Rüstig und dem Flieger Udet vorgestoßen war. Das Große hatte eine Stimme, die alles in ein Märchen verwandelte. Sie sprach die Wörter nicht aus, sondern hauchte sie aus. Sie trug lange, wehende Kleider, die an griechische Gewänder erinnerten, wie ich sie aus Gustav Schwabs *Sagen des klassischen Altertums* kannte. Sie hatte die Begabung, Ringe, Armbänder, ihre Schirme und Handtaschen zu verlieren, ohne sich darüber aufzuregen. Mein Vater nannte sie Iphigenie, und sie wirkte tatsächlich wie aus einer Tragödie, alles Unheil ahnend, zugleich aber mit einer sanften Handbewegung alle Verzweiflung verscheuchend. Sie aß so gut wie nichts und teilte ein Stück Kuchen in winzige Stückchen, die sie, wie um Verzeihung bittend, mit der Gabel aufspießte und zum Mund führte.

»Sie lebt nicht, sondern verabschiedet sich vom Leben«, sagte meine Mutter, die das Große sehr gern hatte und am liebsten mit Onkel Peter verheiratet hätte.

Aber es kam nicht dazu. Onkel Peter ging dem Großen aus dem Weg, um nicht an ihr hochsehen zu müssen, und spielte Mendelssohn-Bartholdys *Lieder ohne Worte*. Der Herbst eroberte den Garten, und die Trauerweide wirbelte mit ihren Ästen im Wind wie mit Geißeln.

Im nächsten Sommer wuchs der Rittersporn auch in unserem Gärtchen, das zwölf Schritte lang und drei Schritte breit war. Mein Großvater nannte es ein Gemüsehandtuch. Es war bei den Schnecken sehr beliebt, die uns fast nichts von dem Salat übrigließen. Den Rittersporn setzte mein Vater in das letzte Beet am Zaun, der die Gärtchen der Tornowstraße von denen der Müllerstraße trennte.

Er hatte sich für die Sorte »Die kleine Nachtmusik« entschieden. Sie richtete sich an dem Zaun hoch und hielt ihre himmelblauen Rispen wie Baldachine über die Tomaten unseres Nachbarn, die in dem erzwungenen Schatten nur zögerlich reiften. Herr Fürst, der im Stadtarchiv arbeitete und lederne Ärmelschoner an seiner Jacke trug, begutachtete jeden Nachmittag nach seinem Dienstschluß den Reifezustand seiner Tomaten, neben ihm seine breitbrüstige Frau in grauer Bluse. Sie gehörte zu denen, die ihre Begeisterung mit schrillen Schreien allen kundtun, jedoch nicht nur ihre Begeisterung; sie wurde noch lauter, wenn Enttäuschung sie heimsuchte. Das klägliche Wachstum ihrer Tomaten entsetzte sie geradezu, und sie schrie wie eine Wagnersängerin. Mein Vater schloß unser Küchenfenster und beobachtete Frau Fürst durch die Maschen des Vorhangs.

Der Krieg tobte an allen Fronten, und an unserem Zaun kam es zur Entscheidungsschlacht zwischen dem Rittersporn und den Tomaten, die der blauen Pracht nicht gewachsen waren und vor Neid grün blieben. Herr Fürst war außer sich, litt mit seinen Tomaten und drohte, persönlich gegen den Rittersporn antreten zu wollen. Schließlich seien seine Tomaten im reifen Zustand eine willkommene Zukost, auf die er und seine Frau nicht verzichten wollten.

»Was können wir in unserer Zeit nationaler Bewährung schon mit Rittersporn anfangen? Können Sie mir das sagen?«

Meine Mutter betrachtete voller Wehmut ihren siegreichen Rittersporn und wandte ein: »Was wollen Sie denn! Sie haben doch Ihre Tomaten. Gut, sie sind grün, aber grün schmecken sie zum Salat am besten.«

Herr Fürst errötete anstelle seiner Tomaten, stürzte zum Haus zurück, kam mit einer Gartenschere zurück und beschnitt über den Zaun hinweg den Rittersporn, der ihm selbst über den Kopf reichte. Bald war der Boden mit Blüten übersät. Meine Mutter hob den Rechen, ließ ihn jedoch wieder sinken und sagte mehr zu sich: »Mir ist der Rittersporn unentbehrlich geworden wie Zucker, obwohl Zucker nicht unentbehrlich ist. Man kann ohne ihn leben, und wir haben die beiden letzten Kriegsjahre fast ohne Zucker gelebt. Der eine hat ihn durch Kunsthonig ersetzt, der andere durch Sacharin, der dritte durch nichts. Davon stirbt man nicht, aber davon lebt man auch nicht.«

Ich war überrascht, wie ruhig meine Mutter blieb. Sie ließ den Rechen fallen, drehte sich abrupt um und ging ins Haus zurück. Es war etwas Außerordentliches geschehen, das ich in seiner Tragweite gar nicht fassen konnte. Ich sah, wie die Schultern meiner Mutter zuckten.

Eine Welle hilflosen Hasses packte mich, und am liebsten wäre ich an den Zaun zurückgelaufen und hätte den Rechen mit aller Kraft auf Herrn Fürsts Kopf gedroschen.

Als mein Vater am späten Nachmittag vom Dienst zurückkam, fiel ihm meine Mutter um den Hals und berichtete ihm, den Mund nahe an seinem Ohr, was geschehen war.

»Und das Entsetzliche daran ist, daß er wahrscheinlich recht hat. Es ist Krieg, und wir müssen uns mit dem begnügen, was uns nützt, aber ...«

Mein Vater zog den Atem zwischen den Zähnen ein und sagte: »Den Herrn Fürst knöpfe ich mir vor!«

Meine Mutter schüttelte energisch den Kopf. »Ich kann schon ohne Rittersporn leben. Aber wie öde ist dann die Welt. Wo kommen wir nur hin, wenn wir nur das tun, was uns am Leben erhält.«

»Das reimt sich ja«, sagte mein Vater und lächelte gequält.

Soweit ich weiß, hat er sich Herrn Fürst nicht vorgeknöpft. Dieser versteckte sich hinter dem deutschen Gruß und erntete, ohne einen Blick auf unser Küchenfenster zu riskieren, seine Tomaten. Seine Frau stand hinter ihm.

Meine Mutter schaute nicht zu. Im frühen Herbst war der Rittersporn wieder bis zur Mannsgröße gewachsen, und Lastwagen holten Schlitten für den Krieg in Rußland.

Im Winter stand meine Mutter am Küchenfenster und zeigte auf die beschneiten Ritterspornstauden.

»Nächstes Jahr ist er wieder da. Das ist etwas, worauf wir uns wirklich freuen können.«

## *Wozu sind wir auf der Welt?*

Als Herr Thorn die Nachricht erhielt, daß sein Sohn in Rußland gefallen sei, betrank er sich und lief schreiend durch die Tornowstraße. Wir brachten uns vor ihm in Sicherheit und beobachteten ihn aus sicherer Distanz, wie er mit der Faust auf Briefkästen drosch.

Seine Frau lief ihm nach, blieb jedoch schon nach wenigen Schritten schwer atmend stehen und forderte ihn mit schriller Stimme, die in ein Gurgeln überzukippen drohte, auf: »Mann, komm nach Hause, mach unser Unglück nicht noch größer!«

Sie wischte sich mit dem Taschentuch den Schweiß von der Stirn und lehnte sich mit gespreizten Beinen an einen Briefkastenpfosten. Als Herr Thorn auf sie aufmerksam wurde, drehte er sich im Kreise und schüttelte beide Fäuste.

»Mörder, Mörder!« schrie er nach allen Seiten.

Fenster öffneten sich, Frauen blieben auf dem Trottoir stehen.

»Wen meinen Sie denn?« fragte ihn Herr Dümmler, der mit nacktem Oberkörper am Fenster stand. Herr Dümmler trieb Sport und zeigte sich gern in der Pose des Siegers mit geschwellter Brust und eingezogenem Bauch. Von ferne erinnerte er an eine griechische Statue, aber wirklich nur von ferne.

»Mörder, Mörder!« wütete Herr Thorn weiter, nicht im geringsten von dem Fensterauftritt Herrn Dümmlers beeindruckt, der ihm unwillig zurief: »Seien Sie doch ruhig!«

»Mörder, Mörder!«

Herr Thorn stampfte mit den Füßen auf. Sein Geschrei ertrank in Tränen. Er winkelte den Arm und hielt ihn vor die Augen. Seine Frau hatte ihn endlich erreicht und zerrte an seiner Jacke.

»Komm!«

Er riß sich wieder los und torkelte weiter. Seine Stimme war ganz heiser geworden, und die Worte erkalteten in seinem Mund. Er krümmte sich zusammen, als schäme er sich seiner Aufwallung, und wankte auf seine Frau zu, die ihn unbeholfen in die Arme nahm. Überall hingen Neugierige in den Fenstern.

»Jetzt küßt sie ihn«, murmelte Paulchen hinter der Ligusterhecke.

Herr Thorn versuchte, sich von seiner Frau loszuwinden, aber sie klammerte sich so fest an ihn, daß er fast das Gleichgewicht verlor. Sie sagte etwas zu ihm, was wir jedoch nicht verstehen konnten. Herr Thorn schien seinen Widerstand in den Armen seiner Frau aufgegeben zu haben, aber schon beim ersten Schritt warf er sich zurück und kam wieder frei. Er schwankte unter dem Ansturm seiner Trauer. Sein Hemd hing ihm über die Hose. Hinter ihm erschien Herr Dümmler in Hemd und Schaftstiefeln.

»Wer ist der Mörder?«

Herr Dümmler schob seinen Oberkörper vor, so daß ich fürchtete, er könnte vornüberkippen.

Herr Thorn starrte sein drohendes Gegenüber an und sagte mit kaum hörbarer Stimme: »Mein Sohn ist gefallen.«

Herr Dümmler schlug die Hacken zusammen und schnarrte: »Darf ich Ihnen mein herzlichstes Beileid aussprechen.«

Herr Thorn deutete eine Verbeugung an und knickte im rechten Knie ein.

»Mein Sohn ist gefallen«, wiederholte er und kam in einer Drehung wieder hoch. Seine Frau packte seine Hand und versuchte, ihn wieder an sich heranzuziehen.

Herr Dümmler löste sich aus seiner militärischen Starre und wandte sich an Frau Thorn.

»Am besten, Sie gehen mit ihrem Mann auf der Stelle nach Hause, ehe er noch Sie und sich mit seinen unüberlegten Worten unglücklich macht.«

Herr Thorn gab sich einen Ruck und schrie: »Unglücklich sind wir schon. Man hat meinen Sohn umgebracht.«

»Was heißt hier umgebracht? Er ist für das Vaterland gefallen, für uns ...«

»Und was haben wir davon?«

Herr Dümmler warf Feldwebelblicke auf Herrn Thorn, der sich trotzig vor ihm aufbaute, so sehr sich auch seine Frau anstrengte, ihn wegzuzerren.

Wir verließen neugierig auf das, was jetzt geschehen würde, unser Versteck. Kaum hatte jedoch Herr Thorn uns entdeckt, stürzte er auf uns zu, fuchtelte mit den Armen herum, als müßte er die Worte wie Vögel fangen.

Paulchen trat einige Schritte zurück, Rudi blieb stehen, und ich lief Herrn Thorn in die Arme. Er packte mich am Kragen und schüttelte mich. »Heckmann, warum lebst du, und Erich ist tot?«

Mir fiel ein, daß ich einmal die Küchenfensterscheibe von Thorns eingeworfen hatte. Absichtslos, denn wenn ein Stein die Hand verläßt, hat man keine Gewalt mehr über ihn. Herr Thorn war zu meiner Mutter gegangen und hatte auf Bezahlung der Fensterscheibe bestanden. Jetzt war der Augenblick der Rache gekommen. Was war mein Leben gegenüber dem Leben von Herrn Thorns Sohn wert? Meine Gedanken verhedderten sich. Die Alkoholfahne flackerte vor meiner Nase. Verzweiflung stieg in meine Augen. Ich raffte mich zusammen und stammelte: »Was wollen Sie von mir?«

»Du hast doch Erich gekannt? Er hat dich, als du klein warst, auf den Schultern getragen. Erinnerst du dich?«

Natürlich erinnerte ich mich. Erich hatte mir das Purzelbaumschlagen beigebracht, Erich hatte mir Geschichten vorgelesen, Erich hatte mich durch seine Grimassen zum Lachen gebracht. Dann hatte Erich plötzlich eine Uniform getragen, deren Kragen das Muttermal an seinem Hals verbarg. Was hatte ich getan, daß Erich nicht mehr lebte?

Erich war das einzige Kind, und Herr Thorn wollte aus ihm machen, was er selbst nicht werden konnte. Erich sollte studieren, sollte Wissenschaftler werden, sollte ... Er trug eine Brille, die kein Lächeln gestattete. Als er noch ins Gymnasium ging, brannte das Licht in seinem Zimmer bis spät in die Nacht.

Bei Thorns war alles so sauber, daß es zu leuchten schien. Im Wohnzimmer hingen zahllose Fotografien von Erich: Nackt auf dem Bärenfell, mit einer Matrosenmütze, vor dem Affenkäfig und zwischen seinen Eltern. Der Vater schaute ernst auf ihn herab, die Mutter ließ die Arme hängen.

Ich hätte es in einem Zimmer mit Bildern von mir nicht ausgehalten. Je älter Erich wurde, um so mehr entglitt er mir. Er trug Knickerbocker und schmierte sich Pomade in sein Haar. Mir sagte er, wie schön es gewesen sei, als ich noch ein Kind war. Das klang wie ein Tadel des Gegenwärtigen. Ich war kein Kind mehr und wußte, daß Erich ein Mädchen geküßt hatte.

Seit er an der Front war, lauerten Herr Thorn und seine Frau auf den Briefträger. Ich war nur noch ein paar Male bei ihnen. Ihre Wohnung wirkte wie ein Provisorium. Die Sessel waren unter Tüchern verborgen. Schwere Vorhänge verbannten den Tag aus den Räumen. Ich hatte Angst vor Herrn Thorn. Er saß direkt neben dem schwarzen Volksempfänger und hielt einen Finger an den Mund. Jetzt blickten mich seine Augen tückisch an. Ich duckte mich und rannte unter seinem Arm hindurch nach Hause.

»Warum so eilig?« fragte meine Mutter.

Ich erzählte ihr von Herrn Thorn und seiner Frau und von Herrn Dümmler in Schaftstiefeln. Aber ich war noch so aufgeregt, daß ich alles durcheinanderbrachte.

Am späten Nachmittag schaute ich Herrn Trageser zu, wie er in seinem Garten ein Huhn schlachtete. Es entwand sich seiner Hand und lief ohne Kopf durch die Erbsen. Eine blutige Spur blieb hinter ihm zurück. Der Kopf lag blicklos auf dem Hackklotz. Herr Trageser schlug das Beil in das Holz und wischte sich die Hände an seiner blauen Schürze ab. Als er das kopflose Huhn aufhob, übergab ich mich zwischen die Erbsen.

»Kannst du kein Blut sehen?« sagte Herr Trageser und hielt das Huhn hoch. Ich verdrückte mich und versuchte mir den Tod vorzustellen. Unwillkürlich faßte ich an meinen Hals.

Meine Mutter fragte ich, wozu wir denn auf der Welt seien. Sie schaute mich besorgt an. »Was machst du dir nur für Gedanken!«

Paulchen, dem ich dieselbe Frage stellte, hielt mich für dekadent. Das war für ihn ein neues Wort, das all das bedeutete, was er zutiefst verabscheute. Rudi schluckte nur. Das Leben ging weiter: Dreisatz, der Bamberger Reiter und die deutsche Seele.

Herr Thorn hängte sich in der Mansarde auf. Es kam nur noch selten vor, daß ich einen Purzelbaum machte. Der Tod lag wie ein Schatten über meinen Gedanken. Ein kopfloses Huhn lief durch meine Träume. Die Nächte waren endlos lang. Morgens putzte ich mir die Zähne und spuckte den Nachtgeschmack in das Waschbecken.

Hühnerfleisch aß ich erst viel später wieder, als ich mir selbst Pomade in die Haare schmierte. Den Blick von Herrn Thorn konnte ich nicht vergessen. Die kleinen Augen suchten unablässig etwas zu erraten, etwas zu ergründen. Herr Dümmler, das sei der Vollständigkeit halber gesagt, ging jetzt in Zivil.

## *Am Rande des Grabes*

Frau Scheibs Haare waren strähnig, dabei stark onduliert, und man glaubte, Versengtes zu riechen. Scheibs wohnten neben uns, und Frau Scheib beschenkte uns nicht nur mit dem Geruch ihrer verbrannten Haare, sondern auch mit dem Duft ihrer ostpreußischen Küche, der wie ein verirrter Hund durch das ganze Haus kroch.

»Ein Wunder, daß Herr Scheib noch am Leben ist!« sagte meine Mutter.

Herr Scheib war Lokomotivführer und selten zu Hause, so daß seine Frau sich jedesmal ausgiebig auf seine Heimkehr vorbereiten konnte. Sie legte mit der Brennschere Furchen in ihre grauen Haare und zeigte sich schüchtern den Nachbarinnen. Sie mochte fünfzig Jahre alt sein und trug noch immer Schnallenschuhe, die ihr bis zu den Knöcheln das Aussehen eines jungen Mädchens verliehen. Dabei hatte sie einen Sohn von fast dreißig Jahren, den wir nie zu Gesicht bekommen haben. Er habe einen hohen Rang bei der SS, tuschelte man. Es wurde viel getuschelt. Geheimnisse blieben keine Geheimnisse, wenn sie auch jeder mit der Bitte offenbarte, sie nicht weiterzuerzählen.

Hatte Frau Scheib tatsächlich einen Sohn?

Sie zeigte eine abgegriffene Fotografie herum, auf der ein junger blonder Mann in einer schwarzen Uniform zu sehen war. Paulchen wollte auch einmal eine schwarze Uniform tragen. Paulchen wollte so viel, daß ein Leben nicht ausreichen würde. Er wollte vor allem einen Sechszylinder.

Schämte sich der junge Scheib seiner Eltern, die sich keinen Sechszylinder leisten konnten? Seine Mutter entschuldigte ihn mit der Bemerkung, er habe jetzt Wichtigeres zu tun als zu Hause zu sein. Er stehe an der Front. Siegesmeldungen vom Polenfeldzug mischten sich mit Kohlgeruch, und Herr Scheib raste in einer Lokomotive durch Deutschland.

Wenn ich mit meiner Mutter in der Stadt war, suchten wir fast immer die Stille der Liebfrauenkirche auf. Wir lebten zwischen Güterbahnhof und dem Flugplatz Rebstock im Lärm. Lärm war überall und verscheuchte die Aufmerksamkeit. Wie sollte man sich konzentrieren können, wenn Herr Fleischer schrie: »Jetzt kommt es auf jeden einzelnen an!«

Ich war auch ein einzelner und versuchte mir vorzustellen, daß es auf mich ankomme.

Weihrauchgewürzte Dunkelheit beherrschte den Raum, und aus den Beichtstühlen drang das hastige Gewisper der Sündenbekenntnisse. Ich spitzte die Ohren. Einmal entdeckten wir Herrn Scheib, wie er vor der Madonna eine Kerze anzündete. Seine Lippen zitterten im Gebet. Den Kopf hielt er geduckt, als wollte er einen Anlauf nehmen. In seinen Augen spiegelten sich die Lichtzungen der Kerzen. Als er an uns vorüberging, schaute er schnell zur Seite und beschleunigte seine Schritte. Auch als ich ihn ein paar Tage später im Hausflur sah, gab er sich alle Mühe, fremd zu sein, und schaute zur Seite. Frau Scheib erklärte meiner Mutter: »Sie müssen wissen, er macht sich Sorgen.«

»Wer nicht in diesen Tagen?«

»Es ist noch viel schlimmer; er will nichts mehr von seinem Sohn wissen.«

Tränen traten in ihre Augen, und ihre Stimme stockte. Es kam jetzt schon einmal vor, daß sich Herr Scheib betrank. Er wurde der umgänglichste Mensch dabei und erzählte, er habe als Junge für seinen Vater die Pferde angeschirrt, und sie seien über das Land gefahren. Man habe nur Ferne gesehen und nichts als Ferne. Hier sei alles eng, selbst die Kehle. Er legte den Zeigefinger auf den Adamsapfel und nannte mich bei meinem Vornamen. »Es ist furchtbar, keine Ferne zu sehen.«

Ich widersprach ihm nicht.

Als Neunzehnjähriger sei ihr Mann ein schneidiger Soldat gewesen, erinnerte sich Frau Scheib. Sie könne nicht verstehen, was in ihn gefahren sei. Jetzt bringe er es nicht mehr fertig, eine Fliege zu töten. Und das mitten im Krieg.

Herr Trageser hatte keine Skrupel. Er hatte als Rentner den ganzen Tag nichts anderes zu tun, als sich in seinem Garten um seine Kaninchen und Gänse zu kümmern. Einmal sah ich ihm zu, wie er eine Gans schlachtete. Er preßte das sich sträubende Tier zwischen seine Knie und schnitt ihm die Kehle durch, um es dann an den Beinen hochzuhalten und ausbluten zu lassen. Während die Gans noch zuckte und mit den Flügeln schlug, lief ich davon und vertiefte mich zu Hause in Felix Dahns *Kampf um Rom*. Dolche blitzten, Schwerter klirrten. Der Krieg war der Vater allen Lärms. An Weihnachten wollte ich keinen Bissen von der Gans essen, die meine Mutter stundenlang im Backofen mit Fett übergossen hatte. Das ganze Haus roch wie ein Schlachtfeld.

Der Krieg ging weiter. Kaum war der Polenfeldzug vorüber, fuhren Panzer nach Westen. Wir standen an der Wiesbadener Straße und winkten den braungebrannten Soldaten auf den Lastwagen zu. Sie lachten übermütig, zeigten Pappschilder, auf denen »Paris« stand, und erwiderten schmatzend die ihnen von Frauen und Mädchen mit der Hand zugeworfenen Küsse. Ein Offizier salutierte, und jemand schrie: »Wir sind bald wieder zu Hause.«

Meine Mutter weinte, und die untergehende Sonne überströmte den Zug mit einer rötlichen Glut. Frau Wede stellte sich auf die Zehenspitzen und reichte den Soldaten Ölsardinenbüchsen. Sie war ganz aufgeregt und stöhnte: »Ich könnte mich wieder verlieben.«

Was das auch immer bedeutete! Noch etwas berauscht von den Ereignissen gingen wir nach Hause. Der Abend brannte auf den Dachziegeln.

»Was schreibt die Zeitung?« fragte mein Vater, als er vom Dienst heimkam, die Radklammern von seiner Hose löste und die Aktentasche auf das Sofa warf, um ihr selbst bald Gesellschaft zu leisten.

»Es sollte darin stehen, daß die Welt verrückt ist – und wir vornedran!« erwiderte meine Mutter von der Küche aus.

Nach dem Essen klingelte es, und Frau Scheib stürmte von Küchengerüchen umweht in unsere Wohnung und erklärte verzweifelt, daß ihr Mann immer noch nicht zu Hause sei und sie sich Sorgen mache. Erst spät nachts kehrte Herr Scheib in die Arme seiner Frau zurück und sang: »Püppchen, du bist mein Augenstern.«

Das ganze Haus wurde wach, und ich hörte, wie meine Mutter zu meinem Vater sagte: »Gott sei Dank!«

Die Tage wollten kein Ende nehmen. So viel geschah: In der Tornowstraße, in der Kuhwaldsiedlung, in Frankfurt, in Deutschland, in der Welt, in den Zeitungen, in den Büchern, in meinem Kopf. Vom Wald her tönte der Schrei eines Käuzchens, um dann für lange Zeit zu verstummen. Die Minuten wurden zu einer Ewigkeit, als erfülle sich nicht eine Nacht, sondern ein ganzes Menschenleben in unserem verdunkelten Zimmer – wie die Ewigkeit so lang und so kurz wie ein Augenblick. Ich wälzte mich ungeduldig in meinem Bett hin und her. Konnte die Zeit nicht schneller vergehen, um die Ungewißheiten zu klären, die überall drohten? Herr Fleischer und viele andere behalfen sich mit der Vorsehung.

»Wird schon werden«, tröstete Herr Wede. Er war mindestens einen Kopf kleiner als seine Frau und dünn wie ein Hering. Er schien an ihrer Brust zu hängen. Den Scheitel hatte er wie der Führer. Er trug Knickerbockerhosen, sonntags eine Schirmmütze und drückte das Kreuz durch.

»Er geht aufrechter als ein Mensch«, bemerkte mein Großvater, der der Meinung war, daß die Vorsehung eine Ausrede sei. Wie auch immer. Was mich betraf, so wußte ich beim besten Willen nicht, was uns noch alles bevorstand. Zu meiner größten Verwirrung las ich in einem Geschichtsbuch, daß zwischen England und Frankreich einmal ein hundertjähriger Krieg geherrscht habe. Hundert Jahre!

»Du bist ein Defaitist«, erklärte mir Herr Wede, der sich gern mit der Jugend unterhielt, wie er sich ausdrückte. Die Jugend war ich.

»Was ist ein Defaitist?« fragte ich, der in der Schule gelernt hatte, daß man jedes Fremdwort durch ein deutsches Wort ersetzen müsse.

»Das ist einer, der nicht an den deutschen Sieg glaubt und alles schlecht macht.«

Seine Hosenträger hingen an beiden Seiten herunter. Er hatte Feierabend. Tagsüber leitete er die Konsumfiliale in der Kuhwaldsiedlung und lachte, wenn die Frauen das Gemüse mit abschätzendem Blick betrachteten.

»Alles beste Qualität. Deutsche Wertware!«

Im Wirsing saßen die Schnecken.

»Was kaufe ich nun, Schnecken oder Wirsing?« fragte meine Mutter. Herr Wede zwinkerte mit den Augen. »Ich mach's Ihnen billiger.«

Anhand des Gemüseangebots konnte man den unaufhaltsamen Siegesmarsch der deutschen Truppen ermessen, den die Sondermeldungen verkündeten. Gab's nichts oder nur mit Schnecken besetztes Gemüse, rollten die Räder nur für den Sieg. Auf dem Güterbahnhof war die Hölle los. Die rangierenden Waggons quietschten durch die Nacht.

Wedes gingen mit der Zeit: Sie aßen jeden Samstag Gemüseeintopf, und nicht nur samstags. Herr Wede löffelte gern im Bewußtsein, Deutschlands Zukunft sichern zu können. Seine vaterländische Essenslust verriet sich jedoch nicht durch die geringste Erweiterung seines Leibesumfangs. Er blieb drahtig und lächelte fast immer. Er fand die Welt, so wie sie war, in Ordnung. Man mußte halt seine Opfer bringen, wenn sonst alles stimmte. Herr Wede ließ sich sogar herab, mit uns Fußball zu spielen. Im Netzhemd stürmte er, den Ball an der Schuhspitze, vor und zerdrosch die Fensterscheibe von Frau Lochners Schlafzimmer. Wir schrien: »Eins zu null!«

Frau Lochner erschien mit einem Handtuch um ihre nassen Haare und fühlte sich geehrt, wieder einmal die Aufmerksamkeit auf sich ziehen zu können. Sie zog die Vorhänge auf, so daß wir in ihr Schlafzimmer sehen konnten. Der Kopfteil ihres Bettes glich einer Orgel. Er nahm fast eine ganze Zimmerwand ein und reichte bis zur Decke, und ich glaubte Putten zu erkennen, die in den weißen Abgrund der Kissen zu stürzen drohten. Von dem Bett Frau Lochners sprach die ganze Tornowstraße, besonders von den Ereignissen, die darin stattfanden.

Herr Wede schlug die Hacken zusammen und entschuldigte

sich bei Frau Lochner, die ihren Morgenrock unter ihrem Kinn zusammenraffte. »Ist doch nichts passiert, was ein Glaser nicht wieder in Ordnung bringen kann.«

»Auf meine Rechnung natürlich«, sagte Herr Wede und steckte augenzwinkernd die Hände in die Hosentaschen, als wollte er damit andeuten, welch eine Bagatelle das für ihn bedeutete. Tatsächlich kam der Glaser am nächsten Tag und setzte eine neue Scheibe ein.

Im Gegensatz zu Herrn Wede liebte es mein Vater, seinen Mann in der Küche zu stehen. Er gehörte zu jener Art Väter, die ein paar Geheimnisse kennen und es für ein Privileg halten, nun, sagen wir, die Zahl der Lorbeerblätter zu bestimmen, die für eine Kalbskopfsülze unerläßlich sind. Oder sie wissen aus dem Handgelenk, wie lange Eier im Topf bleiben müssen, um den Idealzustand zu erreichen – weder zu hart noch zu weich. Ein falsch kalkuliertes Ei konnte einen ganzen Tag verderben, und das war meistens der Sonntag, wenn die Männer erst spät aus ihrem Bett krochen, um am Radio zu drehen.

Im Sommer 1940 zog uns gegenüber ein junges Ehepaar in die rechte Parterrewohnung, das für einige Zeit das Interesse für Frau Lochners Liebesleben verdrängte. Er hatte im Polenfeldzug das rechte Bein verloren und ging an Krücken durch die Wohnung. Über seine Stirn wippten kurze blonde Haare, und in seinem blassen Gesicht wirkten die Sommersprossen wie Schmutzflecken.

Seine Frau war das blühende Leben. Sie trug gern Trachtenkleider, und schon ein wenig Sonne verlieh ihrer Haut ein zartes Braun. Sie kümmerte sich wie eine Mutter um ihren Mann und las ihm jeden Wunsch von den Lippen ab. Wenn sie zusammen das Haus verließen, um mit ihrem auf bloßen Handbetrieb umgearbeiteten Hanomag in die Stadt oder ins Grüne zu fahren, winkte sie den neugierigen Nachbarn zu. Sie schien stets gute Laune zu haben, was mitunter wie eine Drohung wirkte. Sie wollte sich nicht helfen lassen. »Das schaffe ich schon!« sagte sie kurzangebunden, und ihre Finger schnippten selbstvergessen in die Luft.

Frau Wild war außer sich, daß sie der jungen Frau nicht helfen konnte. Am liebsten hätte sie ihr sämtliche Anzüge, Hemden und Pullover ihres Mannes geschenkt, so daß dieser hätte nackt herumlaufen müssen. Dieser bekleidete aber auch nur einen unwichtigen Posten in der Heimat. Frau Winter hätte ihn viel lieber als Helden gesehen. Ein Held war jedoch ohne jeden Zweifel Herr Sturm, und ihn auf Krücken durch den Ausgang gehen zu sehen brach Frau Winter fast das Herz.

»Er hat dem Vaterland ein Bein geopfert. Stellen Sie sich vor!« wandte sie sich an meine Mutter. »Wir müssen was für das junge Ehepaar tun.« Als sie dann noch erfuhr, daß der junge Sturm Maschinenbau studierte, war sie überzeugt, daß er die Wunderwaffe erfinden würde. Herrn Sturm war es sichtlich peinlich, derart in den Mittelpunkt des allgemeinen Mitleids gerückt zu werden und begann: »Wissen Sie, manchmal kommt es vor, daß eine Glühbirne plötzlich erlischt. Die Birne ist durchgebrannt, sagen sie. Und wenn man die durchgebrannte Glühbirne schüttelt, flammt sie wieder auf und brennt eine Zeitlang. In der Glühbirne wurde etwas zerstört. Die Wolframfäden brachen, und dadurch, daß die Bruchstücke einander berührten, wurde der Lampe das Leben zurückgegeben, ein kurzes, unnatürliches, unverkennbar dem Tod verfallenes Leben, ein Fieber, eine allzuhelle Glut, ein strahlender Glanz. Dann kommt das Dunkel. Das Leben kehrt nicht wieder – und in dem Dunkel klirren nur rote, durchgebrannte Metallfäden. Verstehen Sie mich? Aber dieser kurze Glanz ist herrlich!«

»Sie machen mir nur Angst«, sagte Frau Winter und strich über das Revers ihres Mantels.

Herr Sturm lachte und versuchte sein Gleichgewicht zu halten. »Wir sind alle nichts als Glühbirnen.«

»Sagen Sie das nicht!« Frau Winter schüttelte sich vor Abscheu. Sie litt darunter, nichts Aufsehenerregendes für einen Helden tun zu können.

Ich träumte davon, eine Glühbirne zu sein, auch verlor ich im Traum meine Beine und stocherte mit meinen Stümpfen in unwegsamem Gelände nach einem Weg. Ich träumte Schmerzen. Die Sirenen heulten, und wir stiegen schlaftrunken in den Keller hinunter, wo es nach Moder roch. Die Einmachgläser glänzten im fahlen Licht. Der Boden zitterte unter den Bombeneinschlägen.

»Das ist weit weg«, tröstete uns mein Vater.

Aber was weit weg war, kam näher. So verging die Zeit, und die Geheimnisse der Zukunft verrieten sich von Tag zu Tag.

Frau Rose aus der Müllerstraße, Witwe und mit dämonischem Blick, kannte die Zukunft. Sie las aus der Hand und hielt hinterher ihre eigene Hand hin. »Geben Sie, was Sie der Zukunft schuldig zu sein glauben.«

Wer wollte da knauserig sein!

Frau Rose verlegte alle guten Dinge in die Zukunft: Eine glückliche Liebe mit unausweichlicher Hochzeit, Reichtümer, Erfolg und eine unverwüstliche Gesundheit. Sie verteilte die Zukunft wie Weihnachtsplätzchen, und jeder, der reich beschenkt ihre Wohnung verließ, schwärmte von seinem zukünftigen Glück.

»Stellen Sie sich vor, ich soll noch ein Kind bekommen«, erzählte Frau Winter, die bald fünfzig werden würde.

»Da wird sich Ihr Mann freuen«, meinte Frau Lochner.

Frau Rose lief mit einer roten Nelke im schwarzgefärbten Haar durch die Kuhwaldsiedlung. Die immer bedrohlicher werdende Gegenwart nahm sie gar nicht wahr. Mein Großvater nannte sie die Tante Vorsehung. Ich belauschte ihre Unterhaltungen. Sie strotzte nur so von Zuversicht und sprach von ihrem intimen Verhältnis zu den Sternen. »Die Vorsehung meint es gut mit uns.«

Die Vorsehung meinte es vor allem gut mit ihr. Sie fand sogar noch einen zweiten Mann, der etwas kleiner und dicker war als sie selbst und ihr stets um einen Schritt vorauseilte. Wenn er sich mit ihr unterhielt, mußte er sich umschauen. Wenn er einen langen Satz von sich gab – er liebte von Höflichkeit gedehnte Sätze –, stieß er oft mit irgend jemandem zusammen, da er sein Gesicht ihr zuwandte, die zukunftsentzückt hinter ihm herschritt. Dann nahm er hastig den steifen Hut ab und erging sich in schwülstigen Entschuldigungen. Nie verschwand das verbindliche Lächeln aus seinem Gesicht.

Herr Wede und mein Vater wurden eingezogen, obwohl sie schon über Vierzig waren. Die Erfahrung sei besser als der Übermut. Die Zukunft versteckte sich wie der Mond hinter Wolken.

»Was liest du aus meiner Hand?« fragte ich meinen Großvater.

»Daß sie schmutzig ist.«

Im Goethe-Gymnasium erklärte unser Zeichenlehrer, der jedes »Sch« in ein feuchtes Zischen verwandelte, daß der Gedanke an die Frontkämpfer unsere schulischen Arbeiten adeln werde. Er wölbte die Brust und überließ uns unseren schulischen Arbeiten. Ich versuchte, Menschen zu zeichnen und brachte nur Karikaturen zustande.

Frau Wede erhielt die Nachricht, daß ihr Mann in Rußland verschollen sei. Rußland war weit weg, und die Zeitungen zeigten tote Russen im Schnee. Frau Wede verlor ihr Vertrauen in die Zukunft, und die Zweifel machten sie wortkarg. Meine Mutter besuchte sie mit meinem Bruder und mit mir in ihrer Dachwohnung.

Das Licht drang zwischen den weißen Blumen hindurch, mit denen die Vorhänge bestickt waren. Die Sessel öffneten ihre Arme mit der Herzlichkeit von Großeltern, die im Verlauf der Jahre wieder Kinder geworden waren. Der Aschenbecher stand noch immer auf dem kleinen Tischchen vor dem Sofa. An der Wand hing das Hochzeitsbild. Herr Wede wirkte sehr klein auf ihm und saß mit übereinandergeschlagenen Beinen da und ließ die Gamaschen seiner Schuhe sehen, während seine junge Frau, die größer war als er, an seiner Seite stand. Ihre Hand lag auf seiner Schulter, und die Hand rückte jetzt ein Taschentuch an die Nase.

»Die Ungewißheit macht mich noch verrückt!«

Die Ungewißheit hatte viele Gesichter, und der Milchmann erwähnte mit einem bedauernden Lächeln beiläufig, daß er einen Herzfehler habe. Die Magermilch, die er aus einer Meßkanne goß, hatte eine bläuliche Farbe. Eines Morgens erschien er nicht.

»Er hat sich dünn gemacht«, sagte Frau Winter, »dem heulen wir nicht nach.«

Als er nach ein paar Tagen wieder mit seinem Dreirad in unsere Straße einbog und »Heil Hitler, meine Gnädigen!« rief, kauften viele Frauen mit ihren Lebensmittelkarten auf Vorrat, so daß es zu einem Magermilchkrieg in der Tornowstraße kam. Die letzten zwanzig Hausnummern gingen leer aus, und ihre Bewohner standen protestierend auf dem Trottoir, als der Milchmann an ihnen vorbeifuhr und ohne Beihilfe des deutschen Grußes »Ausverkauft!« rief.

Am nächsten Morgen erhielt jeder Haushalt nur die halbe Portion. Der Milchmann sah übernächtigt aus und war Dante zum Verwechseln ähnlich, der mit Stockflecken übersät in Onkel Peters Zimmer hing.

Als ich von meinem Großvater erfuhr, daß Dante der Hölle einen Besuch abgestattet habe und vielen großen Persönlichkeiten darin begegnet sei, wünschte ich, selbst einmal die Hölle besuchen zu können. Die seltsamsten Visionen zogen wie ein Kino an meinen Augen vorüber. War ich schon in der Hölle?

Nebel drang zu meinem Fenster herein, und der Himmel war nicht zu sehen. Nur manchmal glimmte der Abendstern wie eine Zigarette auf.

»Was wird wohl die Zukunft bringen?«

»Es gibt nur zwei Hinterlassenschaften unserer Gegenwart: die der Illusionen und die der Enttäuschung«, erwiderte mein Großvater.

»Und was ist eine Illusion?«

»Die Annahme, daß Magermilch Milch sei.«

Sehr viel konnte man mit der Magermilch nun wirklich nicht anfangen. Jeder Grießbrei, mit ihr gekocht, brannte unweigerlich an, und Vergänglichkeitsgestank wirbelte aus den Küchenfenstern.

»Die Butter ist für die Bonzen«, behauptete Frau Lochner. Sie mußte es ja wissen, gingen doch Bonzen bei ihr ein und aus.

»Man muß leben«, sagte sie entschuldigend und bemühte sich, vor den Nachbarinnen das Wogen ihrer schweren Hüften zu bändigen.

»Schauen Sie sich nur ihren Hintern an – eine einzige riesige Schiffsschaukel«, bemerkte Frau Gerster, deren Mann Frau Lochner hilfesuchend mit den Augen anzuflehen pflegte.

»Sie hat ein weites Herz«, verteidigte meine Mutter Frau

Lochner, die mir auf unserem Trottoir vor allen Augen die Hand aufs Haar legte. Ich träumte davon, sie als einziger aus einem brennenden Haus retten zu können. Ich träumte es am hellichten Tag. Meine Phantasie steigerte sich noch: Ich sah sie vor mir wie auf einer weiten, mit vielen Lichtern beleuchteten Bühne; sie hatte die Arme ausgestreckt und war an eine Wand gefesselt, während ich mit unfehlbarer Sicherheit sie mit Wurfmessern einrahmte. Jedesmal, wenn eines dieser Wurfmesser in das Holz schoß, lachte sie und schüttelte die Haare.

Mein Großvater, der den Grund meiner Verträumtheit erkannte, hielt mich für verrückt, und meine Mutter erzählte Frau Lochner von meinen Leiden. Ich wurde rot, wenn ich der Geliebten meiner Träume in Wirklichkeit über den Weg lief. Unter den Spitzen ihres tief ausgeschnittenen Kleides sah ich ein kleines Grübchen und den Ansatz ihrer weißen, schwellenden, von unten hochgepreßten Brüste.

Mein Großvater las in meinen Augen das Schicksal und sah mich voll schmerzlichen Mitleids an. Er dachte daran, daß in seinem Leben stets alles schiefgegangen war.

»Du mußt erst größer werden!« riet er mir. Ich befreite jeden Morgen unseren Abreißkalender von einem Blatt und las die Lebensregeln auf der Rückseite, wie:

»Und wenn du ganz dich zu verlieren scheinst,
Vergleiche dich! Erkenne, wer du bist.«

Darunter stand Goethe, und ich fragte mich, was dieser Satz für mich selbst bedeuten könnte. Für Lebensregeln hatte ich keine Geduld. Ich lernte eher aus schlechten Erfahrungen. So sah ich, wie sich Frau Lochner im Halbdunkel ihres Wohnzimmers hochreckte und einen Mann küßte. Der Kuß dauerte eine Ewigkeit, daß man eine Ballade in dieser Zeit hätte aufsagen können.

So schnell wie meine Leidenschaft aufgeloht war, so schnell verglühte sie wieder. Andere Ereignisse forderten meine Aufmerksamkeit. Neue Plakate wurden an die Tür des Ortsgruppenbüros geklebt: »Feind hört mit.« Vor dem Fenster trieb schon Schnee, und ich preßte die Nase an der Scheibe platt. Was war ein Winter ohne Schlitten!

Fahrradspuren zogen sich durch die Tornowstraße. Wir warfen mit Schneebällen nach den blau angestrichenen Gaslaternen. Die Zeit schien einzufrieren. Man gab sich die größte Mühe, den Gefahren des Winters zu trotzen, und eine hektische Sammelwut machte sich breit. Ich lief mit einer Sammelbüchse für das Winterhilfswerk von Tür zu Tür und rasselte mit dem schon erbettelten Geld. Man fragte mich: »Was soll ich geben?«, und ich machte die Preise. Ich spürte so etwas wie eine behördliche Begeisterung, bei der ich mich nicht wohl fühlte. Eine Frau in der Wicker-Frosch-Straße beschwerte sich: »Erst geben Sie einem das Geld, dann nehmen sie es wieder.«

Kaum hatte sie dies gesagt, verschwand sie in ihrer Wohnung und kam mit einem Geldbeutel zurück, aus dem sie ängstlich zwei Reichsmark herausfingerte und in den Schlitz der Sammelbüchse steckte. Ich kam mir wie ein Betrüger vor und wagte nicht mehr, mit dem Geld zu rasseln. Als ich die Büchse wieder zurückgab, hatte ich weniger als die anderen und wurde zusammengestaucht.

»In unserer Zeit kommt es auf jedes Opfer an«, schrie der Sachbearbeiter, der eine Armbinde trug. Es wurde überhaupt viel geschrien. Die Münder schnappten auf, als wollten sie zubeißen.

Ich lebte in zwei Welten. Die eine steckte voller Anforderungen und ehrebringenden Pflichten, voller hehren Ziele und Bewährungen. Sie gehörte dem Reich, und Adolf Hitler preßte die Hand ans Koppelschloß. Die andere Welt duftete nach Weihrauch und gehörte Gott. Dort überfiel mich eine unerklärliche Feierlichkeit, und ich vereinigte mich in der Dämmerung einer Kirche mit all den anderen, um zu beten. Ich kannte die anderen nicht, und sie wußten nicht, wer ich war, aber wir fühlten uns miteinander verbunden. Die Sehnsucht trägt ihre eigene Antwort in sich.

Die Katholiken aus der Kuhwaldsiedlung feierten ihren sonntäglichen Gottesdienst in der Turnhalle einer Schule. Es war ein kleiner, sonntäglich herausgeputzter Haufen, der den Spott der Vorsehungsgläubigen über sich ergehen lassen mußte. Ich wußte nichts. Tante Gretel, die die Welt nur von ihrem Rollstuhl aus kannte, erklärte mir, die Seele brauche eine Zuflucht. Der Fuchs habe seine Höhle und die Turteltaube ihr Nest und wir das Gotteshaus. Tante Gretel gab mir fromme Bücher, in denen ich voller Ehrfurcht herumstocherte. Als ich es wagte, aus meinem Herzen keine Mördergrube zu machen, lachte mich Paulchen aus und hielt mich für verrückt. Ich genoß es, verrückt zu sein und begann, mit mir selbst zu reden, und formte sinnlose Worte. Im nächtlichen Kuhwald schliefen die Bäume, schliefen die Vögel, schliefen die grünen Blätter. Die verblassenden Sterne dösten am Himmel. Liebespaare huschten in das Dunkel des Kuhwalds und tuschelten. Die Welt steckte voller Geheimnisse, die ich nicht enträtseln konnte.

Herr Munzinger, unser Küster, ein stiller, kleiner Mann, dem von seinen Haaren nur noch ein silberner Kranz geblieben war und der im Postamt saß, lüftete jeden Sonntag morgen vor dem Gottesdienst die Turnhalle und baute den Altar auf, wobei er fromm vor sich hin summte. Als Meßdiener mußte ich mit zupacken, und wir rückten den Barren, das Pferd und den Bock an die Wand. Auf der anderen Seite wuchs eine Sprossenwand hoch, die wir mit Tischtüchern verhängten. So sehr wir uns auch anstrengten, die Turnhalle blieb eine Turnhalle, und die zur Seite gestellten Turngeräte luden eher zur leiblichen als zur geistigen Ertüchtigung ein. Geruch von turnerischem Schweiß hing in der Luft. Ich kletterte eine der Stangen hoch, die die Wand hinter dem Altar vergitterten, und beobachtete die Eintretenden, während sie die Fingerspitzen in den Weihwasserkessel tauchten und sich bekreuzigten. Die Fensterscheiben schnitten auf dem Schulhof exerzierende Hitlerjungen in einzelne Teile, die sich selbständig zu bewegen schienen. Es war eine optische Täuschung. Die Köpfe eilten dem Rumpf voran. Mit jedem Befehl steigerte sich das Chaos der Körperteile.

Kaplan Börner, dessen sanfte Stimme seine Strenge milderte, pfiff mich von meiner hohen Aussichtsposition wieder runter. Mit brennenden Schenkeln ging ich in die Sakristei, die der Umkleideraum der Turnhalle war, und zog mir das Chorhemd und den Kragen über. Wir traten in die Turnhalle, und mein Blick blieb an der Sprossenwand hängen, die bis zur Decke reichte, und ich dachte an Jakob, der im Traum Engel vom Himmel herabsteigen und Engel in den Himmel aufsteigen sah. Kaplan Börner blieb mit der Fußspitze an der Matte hängen, die vor dem Altar lag, und stolperte. Unwillkürlich verlangsamte sich sein Schritt.

»Introibo ad altare Dei ...«

Die Quadrate des Parketts glänzten wie Spiegel. Seufzer des Harmoniums begleiteten das Lied, das sich zaghaft zu einer Melodie formte. Durch die Fenster drang der Lärm der exerzierenden Hitlerjungen:

»Rechts um!«

»Links um!«

Die Befehle drängten sich in die Gebete. Ablenkungen zerrten an mir. Kaplan Börners Haare standen zu Berge. Mit einem Blick hinter mich erwischte ich singende Frauen. Ihre Münder zitterten, und sie hoben das Kinn hoch. Während der Predigt turnte ich in Gedanken. Mariannes Haar leuchtete in der Sonne, deren staubdurchwirbelte Strahlen schräg vom Fenster herabstiegen. Marianne sah wie die Madonna aus, und ich versuchte mir vorzustellen, wie es wäre, wenn ich ihr einen Kuß auf den Scheitel hauchte. Eine ihrer Augenbrauen – ein goldener Busch – war in die Höhe gezogen, die andere wölbte sich spärlich über dem Lid. Marianne wohnte am andern Ende der Kuhwaldsiedlung. Ihr Bruder ging mit mir ins Goethe-Gymnasium und wollte später Bücher schreiben. Ich las die Bücher lieber, und in einem entdeckte ich Marianne, die der aus der Kuhwaldsiedlung sehr ähnlich war. Oder war es umgekehrt? Die Liebe hat ihre eigenen Gesetze.

Wo ist Gott? fragte ich mich und schaute die Jakobsleiter hoch und wieder runter. Herr Munzinger wackelte im Schlaf mit dem Kopf. Das Latein ordnete die Dinge wieder. Beim Segen verfolgte ich die Hände Kaplan Börners. Sie stiegen wie Tauben auf und schwebten wie Krähen herab.

Amen!

Dieses feierlich gedehnte Wort war mit der unbestimmten Vorstellung von etwas Außergewöhnlichem verbunden. Ich gab mir einen Ruck und verscheuchte die Gedanken an Mariannes Haar. Nächste Woche würde ich sie wiedersehn. Dazwischen lagen sechs Tage und viele Bücher, die mich die Trauer über die Ferne lehrten.

Ich träumte von dem See Genezareth und wartete im Schilf verborgen auf das Boot des Messias. Vom Mainufer sah man nur Sonntagspaddler. Ich hätte mich gern für den Messias aufgeopfert, Gefahr oder Unrecht für ihn erlitten, seine Feinde verprügelt. Die zwei Welten schoben sich ineinander. Kaplan Börner betete für den Führer, und die Vorsehung nahm ihren Lauf. Manchmal, in Augenblicken einer unerklärlichen Entrücktheit, spürte ich, wie die beiden Welten von einer hohen Mauer getrennt waren, wie die Worte der einen Welt die Worte der anderen Welt aufhoben. Ich glaubte, in einem Wetterhäuschen zu sitzen.

Als ich, wie alle meine gleichaltrigen Freunde auch, zu den Pimpfen mußte, erhielten meine Eltern einen amtlichen Brief mit deutschem Gruß, in dem darauf aufmerksam gemacht wurde, daß es sich nicht vereinbaren lasse, zugleich ein Hitlerjunge und ein Ministrant zu sein. Die Verwurzelung gehöre wie die eigene Gesundheit und Kraft zum Lebensgefühl des germanischen Menschen. Der Katholizismus sei eine Sklavenreligion und würdige nicht unsere nationale Aufgabe.

Unter diesem Aspekt hatte ich meine Konfession noch nicht betrachtet. War ich ein Sklave? Paulchen mußte wie ich die Kohlen aus dem Keller holen. Ich hatte es jedoch eindeutig besser als er. Wir wohnten im Parterre, genau gegenüber vom Büro des Ortsgruppenleiters, der immer wieder seinen Nakken massierte und seines Amtes waltete, indem er sein Fenster aufstieß und in die Tornowstraße hinausbrüllte, wie: »Der Nationalsozialismus ist für die Kinder anschaubar im Bilde des Führers. Ihr Glaube und ihre Liebe will nicht die Idee, sondern den Helden in Fleisch und Blut.«

Man merkte den Worten an, daß er sie auswendig gelernt hatte. Er selbst brachte nur abgehackte Sätze hervor, denen er ängstlich nachlauschte, als könnten sie etwas bedeuten, was er gar nicht sagen wollte. Er sah mich strafend an. Ich war ihm ein Dorn im Auge. Ich spielte Geige. Jedesmal, wenn ich bei offenem Fenster die Saiten strich, schloß er ostentativ sein Fenster. Er könne bei diesem Gejammer nicht denken, sagte er einmal. Ich selbst hatte ganz andere Dinge im Hirn. Töne krochen aus meiner Geige, als wollten sie fliehen. Mir selbst schnitten diese Töne ins Herz, aber allmählich fiel alte Last von ihnen, und sie erhoben sich wie Vögel zum Flug.

Meine Mutter zog es vor, auf den amtlichen Brief mit deutschem Gruß gar nicht einzugehen. So änderte sich auch nichts: Ich blieb Ministrant, war zugleich Pimpf, und der Krieg ging weiter.

Ich hatte noch nicht einmal ein schlechtes Gewissen, mich so zu verzetteln. Wenn ich die richtigen Apparate besessen hätte, würde ich das schlechte Gewissen in seine einfachsten Elemente zerlegt haben, um endlich zu erfahren, warum Achill die Leiche Hektors um Troja schleifte und Hagen Siegfried den Speer in den Rücken stach. Aber ich hatte keinen chemischen Apparat und kein schlechtes Gewissen. Vielmehr hatte ich die größte Lust, noch dazu ein Violinvirtuose zu werden, Max Bruchs Violinkonzert stünde auf dem Pult, und ich wartete auf den Wink des Dirigenten. Ein Ministrant, ein Pimpf und ein Wunderkind wollte ich sein.

Die Dinge gerieten jedoch auseinander. Die ersten Brandbomben fielen auf die Kuhwaldsiedlung, die lohend aufzischten, wenn sie auf der Erde aufschlugen. Wir schütteten vorsichtig herantretend Sand darüber, aus dem jedoch sehr bald die Flammen sprühten. Häuser brannten, und die tiefhängenden Wolken begannen, sich rosa zu färben.

»In Deckung!« schrie Herr Dapper, der als Luftschutzwart in der Tornowstraße seines Amtes waltete. Die Flak bellte über die Dächer hinweg. Es war immer das gleiche. Das Sirenengeheul riß mich aus dem Schlaf, und ich kroch aus dem Bett, schlüpfte in die nachtkühle Hose, taumelte schlaftrunken aus dem Kinderzimmer, ergriff den Koffer mit unseren wichtigsten Habseligkeiten und Ausweispapieren, der im Gang bereitstand, und folgte mit meinem Bruder unserer Mutter, die, als wollte sie das Haus verlassen, Hut und Mantel angezogen hatte, in den Keller. Dort saß schon, in Koltern eingewickelt, Frau Wede zwischen ihren beiden Kindern. Mein Großvater mußte sich bücken, wenn er eintrat.

»Da wären wir wieder«, sagte er und setzte sich mit einem Seufzer auf seinen wackligen Stuhl, um dann das Buch, in dem er gerade las, in das spärliche Licht der Kellerlampe zu halten. Herr Scheib kam jedesmal, wenn er seiner Frau das Glück seiner Anwesenheit schenkte und nicht in einer Lokomotive durch Deutschland raste, als letzter. Kaum hatte er in einem knisternden Korbstuhl Platz genommen, holte er eine Schnapsflasche unter seiner Jacke hervor und stellte sie zwischen die Füße. »Wer will und hat noch nicht?«

Keiner folgte seiner Einladung. Nach einem kräftigen Schluck wischte er sich den Mund und starrte mißtrauisch auf den Flaschenhals. »Noch leben wir.«

Keiner wollte es bestätigen. Gespräche plätscherten leise wie ein vertrocknender Fluß. Frau Wede erzählte von Zeiten, in denen man eine Nacht ungestört in seinem Bett durchschlafen konnte. »Das ist lange her. Alles Schöne ist lange her.« Frau Wede war in den Nächten sehr kleinlaut.

Sowie Flugzeuge zu hören waren, verstummten die Gespräche. Ich preßte mich an die Backsteinwand. Jeder war jetzt mit sich allein. Ich wartete auf den großen Knall.

Nach der Entwarnung saßen wir noch eine Zeitlang im Keller zusammen, und mein Großvater wurde quicklebendig. Er blätterte in seinem Buch und berichtete von tollkühnen und ebenso besonnenen Menschen. Ich hatte ihn in Verdacht, daß er das alles nur erfand, um uns zu beruhigen.

Herr Scheib hatte sich auf das zerschlissene Plüschsofa umquartiert.

»Erzählen Sie nur weiter!« ermunterte er meinen Großvater. »Es steht schlimm um uns, wenn wir nichts Lustiges mehr zu erzählen haben.«

Seine Stimme zitterte und zerbröckelte. Am Arm seiner Frau verließ er den Keller und knickte schon nach ein paar Schritten in den Knien ein.

Es roch nach Sauerkraut und Schnaps.

So wechselte der Schauplatz meines Lebens von oben nach unten, und dann wieder von unten nach oben.

Nach einem Alarm in der Nacht sollten wir eine Stunde später im Goethe-Gymnasium erscheinen. Unsere Lehrer reagierten verschieden auf den unterbrochenen Schlaf. Nicht wenige verloren schon bei der geringsten Störung im Unterricht die Nerven und schrien uns an.

Dr. Hundhausen marschierte mit einem Rohrstock unterm Arm vor dem Pult auf und ab und demonstrierte die Überlegenheit der Germanen.

»Es ist alles nur eine Sache der Disziplin.« Schon bei der geringsten Verfehlung schlug er mit dem Rohrstock auf die Handflächen des Übeltäters. Ich will es nicht verschweigen, daß ich die Rolle des Übeltäters sehr gut beherrschte. Der Schmerz schoß mir wie ein elektrischer Schlag in den Körper, und die Striemen sah man noch nach einer Weile wie Notenlinien auf der Handfläche. Die Hypochonder mögen sagen, was sie wollen. Das Leben war doch angenehm, besonders, als es mir gelang, einen überfälligen Handkäs unter dem Lehrerstuhl anzubringen, so daß sich Dr. Hundhausen genötigt fühlte, mit gerümpfter Nase im Klassenzimmer herumzulaufen, während er die Germanen gegen das römische Imperium aufmarschieren ließ. Der abscheuliche Gestank brachte ihn derart in Rage, daß er sich wie ein germanischer Berserker aufspielte.

Ich steckte, nachdem ich meine Täterschaft gestanden hatte, nicht nur zehn Stockschläge ein, sondern mußte auch eine zehnseitige Strafarbeit zum Thema »Die Verantwortung eines deutschen Jungen« schreiben. Ein ganzer Nachmittag ging dabei drauf, und dann hatte ich die Verantwortung doch verfehlt. Mit der Zeit gewöhnte ich mich daran, es nicht allen recht machen zu können.

Zu den Verantwortungen eines deutschen Jungen gehörte auch die Pflicht, was sage ich, die absolute Pflicht, bei jedem Alarm sofort den nächsten Luftschutzkeller aufzusuchen. So kam es, daß ich Frankfurt nicht nur in seiner oberen Pracht, sondern auch unter der Erde kennenlernte.

Einmal hatte ich nach dem Aufheulen der Sirenen die Wahl zwischen dem Lufschutzkeller meiner Schule und dem des Polizeipräsidiums, das ebenfalls in der Hohenzollernallee lag. Mir schien der unter dem Polizeipräsidium näher, und so verbrachte ich einen ganzen Nachmittag in Polizeigewahrsam. Aus einem Lautsprecher dröhnten Zahlen. Es klang wie Schafezählen. Ehe ich einschlief, schoß der Gedanke durch meinen Kopf: Wenn ich in diesem Luftschutzkeller sterben müßte, würde sich meine Mutter fragen, was ich denn dort zu suchen gehabt hätte.

Tatsächlich fragte mich meine Mutter, als ich ihr von meinem Aufenthalt im Polizeipräsidium berichtete: »Was hast du angestellt?«

»Ich saß dort nur im Luftschutzkeller.«

»Als ob es dort sicherer wäre als anderswo.«

»Wo ist es denn sicher?«

Meine Mutter blieb mir eine Antwort schuldig. Doch die Frage verfolgte mich weiterhin, und jedesmal, wenn ich glücklich gewesen zu sein glaubte, fiel sie über mich her.

Es gibt Schlaf und Schlaf. Es gibt einen Schlaf, der einem das Vorgefühl der Sicherheit vermittelt. Das Vergessen? Oder ist es diese traumgeübte Unbekümmertheit, alle Gefahren bestehen zu können, wenn man einfach aufwacht, bevor es zum Schlimmsten kommt? Oder?

Eine Frage gebar die andere. Das Fragen war mein einziger Wegweiser.

Ich begann in der Waschküche Geige zu spielen, nachdem ich festgestellt hatte, daß sie in leeren Räumen besser klang als zwischen Möbeln, aber noch war der Weg weit bis zu Max Bruchs Violinkonzert. Mein Vater hatte seine Geige nicht mit zu den Soldaten genommen. Ich holte sie zuweilen hervor und spielte auf ihr. Täuschte ich mich? Oder gingen mir die Griffe auf ihr tatsächlich leichter von der Hand?

Mein Vater schickte mir Noten für Violinduos von Kaliwoda aus Prag, wo er für einige Wochen stationiert war. Ich übte die erste wie die zweite Stimme. Der Gedanke an die Rückkehr meines Vaters steigerte meinen Ehrgeiz.

Aber schließlich gab es noch andere Dinge zu erledigen, so daß ich auf dem Wege zum Wunderkind steckenblieb, was mein Geigenlehrer, Herr Gstettner, mit der Bemerkung quittierte: »Es ist noch kein Meister vom Himmel gefallen.«

Dafür fielen jedoch immer mehr Bomben auf Frankfurt, und der Schlaf wurde kürzer und kürzer. Hinzu kam, daß die Meßdienerpflichten mit den Pflichten eines Pimpfen kollidierten. Begann der Gottesdienst sonntags in der Turnhalle und in Sankt Gallus, wozu die Kuhwaldgemeinde gehörte, um neun

Uhr, setzte der Fähnleinführer den Dienst der Kuhwälder Hitlerjungen ebenfalls um neun Uhr an.

Da der Mensch zur selben Zeit nicht an zwei verschiedenen Orten sein kann, verlegte Pfarrer Perabo von Sankt Gallus den Beginn der ersten Sonntagsmesse auf acht Uhr. Das wiederum forderte den Fähnleinführer von Bockenheim-West und der Kuhwaldsiedlung heraus, seine Pimpfe zur selben Zeit antreten zu lassen. Der Wettlauf endete schließlich auf Grund des größeren Schlafbedürfnisses seitens des Fähnleinführers damit, daß um sechs Uhr der erste Gottesdienst in Sankt Gallus begann und um sieben Uhr sich das Jungvolk zum Dienst versammelte. In der Turnhalle, die sich an Sonntagen in eine Kirche verwandelte, ministrierte der Küster.

Von der Sankt Galluskirche schaffte ich es nur mit Mühe, pünktlich den Paradeplatz oder den Schulhof zu erreichen, und es gelang mir kaum, mich sogleich aus einem Ministranten in einen Pimpfen zu verwandeln. So konnte es schon einmal geschehen, daß ich die Pflichten durcheinanderbrachte und mich in den Staub niederkniete, anstatt mit ausgestreckten Armen Kniebeugen vorzuführen, die wir aus Disziplingründen immer wieder üben mußten, bis man Pudding in den Knien zu haben glaubte.

»Träumst du?« schrie unser Jungzugführer, und ich bekam einen roten Kopf.

An schönen Tagen trieben wir Sport auf dem Paradeplatz. Leibeserziehung sei Pflicht eines jeden deutschen Jungen. Wir fühlten uns wie Germanen und schrien wie Berserker. Wenn die Mädchen uns beobachteten, entwickelten wir doppelte Kräfte. Ihre Beifallsjauchzer wärmten mein Herz. Ich suchte mit meinen Blicken Marianne. Zwischen zwei Stangen war ein Seil gespannt. Paulchen schwang seinen Körper schräg, fast kriechend über das Seil, als springe er nicht, sondern wälze sich hinüber wie über eine Mauer. Beim Landen streckte er die Beine und bewegte sich wie ein Schwimmer beim Wassertreten.

Ich kann nicht verhehlen, daß ich ihn beneidete. Mit einem Minimum an Aufwand erreichte er die gleiche Höhe wie ich mit dem wildesten Einsatz. Ich sprang mit hochgerichtetem Oberkörper über das Seil und fiel vornüber in den Sand. Gelächter raubte mir das Triumphgefühl.

Rudi erklärte mir, ich plumpse herunter wie ein nasser Sack. Ich wollte kein nasser Sack sein und versuchte zähnefletschend, die Gravitation auf elegantere Weise zu überwinden.

Ich sah, wie Marianne mit gespreizten Beinen auf der zertretenen Wiese stand. Sie trug schwarze Turnhosen, ihre Beine waren nackt. Die bloßen Füße steckten in weißen Turnschuhen. Diese flachen Schuhe ließen ihre Haltung noch kraftvoller und fester erscheinen, nicht mädchenhaft, sondern sehnig und männlich. Ihre Beine waren sonnengebräunt und voller wächsener Schrammen, weil sie die Krusten auf den Wunden zu früh abgerissen hatte. Der Wind wirbelte sich in ihre Haare. Sie lachte hell auf, als ich im Sand landete.

Beim gemeinsamen Völkerball hinterher wählte ich sie in meine Mannschaft und hielt mich beim Spiel vor ihr auf, um die für sie gedachten Bälle abfangen zu können. Gewöhnlich begann der Montag mit einer Turnstunde, die mit einem Völkerballspiel endete. Die Leibeserziehung dauerte an und machte uns zu beugsamen und willfährigen Objekten der Spielregeln. Unser Turnlehrer, Dr. Johnen, der sich lieber über die Bedeutung und den Nutzen des Sports ausließ, als ihn selbst vor uns auszuführen, erklärte, daß beim Völkerball ein ganzes Volk vernichtet werde, weil nicht eher Ruhe und Friede zu erlangen sei.

So hatte denn so gut wie alles seine nationale Bedeutung, wenn auch die Abwesenheit von Zuschauerinnen dazu führte, daß wir nicht das Letzte gaben.

Für die Germania, die ich einmal in ihrer verwirrenden Breite auf einer Klassenfahrt zum Niederwalddenkmal oberhalb Rüdesheims in Augenschein nehmen durfte, wußte ich mich nicht recht zu begeistern. Auch mein Großvater fand an ihr keinen Gefallen und meinte, in ihren Armen werde man unweigerlich ersticken. Er zog zarte, kleine Frauen vor, die nicht unbedingt an nationale Verkörperungen erinnern mußten.

Längst spielte die Schule nicht mehr die Hauptrolle im Leben eines zwölfjährigen Knaben. Wohl lernte ich in ihr, wann wer gesiegt hatte und daß ein Hauptsatz durch einen Beistrich vom Nebensatz getrennt wird, zuallererst kam jedoch das Jungvolk, das Deutschlands Zukunft garantierte.

Für alles andere blieb wenig Zeit. Jeden Morgen schlüpfte ich in die Unterhose und sprang verwirrt und mit kauendem Unterkiefer aus dem durchwärmten Bett, patschte barfuß in das von Geheimnissen erfüllte Badezimmer und hielt meinen Kopf unter den Wasserhahn.

Und nun?

Eines Sonntags früh entdeckte ich vor dem Eingang zur Sankt Galluskirche ein schwarzes Kleiderbündel, aus dem ein Wimmern tönte. Als ich mich vorbeugte, erkannte ich Pfarrer Perabo, der die Hände vor sein Gesicht hielt, als wollte er sich noch immer schützen, obwohl weit und breit kein Mensch zu sehen war. Ich lief zum Pfarrhaus und klingelte. Die Schwester des Pfarrers, eine rührige kleine Frau mit einem dicken Haarknoten, kam selbst an die Tür und schrie auf, als ich auf ihren am Boden liegenden Bruder deutete, der versuchte, sich aufzusetzen, aber immer wieder zurückfiel. Es dauerte nicht lange, da erschien auch Pater Bacht, ein Jesuit, der als Kaplan in Sankt Gallus wirkte, ein hochaufgeschossener Mann in wehender Soutane, der gern lachte, auch wenn es nichts zu lachen gab. Mit vereinten Kräften schafften wir Pfarrer Perabo in das Pfarrhaus, wo ihm seine Schwester mit einem nassen Waschlappen das Blut aus dem Gesicht wusch. Als sie ihm die verschmutzte, schwarze Jacke auszog, schob mich Pater Bacht sanft aus dem Raum, der von Malzkaffeegeruch erfüllt war.

Ich trat auf den kleinen Hof in den Schatten des Turms und wartete fröstelnd, bis der Küster die Kirche aufschloß. Den Raum überströmte gedämpftes Licht. Inzwischen waren die andern Ministranten eingetroffen, denen ich sogleich flüsternd mitteilte, was geschehen war. Pater Bacht hielt die Messe, nachdem er der kleinen Gemeinde kurz berichtet hatte, daß Pfarrer Perabo zusammengeschlagen worden sei, daß es ihm jedoch wieder besser gehe. In der Predigt sprach er über den Antichrist, und mir schauderte vor der Zukunft. Pater Bacht sprach so leise, als wollte er gar nicht gehört werden. Sein überschwengliches, mageres, leicht gerötetes Gesicht leuchtete im Halbdunkel der Kirche.

Es regnete, als ich von der Sankt Galluskirche zum Paradeplatz eilte. Ich hielt mich im Schutz der Häuser und fragte mich, wie wohl der Antichrist aussehe. Der Platz vor der Festhalle war mit Flugblättern übersät.

Mir flimmerte es vor den Augen, wie es oft geschah, wenn ich nichts gegessen hatte, und ich fiel zwischen die Flugblätter. Ein Mann, der seinen Hund ausführte, half mir wieder auf die Beine und riet mir, tief Luft zu holen.

Ich setzte mich auf eine Parkbank in der Hohenzollernanlage und beobachtete die Schwäne, wie sie Dreiecke durch den Teich zogen. Allmählich kam ich wieder zu Kräften, und ich setzte meinen Weg fort. Zum Jungvolkdienst erschien ich zu spät, und ich verschwieg meine Ohnmacht. Dafür mußte ich fünf Runden um den Paradeplatz drehen, bis ich das Gefühl hatte, auf meine eigene Zunge zu treten.

Wieder zu Hause und bis in den letzten Winkel meines Magens ausgehöhlt, eröffnete ich meiner Mutter, daß ich Priester werden wolle. Sie blickte von dem Brief auf, den sie meinem Vater schrieb und lächelte. »Ich glaube, du bist hungrig.«

Selbst während einer Deutschstunde kippte ich einmal ohnmächtig aus der Bank. Als ich wieder zur Besinnung kam, sah ich das Gesicht unseres Klassenlehrers über mir. Dr. Kroll schaute mich besorgt an. »Du bist doch kein Epileptiker?«

»Nein«, antwortete ich, »ich bin Frankfurter.«

»Wenn man wächst, muß man viel essen«, meinte mein Großvater. Da ich jedoch durch vielerlei Dinge vom Essen abgehalten wurde, konnte ich es beim besten Willen nicht vermeiden, hin und wieder in Ohnmacht zu fallen, so daß meine Mutter vorsorglich immer ein Stück trocknen Brotes in eine meiner Hosentaschen steckte. Für alle Fälle.

An dem winterlichen Samstagnachmittag, als ich bei der Beerdigung eines Fliegers, der über dem Taunus abgestürzt war, das Kreuz tragen sollte, waren meine Hosentaschen leer. Wir schritten auf dem Oberräder Friedhof durch Schneetreiben an frisch aufgeworfenen Gräbern vorüber. Ein eiskalter Wind verkrallte sich in mein Chorhemd, und meine Hände, die das Kreuz hielten, waren ganz blau. Als der Zug, von einem Friedhofwärter geführt, in einen Seitenweg einzog, sah ich die trauernden Eltern, die so eng ineinander verschlungen gingen, daß sie mehrmals ins Stolpern kamen. Der Vater in dunkelgrauem Mantel und hohem schwarzen Zylinder mit einem steinernen, an einen Briefbeschwerer gemahnenden Gesicht drückte das

Kreuz durch, während seine Frau, das Gesicht hinter einem schwarzen Schleier verborgen, ihren Kopf an seine Brust preßte. Den Sarg, über den die deutsche Nationalflagge ausgebreitet war, trugen sechs junge Männer, dahinter sechs Soldaten mit dem Gewehr kerzengerade vor der Nase im Stechschritt. Pater Bacht überragte alle, obwohl er, wie große Menschen es zu tun pflegen, vornübergebeugt ging, als wollte er eine Spur verfolgen.

Ich postierte mich ans Kopfende des Grabes und spürte, wie die Schneeflocken auf meinen Augenlidern tauten. Der Boden war noch nicht fest gefroren, so daß ich das Kreuz in den Lehm rammen konnte, um mir so einen festen Halt zu verschaffen. Als der Sarg in das Grab gelassen wurde, schrie die Mutter auf. Das »Requiescat in pace« wehte der Wind zu den Bäumen, die den Friedhof einsäumten. Ich zog mit der Nase laut die Luft ein und spürte, wie mich eine schwarze Wolke erfaßte und in das Grab stieß.

Ich knallte auf den Sarg, daß es dröhnte. Von ferne hörte ich ein Auflachen, und kurz darauf zerriß die Ehrensalve den Himmel. Schatten fielen über mich, und ich spürte, wie Hände mir unter die Arme griffen und mich aus dem Grab zogen. Pater Bacht trug auf seinem kurzen, gescheitelten Haar eine Mütze aus Schnee.

»Geht's dir wieder gut?« fragte er.

Ich deutete ein Nicken an und streifte den Lehm auf meinen Handflächen an meiner Hose ab und folgte ihm zum Trauerhaus, das vom Oberräder Friedhof nur einige hundert Meter entfernt lag.

»Wie du nur aussiehst!« rief die Mutter aus, als sie mich ohne Schleier näher betrachtete.

»Wie Lazarus!« erwiderte Pater Bacht an meiner Stelle und

drehte mich um, so daß ich mich im Spiegel der Garderobe sehen konnte. Ich war ein Lehmklumpen. Als Pater Bacht mein verdutztes Gesicht erblickte, lachte er. Sogar über die Augen der Mutter huschte ein kurzes Lächeln. Sie schüttelte den Kopf und führte mich ins Bad, wo sie heißes Wasse in die Wanne laufen ließ. Ehe ich mich auszuziehen begann, drückte sie mir schnell ein Stück Seife in die Hand, legte ein Handtuch über meine Schulter und verließ das Badezimmer. Meine Haut juckte unter dem verkrusteten Lehm. Während ich mich einseifte, fiel Schaum ins Wasser und warf Blasen wie ein Pfannkuchen. Nach dem Bad hüllte mich Veilchenduft ein. Roch so das neue Leben?

Ein Klopfen riß mich aus meinen Träumen. Die Frau reichte mir durch den Türspalt ein Bündel Kleider und erklärte: »Die Sachen sind von meinem Sohn und dürften dir passen. Du kannst sie ruhig behalten. Als er sie trug, war er so alt wie du.«

Mit unüberwindbarer Scheu stieg ich in die Hose. Sie saß wie angegossen. Alles war auf meine Größe zugeschnitten. Als ich neu eingekleidet ins Wohnzimmer trat, schlug die Mutter die Hände vors Gesicht und schrie: »Sieht er nicht wie Toni aus!« Die Trauergäste, die inzwischen eingetroffen waren, stimmten ihr zu.

Auf dem Flügel stand die Fotografie eines lachenden jungen Mannes in Uniform. Pater Bacht erhob sich aus seinem Sessel.

»Ich glaube, wir müssen jetzt aufbrechen.«

Aber sie ließen uns nicht gehen. Der Mann holte eine Flasche Wein aus dem Keller und hielt sie gegen das Licht, ehe er sie öffnete. Mir stellte die Frau ein Glas Himbeersaft hin, der alle Bitternis in meinem Mund tilgte. Sie redete wie ihr Mann nur von der Vergangenheit. Und immer wieder verloren sich ihre Sätze in der Stille. Durch das Fenster konnte ich verfolgen, wie sich die Schneedecke im Garten schloß. Als wir uns verabschiedeten, sagte der Mann: »Hoffentlich ist alles bald vorüber.«

Pater Bacht schwieg. Vor dem Haus erfaßte uns der Schneewind. Meine verdreckten Kleider trug ich in einem Leinensack über der rechten Schulter. Frankfurts Silhouette hinter den Oberräder Gärten verschwand in einem wirbelnden Weiß, das sich zu einem Leichentuch verdichtete.

»Beinahe hätte ich dich nicht erkannt«, sagte Frau Scheib, als ich ihr auf unserer Haustreppe begegnete. Ich mußte mich an meine neuen Kleider noch gewöhnen.

## *Bonzo*

Weiß der Himmel, wer ihm den Namen Bonzo gegeben hatte. Schließlich nannten ihn alle in der Tornowstraße Bonzo, und Bonzo, ein Gelegenheitswurf einer ihrer Würde nicht bewußten Rassehündin, stellte die Ohren hoch, wenn man ihn rief, schaute demütig drein wie ein Schnorrer und bewegte andeutungsweise den Schwanz. Auf diese Weise erhielt er, was er zum Leben brauchte: Ein paar Knochen, hin und wieder sogar ein Stück Fleisch oder ein Stück Wurst, von anderen Happen ganz zu schweigen, deren Eßbarkeit er erst gar nicht bezweifelte. Bonzo fraß alles und gedieh nach allen Seiten. Sein Bauch streifte fast die Erde, und er ging nicht, sondern schlich. Frau Winter nannte ihn eine Rassenschande, worauf Bonzo stolz mit dem Schwanz wedelte, so daß er beinahe das Gleichgewicht verlor. Er war ohne Arg und freute sich ganz einfach, wenn man ihm etwas Aufmerksamkeit schenkte. Er duldete sogar die unberechenbaren Kinder, die ihn einmal mit Steinen bewarfen und ein andermal einen Stock apportieren ließen. Bonzo war kein Spielverderber. Strenggenommen gehörte er niemandem, doch bezahlte Frau Rosenfelder, Tornowstraße 3, Parterre links, seine Hundesteuer und nahm ihn auch in ihre Wohnung, aber Bonzo zog die Wanderschaft vor, die ihn viel reichhaltiger ernährte als die rationierte Seßhaftigkeit. Frau Rosenfelder lebte sehr zurückgezogen. Manchmal besuchten sie ihr Sohn und ihre beiden Enkel, die in Zürich lebten, dann zeigte sie sich auch einmal auf der Straße in ihrem schönsten Kleid, das ihr viel zu groß geworden war. Die Nachbarn redeten kaum mit ihr, so schüttete sie Bonzo ihr Herz aus, der ein begnadeter Zuhörer war. Er brachte ihr auch jeden Morgen die Zeitung, die er so vorsichtig im Maul trug, daß keine Bißspuren den Leitartikel kommentierten.

»Was bist du nur für ein gelehrter Hund!« begrüßte ihn Frau Rosenfelder und nahm die Zeitung entgegen. Bonzo bellte vor Glück und sprang schwerfällig an Frau Rosenfelder hoch, die sich nur mit Mühe seiner Zärtlichkeiten erwehren konnte. Sie flüchtete in ihre Küche und holte den Botenlohn. Bonzo jaulte in den höchsten Tönen.

Frau Winter, die einen Stock über ihr wohnte, ließ sich keinen Morgen diese Zeitungsübergabe entgehen. Sie stand in der geöffneten Wohnungstür und lauschte. Später sagte sie entrüstet: »Es ist schon eine Frechheit, was die Frau Rosenfelder sich da erlaubt. Läßt sich die Zeitung von diesem Köter bringen und wirft sie dann weg. Ich habe sie noch nie eine Zeitung lesen sehen. Und das schlimmste ist: Sie nennt diesen Hund gelehrt. Ja, Sie haben richtig gehört. Als ob ein Hund auch nur die geringste Ahnung von den Dingen haben kann, die jetzt in Deutschland vorgehen.«

Wenn Bonzo spürte, daß man über ihn redete, tat er so, als ob er jedes Wort verstanden hätte. Seine Knopfaugen hefteten sich voll Interesse auf Frau Winter, die vor Schreck mit dem Finger drohte.

»Heute gibt's nichts!«

Bonzo hatte jedoch mehr Hoffnung, als Frau Winter zu erfüllen fähig gewesen wäre, und bellte erwartungsvoll.

»Was der Köter nur hat?« rief sie und zog sich in ihre Wohnung zurück, die sie in Ermangelung einer anderen Aufgabe von morgens bis abends putzte.

»Wenn Bonzo stinkt«, sagte man, »gibt's Regen.«

Bonzo stank immer und trug den Gestank wie ein Festgewand über die Straße. Bedächtig, die Schnauze am Boden, trippelte er von Geschmackssensation zu Geschmackssensation. Wenn er den Briefträger ausmachte, ging ein Ruck durch seinen Körper – und er stürzte sich auf ihn wie auf seinen ärgsten Feind.

»Er tut das nur, weil er nie Post kriegt«, verteidigte ihn Frau Rosenfelder. Der Briefträger, der nach einem geglückten Briefeinwurf gern von seinen Fronterlebnissen aus dem Ersten Weltkrieg erzählte, befreite den Kopf von der Mütze und erklärte, daß es seit dem Bestehen der Post eine Urfehde zwischen Hunden und Briefträgern gebe, das müsse man hinnehmen wie einen Ehekrach.

»Was sagt denn Ihre Frau dazu?« wagte Frau Rosenfelder zu fragen.

»Wir haben einen Wellensittich.«

Als Bonzo sich wieder einmal auf den Briefträger stürzen wollte, warf dieser ihm eine Tüte Pfeffer entgegen. Seit diesem Tag hatte Bonzo noch einen Grund mehr, den Briefträger zu hassen. Er haßte jedoch nicht nur den Briefträger, sondern überhaupt alle Uniformen. Davon gab es 1935 sehr viele, und Bonzo wußte gar nicht, auf wen er sich zuerst stürzen sollte. Auf Herrn Fleischer, der in seiner SA-Uniform und Schaftstiefeln die Tornowstraße auf und ab marschierte, um gesehen und gegrüßt zu werden. Oder auf den Gasmann, der einen Bleistift hinter seinem Ohr trug, oder auf Herrn Steckel, der im Ersten Weltkrieg das Eiserne Kreuz erhalten hatte und seine Zivilkleidung noch immer nach militärischem Vorbild schneidern ließ, oder auf Herrn Walther, der Polizist war und dieses Amt auch bei seinem Sohn ausübte, so daß sich dieser genötigt sah, seinerseits als Polizist aufzutreten, oder auf den Schornsteinfeger, der selbst oben vom Dach herunter »Heil Hitler!« brüllte, wenn ihm jemand von der Straße zuwinkte, oder auf den Milchmann, der einen weißen Kittel trug und auf einem Dreirad fuhr, von dem aus er jeden Morgen mit etwas näselnder Stimme schrie: »Milch, meine verehrten Damen!«

Er war von ausgesuchter Höflichkeit und beherrschte den Konjunktiv, daß man besonders achtgeben mußte, um ihn überhaupt zu verstehen. Die Sachtheit seines wiegenden Gangs hatte etwas Verschwörerisches, Vornehmes. Sein stets geneigter Kopf, dem ein penibler Mittelscheitel Würde verlieh, hielt im Gespäch einen Abstand, der ebensowohl darauf schließen ließ, daß er dem andern sich, wie daß er sich den andern drei Schritte vom Leibe hielt. Das »Heil Hitler!« intonierte er eher beiläufig. Seine Mission war die Milch – und er nahm sie sehr ernst. Bonzo haßte ihn, und Frau Rosenfelder hatte die größte Mühe, ihn an einem Milchmannmord zu hindern.

Frau Winter verfolgte das uniformfeindliche Treiben Bonzos mit wachsendem Ingrimm und behauptete allen Ernstes, das sei Landesverrat.

Eines stand fest: Die Uniformen hielten Bonzo in Bewegung. Er patrouillierte von einem Ende der Tornowstraße bis zum andern, hob manchmal das Bein, um sich an einem Briefkastenpfosten zu erleichtern, und prüfte die Gerüche, die von allen Seiten über ihn hereinstürzten. Gegen Abend legte er sich gewöhnlich vor die Wohnungstür von Frau Rosenfelder und jaulte. Es war das reinste Wunder, daß er nach all seinen Zwischenmahlzeiten noch immer Hunger hatte und den Blechnapf, den ihm Frau Rosenfelder füllte, gierig leerschlapperte.

Die Nacht verbrachte er auf einer Matte in der Wohnung von Frau Rosenfelder und hörte sich die Selbstgespräche seiner Gastgeberin geduldig an, wobei er hin und wieder wie zur Bekräftigung mit dem Schwanz auf den Boden schlug.

Frau Rosenfelder hatte ihren Mann im Ersten Weltkrieg verloren. Er war in Flandern gefallen wie so viele andere Deutsche – und doch war das bei ihm etwas anderes.

»Das sieht man doch schon am Namen, daß so einer ein Jude gewesen sein muß!« sagte Frau Winter, die wie viele, die selbst nichts darstellten, Ahnenforschung trieb. Frau Rosenfelder schwieg. Was ging Frau Winter ihre Vergangenheit an! Sie spürte die Feindseligkeit ihrer Nachbarn und blieb in ihrer Wohnung, die sie nur verließ, um einzukaufen, was sie stets gleich für eine ganze Woche erledigte. Bonzo trottete hinter ihr her. Er war der einzige, den sie ins Vertrauen zog und mit dem sie redete. Mit dem Ausdruck tiefster Trauer stellte er die Ohren hoch. Sie erzählte ihm, wie ihr Mann, Gott habe ihn selig, ihr im Warenhaus, in dem sie als Verkäuferin arbeitete, über Stoffballen hinweg einen Heiratsantrag machte, wie sie zusammen tanzen gingen, sich im Stadtwald zwischen Himbeersträuchern und Schmetterlingen liebten, wie ihr Sohn Fritz zur Welt kam, wie ihre Schwiegereltern, die in Bockenheim ein Bilderrahmengeschäft hatten, sie endlich akzeptierten und wie ihr Vater, der nichts von einer Heirat hatte wissen wollen, wieder mit ihr redete. Mein Gott, war das eine Szene, als ihr Vater, der Jean hieß und ein Gläschen zuviel getrunken hatte, ihrem Schwiegervater, der ebenfalls Jean hieß und auch ein Gläschen zuviel getrunken hatte, zuprostete: »Trinken wir auf das Wohl unserer Kinder und unseres Enkels!«

Ihre Mutter sowie ihre Schwiegermutter weinten, und Bismarck hing an der Wand. Es war zum Totlachen und doch auch unendlich traurig, zwei alte Männer, die nicht wußten, wie sie mit ihre Gefühlen fertig werden konnten, und zwei Mütter, die sich gegenseitig einzuschätzen suchten.

Das war lange her, als Deutschland noch nicht den Alltag zensierte. Jetzt zählte Frau Rosenfelder die Tage, die lauter waren als früher. Sie hatte Atembeschwerden und Wasser in den Beinen. Bonzo nahm ihr Leid in seine Augen. Er sah aus wie das wandelnde Elend. Die ganze Tornowstraße fütterte ihn aus Mitleid. Gestorben ist Frau Rosenfelder, wie sie in den letzten Jahren gelebt hatte. Keiner war bei ihr. Bonzo bellte einen ganzen Tag, bis man die Wohnungstür aufbrach.

Nach der Beerdigung kam der junge Rosenfelder noch einmal in die Tornowstraße, um die Wohnung aufzulösen, die seine Mutter nicht hatte aufgeben wollen. Frau Winter hing an ihrem Fenster wie eine Rachegöttin. Sie hatte das Haar hochgesteckt. Als der junge Rosenfelder gefragt wurde, was nun mit Bonzo geschehen solle, sagte er, er könne ihn wohl nicht mit in die Schweiz nehmen, außerdem sei er an die Tornowstraße gewöhnt und die Tornowstraße an ihn. Das leuchtete jedem ein. Frau Winter meinte jedoch, es sei das beste, Bonzo einfach einzuschläfern, er sei schon alt und habe genug gefressen. Das war das Stichwort für Herrn König, Tornowstraße 6, der mit seiner kleinen, schüchternen Frau im Haus schräg gegenüber wohnte.

»Frau Winter«, begann er und änderte den Sitz seiner Kappe, »Ihr Geschwätz ist eine Beleidigung meiner Ohren, so oft ich es höre, und was Sie gerade sagten, setzt dem noch einen Gipfel auf. Passen Sie also gut auf: Ich nehme den Hund und füttere ihn – und die verdammten Steuern zahle ich auch – und wenn Sie je ein abfälliges Wort über ihn verlieren, stoße ich Sie ungespitzt in den Erdboden, daß man Wäsche zum Trocknen an

Ihnen aufhängen kann, so wahr ich Friedrich Wilhelm König heiße.«

Alle, die diesen Ausbruch mit anhörten, bekamen vor Entsetzen den Mund nicht zu, denn daß der König je ein Wort zu einem Menschen gesprochen hätte, konnte keiner bezeugen. Selbst mit seiner Frau sollte er sich nur durch Handzettel verständigen, ging das Gerücht. Herr König lag in Feindschaft mit der ganzen Welt. Er antwortete auf keinen Gruß und wäre auch nicht auf den Gedanken gekommen, wegen eines anderen Menschen seinen Kopf von der Kappe zu befreien, die er mindestens schon zehn Jahre trug. Seine Lippen waren vom Zusammenpressen ganz dünn geworden. Seine Augen lauerten in seinem faltigen Gesicht wie Spinnen im Netz. Er ging sehr schnell, so daß es schon einmal vorkam, daß er die Kurve nicht kriegte und gegen den Briefkastenpfosten rannte. Es riß ihn herum, und er trat wütend gegen das Hindernis, nicht nur einmal, sondern gleich drei-, viermal, was zur Folge hatte, daß er sich blaue Flecken holte und für einige Zeit nur hinken konnte. Wenn er mit der gleichen Wut auch noch die blauen Flecken bestraft hätte, wäre er das Opfer seines Zorns geworden. Die Kinder, die sonst keinen Spott ausließen, wagten nicht, ihn auszulachen. Er hatte eine Art, sie anzuschauen, daß sie vor Angst steif wurden und ihnen auf der Stelle alle Missetaten einfielen, die sie in ihrem kurzen Leben verbrochen hatten. Mit einem Wort: Herr König lief wie ein offenes Messer durch die Tornowstraße, so daß es am besten war, ihm aus dem Weg zu gehen.

»Was er nur hat?« fragte Frau Lochner, die sonst mit Männern sehr gut auskam. Herr König schien sie gar nicht wahrzunehmen. Da hatte es Bonzo leichter im Umgang mit ihm. Es war ihm das Natürlichste der Welt, sein Einverständnis zu zeigen. Was bedurfte es da noch der gleißnerischen Sprache? Bonzo wedelte zustimmend mit dem Schwanz, und Herr König sagte: »Brav!«

Diese Arbeitsteilung kam beiden zugute. Man mußte sie nur sehen, wie sie durch die Tornowstraße trotteten. Herr König ging gewöhnlich zehn Schritte vor Bonzo, blieb jedoch manchmal stehen, um seinen hechelnden Verfolger nicht zu verlieren. Wenn er mit ihm durch die Gärten spazierte und keine Menschenseele in der Nähe war, versuchte er ihm allerlei Kunststücke beizubringen. Bonzo war ein äußerst eifriger Schüler, schon allein deswegen, weil sein Geschick jedesmal nahrhaft belohnt wurde. Rief Herr König: »Feind im Anmarsch!« legte sich Bonzo auf den Rücken und streckte alle viere von sich. Fragte er: »Wie gibt man seine Meinung kund?« hob Bonzo das Bein. Das waren Augenblicke, in denen Herr König laut und deutlich lachte. Entdeckte er jedoch Zuschauer, zog er die Schultern ein und verschwand mit Bonzo.

Daß er mit seinem Hund redete, wußte sehr bald so ziemlich jeder in der Tornowstraße. Über das, was er mit ihm redete, herrschten die aberwitzigsten Vermutungen.

»Er ist ein Defaitist«, sagte Frau Winter.

»Aber der Hund folgt ihm aufs Wort«, entgegnete Frau Ulrich.

»Lauter falsche Versprechungen«, wußte Frau Winter, die es nicht vergessen konnte, daß Herr König sie einmal angeschrien hatte, wie es sie sich nur von ihrem Mann gefallen ließ.

»Sie werden es nicht glauben, er redet mit seinem Köter über Politik«, berichtete Frau Kleinkorn, die über alles Bescheid wußte, was in der Tornowstraße geschah.

»Über Politik? Das ist doch nicht normal.« Frau Winter legte die Hand auf ihren Mund.

Ob normal oder nicht, Herr König ging seine eigenen Wege und ließ sich nicht in die Karten gucken. Er flaggte, wenn geflaggt werden mußte, und hatte sogar den *Völkischen Beobachter* abonniert, den ihm Bonzo im Maul entgegenbrachte. Schon allein darüber konnte sich Frau Winter nicht beruhigen. »Das ist doch nichts für einen Hund!«

Herr König kümmerte sich nicht um die nachbarliche Neugier und machte sich einen Spaß daraus, geheimnisvoll zu wirken. Wenn er den *Völkischen Beobachter* aus Bonzos Maul nahm, sagte er: »Du wirst doch kein Nationalsozialist werden?«

Doch Bonzo änderte sich im Gegensatz zu den Menschen nicht, die unterm Druck der Dinge, wie sie liegen, plötzlich eine andere Meinung kriegen.

Als der Krieg begann und die Lebensmittel rationiert wurden, magerte Bonzo ab und versuchte vergeblich, im Kuhwald Kaninchen zu fangen. Herr König dagegen hatte Rheumatismus und trat kaum mehr auf die Straße. Im März 1944 traf eine Sprengbombe das Haus, in dem Herr König mit seiner Frau und einer Fotografie des Watzmanns lebte. Ein Hilfstrupp fand ihn später tot in der Küche liegen. Neben ihm saß ganz verstaubt Bonzo und fletschte die Zähne. Sie erschlugen ihn mit einem Beil und verscharrten ihn im Kuhwald. Frau König, die mit den andern Hausbewohnern in den Luftschutzkeller gegangen war, überlebte. Bonzo wurde um die vierzehn Jahre alt. Genau wußte das keiner.

Nach dem Kriege erzählte Frau Kleinkorn, deren Wohnung nicht zerstört worden war: »Sie werden es nicht glauben: In dieser Straße lebte ein Hund, der lesen konnte. Und das ist die reine Wahrheit. Er ist sogar dran gestorben.«

## *Peterchens Mondfahrt oder Die Geburt der Skepsis*

Es kam die Zeit, da ich mich für das Theater zu interessieren begann. Ich weiß nicht mehr, ob es neue Schuhe oder eine neue Hose waren, die mir meine Mutter in der Stadt zu kaufen gedachte, um meinem Wachstum Rechnung zu tragen, das mir in kürzester Zeit alle Kleidungsstücke zu kurz werden ließ. Auf jeden Fall war ich mit meiner Mutter in der Stadt. Schon das war ein Theater, wie sie sagte.

Aber die Anlässe sind oft weit weniger großartig als die Ereignisse, die ihnen folgen. Nachdem es meiner Mutter endlich gelungen war, für mich etwas Passendes zu finden, was ich als unerklärlichen Glücksfall empfand, bummelten wir durch die Altstadt zum Römerberg. Dieser war völlig verwandelt. Ein großes Holzgerüst erhob sich vor der Fassade des Römers. Fahnen wehten, Stimmen wirbelten durcheinander, und ihr Echo sprang über die Giebel zum Himmel. Auf der Balustrade der Nikolaikirche standen einige Frauen in bunten Sommerkleidern und winkten den Neugierigen zu, die den Aufbau der Bühne verfolgten. In dem mittleren Eingang zum Römer sprach ein Mädchen mit zwei Zöpfen, großen Augen und sanfter Stimme ein Gebet, nicht nur einmal, sondern gleich zehnmal, bis ein ganz in ihre Worte versunkener Mann ihr sagte, daß es jetzt sitze.

»Das ist Gretchen«, erklärte mir meine Mutter.

»Und wer ist Gretchen?« wollte ich wissen, überrascht, da meine Mutter sie persönlich zu kennen schien.

Als Antwort erfuhr ich die Handlung des Faustdramas von Goethe, der, wie mein Vater einmal erzählte, schon durch das Hinauswerfen des Eßgeschirrs aus dem Fenster auf sich aufmerksam gemacht hatte. Meine Eltern kannten ein Ehepaar Faust, das einen sehr bissigen Hund besaß. Es gelang mir jedoch nicht, zwischen den Fausts in der Müllerstraße und dem Faust Goethes eine Verbindung zu sehen.

»Deine Phantasie geht wieder einmal mit dir durch«, bemerkte meine Mutter.

Schatten wuchsen über den Römerberg. Wir saßen in einer Wirtschaft und sahen dem Treiben zu. Hammerschläge mischten sich in die Schritte der Neugierigen. Der Wind krallte sich in das große Transparent am Römer. Die Laternen schaukelten hin und her, daß die Drähte klirrten. Ihr Schatten war wie zuckende Brauen. Aus der Ferne eilten die vom Abendlicht verwischten Konturen der umliegenden Häuser vorbei und warfen sich auf das Gerüst, das zu stürmischem Leben erwachte. Es schwamm wie ein vielstöckiges Segelschiff auf uns zu. Wir saßen vor einem Glas Limonade, das uns der Kellner mit einer weitausholenden Gebärde serviert hatte. »Wohl bekomm's!« Ich baumelte mit den Beinen und stellte Frage auf Frage.

Eine Trompete zerriß den murmelnden Lärm.

»Morgen beginnen die Römerbergfestspiele«, sagte meine Mutter.

So war das immer. Ich mußte warten. Alles fand immer erst dann statt, wenn ich vor lauter Warten schon ganz erschöpft war. Und dann sagte meine Mutter noch, daß ich erst größer und älter werden müsse, um den Faust zu verstehen. Während ich protestierte, winkte sie dem Kellner.

In der Straßenbahn schlief meine Mutter ein, und ihr kleiner, hellbrauner Hut, der einem Berggipfel glich, rutschte ihr in die Stirn. Ich saß mit weitaufgerissenen Augen neben ihr, und alles, was ich sah, pulsierte und leuchtete rot vor meinen Blicken.

Beim Abendessen gingen wir den Tag noch einmal durch. In der Erinnerung schien er unendlich lang gewesen zu sein: Aufregungen, die Straßenbahnfahrt in die Stadt, Schaufenster, das »Heil Hitler« der Verkäufer, ehe sie nach unseren Wünschen fragten, das Anprobieren vor einem Spiegel, das Gewimmel auf dem Römerberg, der Aufbau einer Bühne, alles Theater, alles Theater. Als ich zu Bett ging, fühlte ich etwas, das war nicht Schmerz und nicht Vergnügen, es war etwas Gemischtes, Erleichterung und Sehnsucht zu gleichen Teilen durcheinandergerührt.

Erst im nächsten Jahr sollte ich in die Schule kommen. Meine Neugier ließ mich erbärmlich zappeln. Noch erriet ich mehr, als ich lernte. Die Bücher mit den goldenen Signalen auf dem Rücken waren mir noch ein Rätsel. Doch fand ich Trost in den Illustrationen, aus denen ich mir Geschichten erdachte. In unserer Faust-Ausgabe entdeckte ich den Teufel mit einem spitzen Bart und einem befederten Barett, wie er vor einem nachdenklichen Mann buckelte. Er glich einer Katze, die um den heißen Brei streicht. Was machte ich anderes?

Es war Onkel Fritz, der meine Neugier noch mehr anstachelte, indem er mir zu meinem sechsten Geburtstag eine illustrierte Lederstrumpf-Ausgabe schenkte, die ich, ehe ich lesen konnte, als Vorlage für meine Fastnachtsverkleidungen benutzte. Es gelang mir jedoch nie, mich in den letzten Mohikaner zu verwandeln, obwohl ich mich als der letzte Mohikaner fühlte. Ich genoß es, eine Ausnahme zu sein und litt darunter, daß all meine Freunde und Feinde denselben Wunsch hegten.

»Du siehst wie ein gerupftes Huhn aus!« bemerkte mein Großvater.

Wenn er gewußt hätte, wie schwer es mir gefallen war, einem lebendigen Huhn im Garten Tragesers eine Schwanzfeder auszureißen, hätte er mir sicherlich mehr Anerkennung geschenkt. Ob nun letzter Mohikaner oder verkleideter Frankfurter, es war gar nicht so leicht, ein anderer zu sein, geschweige denn man selbst.

Onkel Fritz, der ältere Bruder meines Vaters, war es, der es mir bescheren wollte. Er lud mich zu *Peterchens Mondfahrt* ein, das im Opernhaus gegeben wurde.

»Müssen wir uns da verkleiden?« fragte ich aufgeregt.

Onkel Fritz war mein Pate und pfiff stets vor sich hin. Mit leicht zugespitztem Mund brachte er die schönsten Melodien hervor; sie begleiteten sein Leben. Die Musik war ihm ein und alles.

Er war Organist an der St.-Joseph-Kirche in der Bergerstraße, und er tanzte auf den Pedalen, als sei ihm die Erde zu heiß geworden. Wenn er zum Abschluß einer Messe die Orgel aufbrausen ließ, öffnete sich meine Seele der ganzen Welt, und ich schrie vor Freude mit. Einmal brach er unvermittelt ab, so daß meine Stimme allein in der Kirche zu hören war. Ich verstummte entsetzt, aber meine Stimme war noch immer da, ehe sie unter dem Gewölbe verhallte.

Onkel Fritz konnte aus jedem Instrument eine Melodie herauszaubern, angefangen bei der Klarinette bis hin zum Kontrabaß, der beglückt unter seinen Strichen aufseufzte. Harras, der Hund meiner Großmutter, liebte die Töne des Kontrabasses und jaulte herzerweichend mit. Onkel Fritz lebte eben ganz für die Musik, und er soll sogar, wie mir mein Vater erzählte, in Lichtspielhäusern Stummfilme zum Leben erweckt haben. Bei uns zu Hause stand nur ein Harmonium in der Mansarde, das verschnupft klang und wimmerte, wenn man den Blasebalg mit den Knien nicht tüchtig betätigte. Jedesmal wenn uns Onkel Fritz besuchte, stieg er mit mir zur Mansarde hoch und spielte Max Reger. Er legte den Kopf in den Nacken und betrachtete die Wasserflecken auf der Tapete. Die Musik verwandelte alles. Aus den Wasserflecken wurden seltsame Wesen, die zu tanzen begannen – und ich tanzte mit, daß das Linoleum unter meinen Füßen quietschte. Ich vergaß alles um mich herum und glaubte in einer Wolke Musik verschwinden zu können. Nach jedem Besuch von Onkel Fritz übte ich wie wild auf meiner Dreiviertelgeige, die zu meinem Leidwesen nur wie eine Dreiviertelgeige klang.

Mein Vater, der damals gleichzeitig mein Geigenlehrer war, fand, daß ich zu laut spiele.

»Ein guter Musiker muß leise spielen können.«

Spielte ich Geige, um leise zu sein? fragte ich mich. Ich liebte das Laute, und Onkel Fritz war der Meinung, daß ich Talent für die Trompete von Jericho hätte. Er lachte, als er mein verdutztes Gesicht sah.

»Wir leben in Jericho«, sagte meine Mutter.

»Dann aber aufgespielt!« rief Onkel Fritz.

Ich selbst hatte ganz andere Dinge im Sinn: Ich wollte Organist und Pilot zugleich werden.

»Ausgezeichnet!« stimmte mir Onkel Fritz zu.

Aber noch war ich ein winziges, schwächliches Etwas und wartete ungeduldig auf ein Zeichen des Himmels, das jedoch ausblieb.

Onkel Fritz leitete einige Gesangsvereine in der Umgebung Frankfurts, so daß er nur selten abends zu Hause war. Einmal durfte ich ihn zu einer Chorprobe begleiten. In dem Tabaksqualm waren die Gesichter der sich räuspernden Männer nur verschwommen zu erkennen. Ich wagte nicht zu atmen. Sobald Onkel Fritz einen Akkord auf dem Klavier angeschlagen und das Zeichen zum Beginn gegeben hatte, rissen die Männer wie junge Amseln die Münder auf, und die Gewalt ihres Gesanges drohte mich von dem Stuhl zu fegen. Onkel Fritz war nicht sehr groß, doch während er dirigierte, wuchs er um eine Kopflänge und hüpfte hoch, als wollte er sich wie ein Vogel vom Boden zum Fluge abstoßen. Wenn sich das Tempo verschleppte, sang er mit und jagte die Stimmen aus der trägen Dehnung der Akkorde. Ich mußte mich zusammennehmen, um nicht sofort die Flucht zu ergreifen.

Nach der Probe, die mir eine laute Ewigkeit zu dauern schien, trat ein Mann auf meinen Onkel zu und erklärte, es sei höchste Zeit, daß wir einzig und allein das Liedgut sängen, das deutscher Art entspreche. Er überragte Onkel Fritz um eine Kopflänge und strotzte nur so von Gewalt. Zur Bekräftigung seiner Worte schlug er die Hacken zusammen und wartete mit leicht vorgezogenen Schultern auf eine Antwort. Onkel Fritz trat einen Schritt auf die Drohung zu und sagte etwas, was ich nicht verstehen konnte. Daraufhin drehte sich der Mann abrupt um und sagte in Richtung seiner Sangesbrüder: »Er wirft den Kram hin.«

Auf der Heimfahrt im Zug versuchte mir Onkel Fritz klarzumachen, daß es jetzt nicht mehr auf die Musik ankomme, sondern auf das, was die Musik ausdrücke.

Was sollte ich dazu sagen, der ich auf einer Dreiviertelgeige spielte?

Am Himmel glomm das Abendrot, ein Abendrot dick wie Marmelade. Onkel Fritz saß mir unschlüssig gegenüber, sein

Gesicht voller Fragen. So niedergeschlagen hatte ich ihn noch nie gesehen.

»Die Zeit geht ihren Weg, und ich muß beiseite treten, um der Zeit Platz zu machen.«

Der Zug fuhr langsam und hielt an lauter kleinen Stationen. Bisweilen versuchte er ein hastigeres Tempo. Aber das ging ihm wohl selbst zu schnell. Er blieb stehen, atemlos dampfend. Dann setzte er sich wieder träge in Gang. Mir ging der Gedanke, daß die Zeit ihren Weg gehe, nicht aus dem Kopf. Wie wäre es denn, wenn wir nicht mit der Zeit gingen?

Im Hauptbahnhof fand Onkel Fritz seine gute Laune wieder. Die Lippen spitzten sich wieder, und er pfiff so laut, daß sich die Leute nach ihm umdrehten.

Wenn ich mich recht erinnere, brauchte meine Mutter gute zwei Stunden, um aus mir einen adretten Opernbesucher zu machen. Erst schrubbte sie mich in der Badewanne sauber, daß ich Angst bekam, meine Haut werde die auf diese Weise erworbene Farbe behalten. Dann ließ sie mich in verschiedene Hemden schlüpfen, bis sie sich für das richtige entscheiden konnte. Als ich schließlich in meinem sowohl einzigen als auch besten Anzug vor ihr stand, voller Erwartungen und Ängsten, stellte sie mit einem Seufzer fest, daß mir der Anzug zu klein geworden war, und schon zwackte er mich unter der Achsel. Ich mußte etwas belämmert ausgesehen haben, denn sie lachte auf und ermahnte mich mit einem Augenblinzeln: »Sieh zu, daß du keine Turnübungen in der Oper machst!«

Schon jetzt wagte ich nicht, mich zu bewegen, und war gespannt wie ein Flitzebogen. Onkel Fritz fuhr in einer Mietdroschke vor und sagte, als er den erstaunten Blick meiner Eltern bemerkte: »Warum nicht?«

Die Fahrt zum Opernhaus überstand ich, ohne daß es mir

übel wurde. Vor der Auffahrt zum Portal des Opernhauses stauten sich die Mietkutschen. Der Wind wirbelte die Mäntel und Kleider der Aussteigenden hoch. Frauen in langen, gleißenden Gewändern hingen am Arm von Männern in Uniform oder Frack und strebten zum Eingang, dazwischen kleinlaute Kinder an der Hand ihrer Eltern. Überall glitzerte Schmuck wie Leuchtkäfer auf. Parfums vereinten sich zu einer verwirrenden Duftwolke, auf der ich dahinzugleiten schien. Ich wußte nicht, wohin ich zuerst schauen sollte.

Onkel Fritz ergriff energisch meine Hand und flüsterte mir zu: »Nach der Kleidung wird man begrüßt, nach dem Verstand hinausgeleitet.«

Das konnte mich nicht trösten. Überall lauerten Gefahren. Ich sah die nackten Rücken der Frauen sich aus den Kleidern schälen, ich sah in vernarbte Gesichter von Männern, die Orden an ihrer Brust trugen, ich sah, wie aus den Leuchtern Fontänen von Licht sich über uns ergossen und die Haut erglänzen ließen. Ich machte kleine Schritte, um die Enge meines Anzugs nicht zu spüren, und wußte nicht, ob ich mich freuen oder verstecken sollte. Ich stahl mich in die Unterhaltungen um mich herum. Man redete von den Olympischen Spielen und vom neuen Daimler-Benz. Die Bügelfalten der Uniformen sahen wie Messer aus.

Es war ein Tag des Außerordentlichen. Überall Glanz. Glanz lag auf den Spiegeln und selbstverständlich hinter den Spiegeln. Glanz waren die Säulen und die Deckengemälde, die zwischen rosaroten Wölkchen spielende Putten zeigten und nackte Göttinnen, die vom Himmel herabstiegen.

Wir suchten unsere Plätze in der Loge auf, die, von uns aus gesehen, sich direkt über dem rechten Orchesterflügel befand. Nacheinander erschienen die Musiker, legten ihre Noten zurecht und begannen, ihre Instrumente zu stimmen. Onkel Fritz winkte dem Klarinettisten zu, der eine jauchzende Tonleiter zur Saaldecke jagte. Als er Onkel Fritz bemerkte, winkte er übermütig zurück und stemmte die Klarinette erwartungsvoll auf sein rechtes Knie. Als der Dirigent mit federnden Schritten erschien und sich vor dem Publikum verbeugte, verstummten schlagartig die Gespräche, die den weiten Raum mit einem raschelnden Brausen erfüllt hatten, und Beifall erhob sich, der jedoch sofort wieder verebbte, als der Dirigent vor sein Pult trat. Die Geiger hoben den Bogen über die Saiten, der Kesselpauker duckte sich. Die Zeit schien stille zu stehn, um dann auf den Wink des Taktstocks hin wieder loszupreschen. Musik ergriff Besitz von mir.

Plötzlich der Schwere beraubt, ja selbst des Empfindens der Körperlichkeit, ganz Gesicht und Gehör, von jedem anderen Gefühl befreit, heftete ich die Augen auf das Sternenzelt der Bühnendekoration und war verzaubert. Was konnte ich mir jetzt noch mehr wünschen! Ich gab mich ganz den Ereignissen auf der Bühne hin und holte mit Hilfe des Operngucckers die Gesichter der Sänger in Atemnähe. Immer wieder fragte ich meinen Onkel, wie es denn weitergehe und wann endlich Peterchen zum Mond fahre. Als es dann soweit war, entdeckte ich im grellen Lampenlicht eine Schnur, die anstelle von Peterchen eine ihm ähnliche Puppe in den Bühnenhimmel zog, wo der Mond baumelte, das Gesicht eines alten Mannes mit einer riesigen Knollennase. Enttäuscht gab ich meinem Onkel das Opernglas zurück, und der Sauerteig der Skepsis blähte sich in mir. War das alles? Ich vergrub mein Gesicht in meine verschränkten Arme, und mein sechsjähriges Herz seufzte vor Trauer. Das Geschehen auf der Bühne interessierte mich nicht mehr, und die Musik kam mir plötzlich schal vor. Ich fühlte mich betrogen, und als der Schlußapplaus ertönte, rieb ich die Hände vor Abscheu. Für den Heimweg begnügten wir uns mit der Straßenbahn. Die Nacht stand in den Kastanienbäumen der Bockenheimer Landstraße. Sterne legten sich auf die sanft wiegenden Zweige, und der Mond ritt auf den Dächern.

Ich redete und fuchtelte mit den Armen. Onkel Fritz lachte und erklärte mir: »So ist es eben mit dem Theater. Daran mußt du dich gewöhnen.«

»An einem Seil haben sie ihn hochgezogen, und das nennen sie Mondfahrt.«

»Stell dir einmal vor, sie hätten Peterchen zum Mond geschossen!«

Ich konnte mir nicht helfen, meine gerade geweckte Skepsis blieb und nistete sich in all meine Gedanken.

Als ich endlich lesen konnte und alle Bücher intus hatte, die mir Onkel Fritz etwas voreilig geschenkt hatte, entdeckte ich auf dem Fries des Opernhauses die Worte:

DEM WAHREN, SCHOENEN, GUTEN

Dem Wahren?

»Das muß Täuschung heißen«, stellte ich meinen Onkel zur Rede.

»Es kommt ganz darauf an, zu welchem Zweck man getäuscht wird.«

Auf den Straßenbahnen stand jetzt in fetten Lettern: »Ein Volk, ein Reich, ein Führer«, und Marschtritte übertönten den Gesang der Vögel.

Es kam jetzt öfters vor, daß mich Onkel Fritz auf dem Klavier begleitete, wobei ich jedoch andere Wege ging als er, so daß wir nicht miteinander, sondern gegeneinander spielten.

»Paß auf!« sagte er zu mir, »Du darfst nicht nur auf deine

eigene Stimme achten, sondern mußt auch auf die Begleitung hören. Zusammen musizieren ist die Kunst der vollkommenen Gemeinschaft.«

So übte ich die vollkommene Gemeinschaft, bis sich ihr mein Herz öffnete. Darüber vergaß ich sogar meine Skepsis.

Auf der Hochzeit von Onkel Fritz spielte ich eine Corellisonate solo. Die Gäste ließen mich hochleben, und die Braut drückte mir einen Kuß auf die Stirn. Das war das Zeichen für den Bräutigam, seine Klarinette zu holen und sie mit einer kreisenden Bewegung in die Höhe aufjauchzen zu lassen. Meine Mutter faßte mich um die Hüfte und versuchte mit mir zu tanzen, während ich ihr unbeholfen auf die Füße trat. Doch allmählich gelang es mir, vom werbenden Ton der Klarinette mitgerissen, die Schritte richtig zu setzen, und ausgelassen tanzten wir durch die Wohnung, an der Totenmaske Beethovens vorbei bis in die Küche, wo Frauen die Sahne schlugen und den Kaffee kochten. Sie zählten die Hochzeiten auf, auf denen sie schon gewesen waren, und machten sich über die Bräutigame lustig.

Mein Vater sprang zum Flügel und hastete mit tollen Triolen hinter seinem Bruder her. Die Hochzeitsgäste klatschten in die Hände und traten an die Wand zurück, um den Tanzenden Platz zu machen. Einige Männer schlüpften aus ihren Jacken und lockerten ihre Krawatten, und die Frauen lüpften ihre langen Kleider, um weite Schritte beim Tanzen machen zu können. Der Parkettboden, auf dem das Tageslicht schwamm, ächzte unter den Schritten. Seide knisterte, und Schweiß mischte sich mit Parfüm. Mit Taschentüchern wedelte man sich frische Luft zu. Alle waren seltsam aufgeregt und redeten wild durcheinander. Onkel Albert, der jüngste Bruder meines Vaters, stützte sich mit einer Hand auf den Flügel. Seine blonde Mähne fiel in einer Diagonalen über die Stirn, und seine Zigarette wippte im

Mundwinkel. Er schaute bedrückt drein und schrie: »Gott verzeih uns, daß wir glücklich sind.«

»Laß uns unseren Spaß!« rief meine Mutter zurück und wirbelte mich um meine Achse, daß die Wände wie eine endlose Treppe an mir vorüberflogen. Plötzlich schämte ich mich meiner Ausgelassenheit und ließ mich auf einen Stuhl fallen. Auf den Wangen meiner Mutter blühte eine tiefe Röte auf. Sie streifte sich die Haare aus dem Gesicht und lachte. Und da konnte Onkel Albert nicht anders als mitlachen, so daß sich die Asche von seiner Zigarette löste und zu Boden fiel.

»Vielleicht kommen wir so fröhlich nicht mehr zusammen.« Er sagte es fast entschuldigend.

»Gibt's denn nichts zu trinken?« fragte Onkel Fritz und hämmerte die Klarinette in seine Handfläche. Gläser wurden herumgereicht, in denen der Wein schaukelte.

»Ein Trinkspruch!«

»Die Liebe!«

»Ist das alles?«

»Das ist genug!« Onkel Fritz zog seine Braut an sich.

Die Frauen hoben die Gläser mit gespreiztem kleinen Finger. Onkel Albert schmatzte, nachdem er das Glas in einem Schluck geleert hatte. Die anderen spielten Weinkenner und fielen dann in ihre Gespräche zurück.

Mein Vater nippte nur an seinem Glas und griff mit ungeheurem Gefühlsaufwand in die Tasten, bewegte die Lippen, hob die Schultern, öffnete den Mund und sang: »Im wunderschönen Monat Mai ...«

»Der Mai ist längst vorbei«, rief jemand und zeigte sein leeres Glas.

»Wann Mai ist, bestimme ich«, schrie Onkel Fritz. Gelächter stieg wie ein Schwarm Vögel auf.

Als wir spät in der Nacht aufbrechen wollten, weinte Onkel Albert. Er wollte, daß die Zeit stehenbliebe, riß mit einer theatralischen Geste die Tür der Standuhr auf, hielt das Pendel an und schaute triumphierend in die Runde der Hochzeitsgäste, die schon die Mäntel angezogen hatten. »Was sagt ihr jetzt?«

Keiner antwortete ihm. Seine Frau trat auf ihn zu, legte den Mantel über seine Schultern und stülpte ihm den Hut über den Kopf. Plötzlich sah Onkel Albert verwegen wie eine Sektreklame aus. Er deutete eine Verbeugung an, um dann kurz in den Knien einzuknicken.

»Laß es gut sein!« sagte seine Frau und schob ihren Mann zur Tür.

Die Braut legte mir zwei Sträuße in Seidenpapier auf den Arm. »Nehmt Blumen mit. Ich ersticke in Blumen.«

Der Abschied fing immer wieder von vorne an. Im Treppenhaus floß ein roter Läufer über die Stufen.

Wir erreichten die letzte Straßenbahn. In dieser Nacht dachte ich mir Träume aus, um mit schönen Gedanken einzuschlafen. Ich blieb jedoch wach bis zur morgendlichen Epiphanie der Amseln.

⋆

Meine Großmutter hatte auf der Hochzeit gefehlt, auf der ihr Lieblingssohn zu einer ihr fremden Frau ja sagte. Erst Jahre später versöhnte sie sich wieder mit ihrem Sohn, als er nach der Zerstörung ihres Hauses durch eine Luftmine in der Obernhainer Straße erschien und seine Hilfe anbot. Sie war eine verbitterte Frau geworden, die mit ihren mißtrauischen Augen jeden prüfte, ob er sich nicht zu seinem Nachteil verändert habe.

»Junge«, sagte sie, »du siehst müde aus.«

»Es geht mir so gut, wie es einem in unserer Zeit gehen kann.«

»Du hättest Priester werden sollen.«

Onkel Fritz schüttelte energisch den Kopf.

Meine Großmutter drehte an einem Knopf seiner Jacke. »Gerade jetzt werden Priester gebraucht.«

»Wir werden alle gebraucht.« Onkel Fritz war bleicher als früher und sichtlich abgemagert. Von dunklen Ringen der Müdigkeit umgeben, schienen seine Augen größer und von einem blasseren Blau.

Als wir in das zerstörte Haus traten, begann er zu pfeifen. Wie unter einem Zwang eilte er ins Musikzimmer. Der gipserne Wagner lag in Stücken auf dem Boden. Die Tapete hing in Streifen von der Wand herab. Der Flügel war mit weißem Staub bedeckt. Onkel Fritz stellte den umgestürzten Klavierstuhl wieder auf, ließ sich aufseufzend auf ihn nieder und spielte gegen die heillose Unordnung an. Es war, als wollte er alles ungeschehen machen. Durch die zerbrochenen Fensterscheiben blähte der Wind die Vorhänge auf und blätterte in den Seiten der aus den Regalen geschleuderten Bücher. Die Musik stürmte durch das Haus, weckte hier und dort ein Rascheln herunterfallender Bruchstücke und stürzte mich in eine tiefe Verzweiflung. Vor meinen Augen verdoppelte sich alles, und ich versuchte, gewaltsam alles Böse und Zerstörerische in der Welt zu überschreien. Ich war tot und ich schrie. Onkel Fritz begleitete mich.

Für den Umzug stand uns nur ein Möbelwagen zur Verfügung. Frankfurt war zu einer Stadt der Umzüge geworden. Möbel standen abholbereit vor halbzerstörten Häusern, von Frauen mit Kopftüchern bewacht, die von einem Stuhl aus das Treiben auf der Straße argwöhnisch verfolgten.

Meine Großmutter hatte in der Blumenstraße eine große Wohnung gefunden, die nach Moder roch, so daß sie getrockneten Lavendel verstreute, um sich nicht wie in einem Grab zu fühlen.

Den größten Teil der Bücher, den wir nicht mehr in dem Möbelwagen unterbringen konnten, transportierten Onkel Fritz und ich in einem Leiterwagen von der Obernhainer Straße in die Blumenstraße. Es war das einzige Mal, daß ich Bücher gehaßt habe. Wir packten den Leiterwagen so voll, daß wir uns immer wieder nach heruntergefallenen Büchern bükken mußten, wobei Onkel Fritz jedesmal wissen wollte, welches Buch das Pflaster Frankfurts bedeckt hatte. Aus Marc Aurels Selbstbetrachtungen las er mir laut vor, so daß Passanten stehenblieben. »Wenn du, immer folgsam der gesunden Vernunft, das, was der Augenblick von dir verlangt, mit Eifer, Kraft, Freundlichkeit betreibst und, ohne den Blick nach rechts oder links zu wenden, den Genius in dir rein zu erhalten suchst, als ob du ihn sogleich zurückgeben müßtest, wenn du so ohne Furcht und ohne Hoffnung dir an der jeweils natürlichen Tätigkeit und heldenmütigen Wahrheitsliebe in deinen Reden und Äußerungen genügen läßt, wirst du ein glückliches Leben führen, und niemand kann dich daran hindern.«

»Ich wette, daß diese Worte nicht von unserem Führer stammen«, bemerkte ein mit einem altmodischen Paletot bekleideter Herr. Er machte uns würdevoll Platz. Am Merianplatz rutschte ein Band von Goethes gesammelten Werken vom Leiterwagen und kam unter die Räder. Jeder Büchertransport wurde zu einem Spießrutenlaufen. Onkel Fritz zog, und ich schob, und die Passanten gaben ihren Senf dazu.

»Wollt ihr die Bücher einmal lüften?«

»Sollen die zum Altpapier?«

»Wer hat heute noch Zeit zum Lesen?«

»Das Leben des Menschen ist nichts. Gewaltig ist die Geschichte, in die wir verstrickt sind, und dazu genügt die Zeitung.«

»Haben Sie die Bücher alle gelesen?«

Onkel Fritz antwortete, so gut er konnte, und amüsierte sich über das Interesse, das unser Bücherumzug erregte.

Gleich das erste Haus in der Blumenstraße war im arabischen Stil erbaut. Ich war sehr enttäuscht, daß meine Großmutter dort nicht eingezogen war. Das wäre ein Hort für Bücher gewesen. Die Fenster glichen riesigen Schlüssellöchern – und ist nicht das Lesen die Kunst, durch gedruckte Schlüssellöcher in eine andere Welt zu schauen!

Das neue Domizil meiner Großmutter war eine Wohnung im zweiten Stock in der Blumenstraße 6, von deren Balkon man einen schrägen Blick auf das arabische Haus hatte. Die Vormieter hatten ein riesiges, ja, imposantes Ölbild hängenlassen, das eine nackte Frau mit ausgebreiteten Armen zeigte. Unter ihr stapelten wir die Bücher auf, so daß es aussah, als führe eine Treppe zum Ölbild hinauf.

Als ich abends im Bett lag, waren meine Beine so schwer wie Eisenbahnschienen. Ich dachte an Marc Aurel, dem es gelungen war, seinen Frieden zu finden. Ich war nicht Marc Aurel. Ich regte mich schon auf, wenn Paulchen allen Ernstes behauptete, er wolle eine Maschine werden, die makellos funktioniere. Nur so habe man Erfolg. Hatte der eine Ahnung! Ich zog es vor, im Geiste alle Dinge der Welt zu verdrehen, und gerade solche, die derart simpel waren, daß man kaum etwas hinzuerfinden konnte. Schon aus diesem Grund hielt mich Paulchen für einen Vaterlandsverräter.

Am nächsten Morgen war die nackte Frau in Öl verschwunden. »Sie wird eifersüchtig auf die vielen Bücher gewesen sein«, bemerkte Onkel Fritz mit einem ironischen Lächeln. Ein weißer, rechteckiger Fleck verriet, wo das Bild einmal gehangen hatte.

Am dritten Tag des Bücherumzugs brach der Leiterwagen unter dem Gewicht der Rankeschen Weltgeschichte und anderer dickleibiger Bücher schon nach den ersten hundert Metern zusammen. Wir trugen die Bände in das Haus meiner Großmutter in der Obernhainer Straße zurück, schafften sie mit den übrigen, die noch dort waren, in den Keller und vernagelten die Tür. Anschließend gingen wir durch die leeren Räume und zählten auf, was in ihnen gestanden hatte. Im Fenster erstarrte der Garten verblühter Stauden. Jeder Schritt, den wir machten, weckte ein vielfältiges Echo. Dort, wo der Hund geschlafen hatte, war die Tapete ganz dunkel geworden. Jetzt würde keiner mehr das Haus bewachen. Es war ganz auf sich allein gestellt: ein Haus voller Erinnerungen, die immer unbegreiflicher wurden. Durch die zerbrochenen Fensterscheiben stürmte der Herbstwind ins Innere, laut und polternd wie ein Betrunkener.

Nachdem wir das Haus abgeschlossen hatten, blieb Onkel Fritz noch kurz auf der Steintreppe stehen, die Hände tief in den Hosentaschen, seine Jacke nach hinten geschoben. Seine Pose sagte: »Nun!«

Onkel Fritz ist im Februar 1944 bei einem Bombenangriff auf Frankfurt umgekommen. Eine Luftmine zerstörte das Haus in der Günthersburgallee, in dem er wohnte, und tötete alle, die in den Keller geflüchtet waren. Er wurde auf dem Bornheimer Friedhof unter den Klängen des Chopinschen Trauermarsches beerdigt. Die Gesichter der Musiker blieben hinter den Trompeten, Hörnern und Posaunen verborgen. Zwei Männer in Ledermänteln standen etwas abseits und beobachteten die Zeremonie. Der Tod war ihnen zuvorgekommen.

Onkel Fritz hatte sich dem katholischen Widerstand gegen Hitler in Frankfurt angeschlossen und sollte verhaftet werden. Walter Dierks erzählte mir später davon. Am Freitag, dem 3. März 1944, stand der Name meines Onkels in der Liste der Gefallenen, die die *Rhein-Mainische Zeitung*, das amtliche Organ der NSDAP für den Gau Hessen-Nassau, auf der ersten Seite brachte.

## *Der Hasenbraten*

Die Kuhwaldsiedlung lag dem Flugplatz Rebstock nur durch einen Gartengürtel getrennt gegenüber. Dieser Flugplatz, einer der ältesten Deutschlands, war uns über viele Jahre hinweg so etwas wie ein abwechslungsreiches Freilichttheater. In den frühen dreißiger Jahren, als sich Deutschland nicht nur als ein Volk ohne Raum, sondern auch als ein Volk ohne Himmel wähnte, kreisten Segelflugzeuge über ihm, und das Rauschen ihrer Flügel nistete sich wie eine Drohung in die Ohren. Ihnen folgten die Ju-52, die schwerfällig über das Gras hoppelten, wenn sie zur Startposition fuhren, Propeller zerschnitten die Sonnenstrahlen, und eine Staubwolke erhob sich, wenn die krötenhaften Flugzeuge aufstiegen. Allmählich verlor sich der Motorenlärm in der Höhe, und der Himmel gehörte wieder den Krähen.

Im Dezember 1941 erfüllte ein metallenes Brausen die Luft. Wir erreichten gerade noch rechtzeitig den Zaun des Flugplatzes, um eine Staffel ME 110 bei der Landung zu beobachten. Die dunkelgrünen Maschinen wippten mit den Flügeln, ehe sie elegant auf dem Boden aufsetzten und langsam ausrollten.

Erst am späten Nachmittag bewahrheitete sich das Gerücht, daß die Richthofenstaffel auf dem Flugplatz Rebstock gelandet sei und für einige Wochen dort stationiert bleibe. Rudi stammelte, daß er verrückt werde, und Paulchen war der Meinung, daß von Frankfurt aus der große Schlag gegen England geführt werde. Wir gaben an wie eine Tüte voller Mücken und wollten sofort zur Luftwaffe. Aber es sollte noch besser kommen. Die Flieger der Richthofenstaffel fanden Quartier in der Kuhwaldsiedlung; ein junger Fliegerleutnant kam zu meinem Großvater, der Platz in seiner Wohnung hatte, und ich fühlte mich wie im siebten Himmel, einen Piloten der Richthofenstaffel leibhaftig und nicht nur auf einem Zigarettenbildchen vor mir zu haben. Er nahm vor meinem Großvater Haltung an, schlug die Hacken zusammen und stellte sich vor. Er hielt sich kerzengerade, seine dunklen, lebhaften Augen maßen das Zimmer ab, in dem er schlafen sollte. Mein Großvater zeigte ihm, wo das Bad war, und meine Mutter übergab ihm zwei Handtücher. Ich ließ mir nichts entgehen und verfolgte ihn auf Schritt und Tritt, selbst bis zum Fenster, von dem aus man das Häusereinerlei der Tornowstraße mit den zerzausten Ligusterhecken überblicken konnte, blieb ich hinter ihm. Schließlich ließ er sich mit einem Schwung auf das Bett fallen und starrte an die Decke.

»Wie gut, wieder in einem richtigen Bett zu liegen, und wenn ich jetzt noch ein hübsches Mädel als Wärmflasche ...«

Mit einem kurzen Blick auf mich verstummte er. Seine Nasenlöcher zitterten. Sein Haar war dunkelbraun, fein und voll; ein kurzgeschnittener, ins Rötliche spielender Bart verdeckte den unteren Teil des Gesichts, von dessen bleicher, junger Glätte er seltsam abstach.

So sah ein Flieger aus!

Ich lief zu meinen Freunden und erzählte ihnen brühwarm meine Erlebnisse.

»Stellt euch vor, er wollte gern ein Mädel als Wärmflasche ...«

»Da sollte er doch besser eine richtige Wärmflasche nehmen«, gab Rudi zu bedenken.

Ich faßte es als eine ausgemachte Beleidigung auf, daß ich den Gast meines Großvaters am Abend nicht zu sehen bekam. Er sei mit seinen Kameraden irgendwohin essen gegangen, erklärte meine Mutter.

Ohne mich? Ich fand vor Enttäuschung keinen Schlaf.

Am nächsten Abend beobachtete ich ihn, wie er mit meinem Großvater eine Flasche Wein trank. Er erzählte von seinen Eltern, von seiner Braut und vom Kriege. Mit jedem Glas Wein steigerte sich sein Mitteilungsbedürfnis, und er ließ meinen Großvater nicht zu Wort kommen. Der saß nur da und blinzelte mit den Augen wie ein riesiger Frosch, der Fliegen fangen will. Plötzlich stieß sich sein Gast vom Stuhl ab, wankte, bis er sein Gleichgewicht gefunden hatte, griff nach dem Glas und schrie: »Auf Hermann Göring!«

Mein Großvater blieb sitzen und sagte nach einer Weile entrückter Nachdenklichkeit: »Wissen Sie, daß Hermann Göring zweihundert Anzüge und Uniformen besitzt? Zweihundert. Das ist eine ganz schöne Menge. Da muß man ja angestrengt überlegen, was man anziehen will.«

»Ich glaube, ich bin betrunken«, murmelte der junge Fliegerleutnant, stierte auf Böcklins Toteninsel über dem Sofa und strich besorgt über seine Stirn.

»Gott im Himmel weiß allein, wie das alles ausgehen wird«, seufzte mein Großvater. Sein Gast verschwand im Bad, und ich hörte, wie er sich dort übergab.

Warum ich diese Begebenheit nicht meinen Freunden erzählte, weiß ich nicht. Vielleicht wollte ich nicht, daß er so in ein schlechtes Licht geriete. Er mußte vollkommen bleiben. Aber in dem Maße, in dem meine Phantasie ihn zum Helden ausstaffierte, wuchs mein Mißtrauen ihm gegenüber. Schritt er nicht besonders stramm an Frau Lochners Fenster vorüber? Sie zeigte sich in ihrem chinesischen Hausmantel, machte ihm verliebte Augen und schnurrte wie eine Katze. Manchmal kehrte der Gast meines Großvaters noch einmal um, als hätte er etwas Wichtiges vergessen, um auf diese Weise noch einmal an Frau Lochners Fenster vorbei zu kommen. Sie dankte ihm mit einem Lächeln.

Wird er, oder wird er nicht? fragte ich mich. Er wurde – schwach, und wieder hatte Frau Lochner eine männliche Stütze, über die sich die ganze Tornowstraße das Maul zerreißen konnte.

Über Weihnachten hatte ein Großindustrieller die ganze Richthofenstaffel nach Bad Homburg eingeladen. Bevor sich der Gast meines Großvaters verabschiedete, schenkte er meiner Mutter eine Flasche Parfüm und meinem Vater eine Flasche Cognac.

»Aus Frankreich«, betonte er mit Kennermiene.

Mein Großvater trug nach dem Weggang des jungen Fliegers einen Seidenschal.

»Aus Frankreich?« fragte ihn meine Mutter.

»Woher weißt du das?«

»Das sieht man doch.«

Mein Großvater schaute meine Mutter bewundernd an.

»Ihr Frauen wißt das eben!« Er verließ unternehmungslustig das Haus, und sein Atem blies zartweiße Wölkchen in die kalte Luft.

Nach Weihnachten erschien sein Gast wieder und lieferte einen Hasen ab, den er im Taunus geschossen hatte.

»Ich darf mich doch revanchieren.«

Er hielt das erlegte Tier an den Läufen hoch, so daß es vor den Augen meines Großvaters hin und her schaukelte. Ein Lauscher war eingeknickt, und sein Inneres schimmerte hell.

»Selbst geschossen?«

»Ehrensache.« Der junge Flieger bekräftigte die Antwort, indem er die Hacken zusammenschlug.

Als mein Großvater den Hasen im Garten ausnahm und ihm das Fell abzog, glänzte blaurotes Fleisch auf. Er zog die Spitze des Messers den Lauf entlang bis zur Pfote, die er abschnitt und mir in die Hand drückte. »Das bringt Glück. Du mußt nur fest zudrücken.«

Ich ließ die Hasenpfote fallen.

»Hasenherz!«

Mein Großvater starrte mich über seine Brille an und wischte seine blutigen Hände an seiner Schürze ab. Glich er nicht Abraham in meiner Bilderbibel, der sich anschickt, Isaak zu opfern? Ich schaute zum Himmel, an dem die Hieroglyphen der Wolken meine schlimmsten Ahnungen zu bestätigen schienen. Ich nahm mir vor, keinen Bissen von dem Hasenbraten zu essen, der am Sylvesterabend auf den Tisch kommen sollte. Nur über meine Leiche.

Immer wieder lief ich in unsere kalte Mansarde, wo der nackte Hase vom Hebel der Dachluke herabhing. Ein süßfauler Geruch stieg in meine Nase und ließ mich an die Zukunft denken. War der Gestank alles, was vom Leben blieb?

Die toten Augen des Hasen gaben ihr Geheimnis nicht preis.

Beklommen trat ich am Sylvesterabend an den feierlich gedeckten Tisch. Der Fliegerleutnant erschien wie aus dem Ei gepellt und überreichte zwei Flaschen Rotwein. Er trug eine frischgebügelte Uniform, und die Litzen schimmerten wie Schnee auf seinen Schultern.

»Nun denn!« begann mein Vater und schärfte das Messer am Wetzeisen. Er hatte zur Feier des Jahresabschlusses seinen dunklen Anzug angezogen, in dem er gar nicht wie mein Vater aussah. Auch mein Großvater hatte sich in Gala geschmissen. Sein weißes Hemd wirkte wie ein leeres Blatt auf seiner Brust.

Meine Mutter stellte den gespickten Hasenbraten auf den Tisch. Er war im Backofen dunkelbraun geworden und überfiel uns mit Schwaden von Gerüchen.

»Ich erinnere mich kaum mehr, daß ich so etwas einmal gegessen habe«, erklärte mein Großvater. Seine Finger trommelten auf den Tisch.

»Warten Sie ab, bis wir gesiegt haben. Dann gibt's das jeden Tag«, warf unser Gast ein, der begierig nach dem Hasenbraten schielte.

»Da werden wir den Leckerbissen bald überhaben«, sagte mein Vater. Meine Mutter legte ihre Schürze ab und sprach das Tischgebet. Kaum hatte sie das Amen gehaucht, erhob sich mein Großvater schwerfällig und griff nach seinem Glas. »Auf unsern Ehrengast!«

Wir folgten seinem Beispiel und stießen an. Mein Bruder und ich hatten Waldmeisterlimonade in unseren Gläsern, die an den Sommer erinnerte. Dann widmete sich jeder seinem Stück Hasenbraten, das ihm mein Vater auf den Teller gelegt hatte. Mein Bruder und ich durften mit einem Stück Fleischwurst vorliebnehmen, die jedoch völlig anders schmeckte als gewöhnlich. Selbst die biederen Kartoffeln, die mehr und mehr unsere alltägliche Hauptmahlzeit wurden, schmeckten anders. Kein Zweifel: Alles schmeckte nach Hasenbraten und schnürte mir die Kehle zu. Ich beobachtete den Fliegerleutnant, wie er die Gabel zum Munde führte und beim Kauen die Augen schloß. Ich stocherte lieblos auf meinem Teller herum. Mein Großvater warf mir ermunternde Blicke zu, und als dies nichts nützte, legte er mir ein Stück Hasenbraten auf meinen Teller, das ich sofort mit Kartoffeln umzingelte. Plötzlich hatte ich die Idee, daß man zu dem wird, was man ißt, und ich dachte an die zahllosen Kaninchen auf dem Flugplatz, die jedesmal, wenn eine Maschine startete oder landete, zwischen den Grasbüscheln verschwanden.

»Was für ein ruhmreiches Jahr für Deutschland! Trinken wir darauf!« Unser Gast legte die Gabel neben das Messer und sprang mit seinem Glas auf. »Die Weichen für die Zukunft sind gestellt.«

Wieder auf seinem Platz, erzählte er, daß er, kaum achtzehnjährig, in einem Segelflieger gesessen habe. »Ein erhabenes Gefühl! Dieses Erlebnis der Freiheit!« Er geriet ins Schwärmen und wandte sich mit blitzenden Augen an mich.

> Ihr Jungen, frischauf, zu fröhlichen Taten.
> Packt an das Werk, es muß euch geraten.
> Wenn Ernst und Mut den Eifer beflügeln,
> Dann startet ihr bald zur Tat von den Hügeln.
> Und unter euch Wald und Äcker sich breiten
> Und Dorf und Städte. Euch öffnen sich Weiten.
> Der Himmel grüßt, die ewigen Sterne.
> Gesegnete Jugend, erob're die Ferne!

»Denken wir auch an den armen Hasen, der uns diesen schönen Abend beschert hat«, sagte mein Großvater und ließ den Rotwein in dem Glas kreisen. Als er ausgetrunken hatte, fügte er nachdenklich hinzu: »Ich bin kein Jäger, aber ich könnte mir vorstellen, daß das Vergnügen bei der Jagd mehr wert ist als die Beute.«

»Es lebe der Hase!«

»Dazu ist es zu spät«, bemerkte mein Vater und deutete auf das Gerippe des Hasen, das wie ein Drahtverhau auf der Platte lag.

Das Gespräch gab dem jungen Fliegerleutnant noch viele Gelegenheiten, mit dem Glas in der Hand hochzuschießen, so daß er ins Schwitzen kam. Schließlich blieb er ermattet sitzen und schaute nur noch auf unsere Wanduhr, deren Zeiger mit zäher Langsamkeit auf das neue Jahr zukrochen. Mir fielen fast die Augen zu.

»Noch drei Minuten.«

Nur noch mit Mühe konnte ich verfolgen, wie mein Vater in die Küche eilte, um mit einer Flasche Sekt wieder zu erscheinen, die er noch rechtzeitig zu entkorken vermochte. Ein befreiender Rülpser ließ uns verstummen. Schaum lief die Flasche runter. Meine Eltern umarmten sich. Der junge Fliegerleutnant wollte nicht aufhören, meine Hand zu schütteln, und mein Bruder hielt eine brennende Wunderkerze hoch, die noch aus Friedenszeiten stammte.

Wir schrien: »Prost Neujahr!« Wir schrien: »Glück!« Wir schrien: »Frieden!« Unter all diesem Geschrei begann das Jahr 1942. Es lag da wie ein neugeborenes Kind an der Brust des Schicksals. Mein Großvater drehte am Radio, das auf einer Konsole neben dem Bücherregal stand, und zwischen Pfeifen und Kratzen ertönte näselnd das Deutschlandlied. Der Fliegerleutnant erstarrte zu einer militärischen Pose, aus der er erst wieder zum Leben erwachte, als mein Großvater zu einer anderen Station vorpreschte, die Glockengeläut sendete. In der Tornowstraße wurden Stimmen laut. Etwas klatschte gegen unsern Rolladen. Wir verließen unsere Wohnung und mischten uns unter die Nachbarn. Kein Wölkchen war zu sehen. Sterne schlüpften aus der kühlen Tiefe der Nacht, und eine Sternschnuppe wischte über den Himmel.

»Wünsch dir was!« ermunterte mich meine Mutter.

Was sollte ich mir denn wünschen? Ich bohrte meine Augen

in das von Sternen aufgelöste Dunkel. Nichts geschah. Kein Wunder geschah.

»Auf den Endsieg!« schrie Herr Winter von gegenüber und taumelte, eine Flasche schwenkend, auf uns zu. Hin und wieder entwischte ein Lichtstrahl aus einer Tür oder aus einem Fenster, und wie auf Befehl schrien wir alle: »Licht aus!«

Ein Schimmer tropfte wie Regen von den Sternen. Meine Eltern schüttelten den Nachbarn nach allen Seiten hin die Hand. Frau Lochner tauchte in einem Pelzmantel aus dem Dunkel auf und fiel jedem Mann um den Hals. Als sie unseren Gast entdeckte, lachte sie glucksend auf. »Da ist ja mein Held.«

Während sie ihn umhalste, stieg Eifersucht in mir auf. Es wurde mir kalt, und ich kehrte in unsere Wohnung zurück, wo der Geruch des Hasenbratens mich erwartete. Ich ergab mich der Müdigkeit, die alle Probleme löste. Aber ehe ich ins Bett gehen konnte, trat mein Großvater in die Tür.

»Es scheint, als ob wir alle ein wenig spät zur Ruhe kommen sollten; aber endlich, hoffe ich, werden wir doch auch dazu kommen.« Er sagte es, als meinte er etwas ganz anderes. Dann lockerte er seine Krawatte, zog seine Jacke aus und stieg die Treppe zu seiner Wohnung hoch.

Noch nicht in den Schlaf gesunken, mit noch wachem Bewußtsein, sah ich, wie die Gedanken zu einem Traum aus Fleisch und Blut wurden, wie der Fliegerleutnant in sein Flugzeug stieg, mir zuwinkte, wie der Propeller sich in einen silbernen Kreis verwandelte, wie der Himmel aufplatzte und die Ferne zeigte. Ich war elf Jahre alt, und die Ferne lag wie eine Raubkatze auf der Lauer. Jetzt half es dem Hasen nur noch, daß er Haken schlug.

Ein paar Wochen später verabschiedete sich der Fliegerleutnant von uns. Er war sehr aufgeregt und bat uns, ihm den Daumen zu drücken. Die Zuversicht war aus seinen Augen verschwunden. Ich rannte mit Rudi und Paulchen an den Flugplatzzaun, und wir sahen, wie die Maschinen starteten. Laut schnurrend glitten sie über uns dahin, höher und immer höher. Sie jagten weiter, bald aufleuchtend, bald schwarz. Die Entfernung wurde immer größer, und die Jagdflieger veränderten sich. Sie nahmen die Formen der verschiedensten Gegenstände und verschiedensten Wesen an. Zuerst glichen sie Federhaltern, dann Tintenfässern und schließlich zitternden Eintagsfliegen.

Als wir nach Hause aufbrachen, hatten sich die Kaninchen wieder aus ihren Verstecken gewagt.

## *Als ich versuchte, Frankfurt zu löschen*

Ihr glaubt wohl, es ist eine Kleinigkeit: Man kratzt die Vergangenheit aus den Schächten der Erinnerung, gibt ihr Ordnung und Syntax, Satzgegenstand, Satzaussage und Punkt. Es ist aber doch nicht so einfach. Nein! Denn jetzt haben wir zwei Vergangenheiten: eine, die aufgeschrieben ist, und eine, die gewesen ist, aber jedesmal, wenn ich mich zu erinnern versuche, wie es denn gewesen ist, kommt noch eine andere Vergangenheit zustande – und kurz darauf noch ein andere.

Bin ich ein Lügner?

Nein! Die Vergangenheit ergibt in der Erinnerung nie ein fertiges Bild, an dem nichts mehr zu ändern wäre. Aus jeder Gegenwart führt ein neuer Weg zu ihr. Es kommt also auf das Jetzt an, wenn wir schon von der Vergangenheit reden – und jetzt sind wir, unberufen, alle rechtschaffene Leute. Da können wir doch in der Vergangenheit nichts anderes gewesen sein. Waren wir es nicht, warum wollen wir dann wissen, wie es tatsächlich gewesen ist?

Spielt man eine Melodie aus dem Gedächtnis und ändert sie nur ein bißchen, schreien die Zuhörer: »Falsch!«

Eine Melodie hat ihre feste Linie. Sie steigt und fällt und trillert und bewegt das Herz. So muß das sein! Die Vergangenheit jedoch ist keine Melodie, sondern eine fürchterliche Katzenmusik, so daß man aus ihr kaum einen klaren Ton heraushören kann.

In meiner Familie spielen, spielten fast alle ein Instrument. Der Großvater spielte Geige und blies das Waldhorn, hinter dem er kaum zu sehen war. Richard Wagner in Gips stand auf dem Klavier und wackelte beim Fortissimo. Mein Vater liebte Max Bruch und strich die Geige mit einem Gesichtsausdruck, daß mich jedesmal, wenn ich ihm zuhörte, eine tiefe Traurigkeit überfiel. Mit fünf Jahren stand ich mit einer Dreiviertelgeige unterm Kinn vor dem offenen Fenster und spielte meinen Freunden kleine Stückchen vor, denen sie eher entgeistert als begeistert lauschten. Wochen später mußte ich in der Waschküche üben. Die Nachbarschaft liebte das Dreiviertelhafte nicht. Sie ging aufs Ganze.

Aus den gleichen Steinen kann man eine Schule, ein Museum, ein Spital und selbst ein Gefängnis bauen. Mit den gleichen Buchstaben schreibt man die schönsten Geschichten und die größten Dummheiten. Und mit den gleichen Tönen kann man zur höchsten Stufe der Begeisterung emporsteigen und auch in blechernem Lärm versinken.

»Warum spielst du keine Märsche?« fragte mich Paulchen, der zwei Jahre älter war als ich und alles zackig fand. Was für ein Wort! Ich hätte mich nicht gewundert, wenn er mit Zacken auf dem Kopf herumgelaufen wäre.

»Einen Marsch kann man nur blasen«, erwiderte ich.

»Und warum spielst du dann in unserer Zeit ausgerechnet Geige?«

Damals erwachte Deutschland, es erwachte an allen Ecken und Enden, und dieses Erwachen war mit viel Lärm verbunden. Was konnte ich da schon mit meiner Geige ausrichten?

Jedesmal, wenn eine Hitler- oder Goebbelsrede übertragen wurde, schepperte die Membrane unseres Lautsprechers. Frau Fleischer, die Frauenschaftsführerin unserer Ortsgruppe, lief mit einem Knoten im Haar durch unsere Straße und schrie bei jeder Gelegenheit: »Heil Hitler!« Ich hörte es bis in die Waschküche. So vielen Leuten konnte sie gar nicht begegnet sein!

1938 erschienen die Zigeuner zum letztenmal bei uns. Die Räder ihrer Wagen knirschten auf dem Asphalt. Antschi, der so alt war wie ich, schellte an unserer Wohnungstür. Er ging in keine Schule, las keine Bücher, aber er spielte Geige und fand ohne Noten seine Melodien. Paulchen meinte, Zigeuner seien keine Deutschen.

Deutsche sind jedoch auch keine Zigeuner. Es war furchtbar mit Paulchen. Er sang falsch und brachte alles auf einen deutschen Nenner. Sein Vater litt unter der Schmach des Versailler Vertrags und ging, wie mein Vater erzählte, in seinem verletzten Ehrgefühl so weit, daß er alle französischen Wörter wie deutsche aussprach.

Ich war damals acht Jahre alt und stand den Pflichten des praktischen Lebens völlig unerfahren gegenüber. Ich mochte Antschi. Er wußte immer einen Ausweg und eine Ausrede. Meine Mutter meinte, er denke mit seinem Bauch. Antschi sagte: »Heute ist ein Tag, und morgen ist ein Tag. Was soll ich mich gerade jetzt verrückt machen?« Er hatte für jede Unannehmlichkeit des Lebens einen entwirrenden Spruch.

Ich fand heraus, daß es gar nicht einfach ist, nicht verrückt zu werden. Überall lauerten Feinde, die einem die Sorgen schon beibrachten, wie Doktor Kroll. Er nannte meine Handschrift »unter aller Sau« und gab mir aus schrifterzieherischen Gründen Strafarbeiten auf, die viele Nachmittage verhunzten, während Paulchen und die andern Krieg spielten. Paulchen stellte die deutsche Armee dar, und ich schrieb mit kratzender Feder: »Ein deutscher Junge muß eine lesbare und schöne Schrift haben.«

Ich will es nicht verhehlen, ich litt unter diesen Niederlagen und hatte übertriebene Vorstellungen vom Handeln, das mehr wiege als das Schreiben darüber. Antschi war damals noch zappeliger als gewöhnlich. Mit seiner heiseren Stimme erklärte er mir, seine Mutter werde jetzt mehr Geld für Wahrsagerei nehmen.

»Warum?« wollte ich wissen.

»Eine furchtbare Zukunft kommt auf uns zu. Da muß man jetzt schon blechen.«

»Und warum wollen dann die Leute überhaupt ihre Zukunft wissen?«

Antschi dachte sehr angestrengt nach. Auch das war eine Antwort.

»Hol dir nur keine Flöhe!« rief meine Mutter hinter mir her, als wir in den nahen Kuhwald rannten, der sich zwischen dem Güterbahnhof und dem Flugplatz Rebstock erstreckte. Der Herbst loderte in den Bäumen und steckte voller Melodien, die der Lärm der rangierenden Züge zerhackte. Die Krähen hockten auf den Masten und Drähten und warfen ihre rebellierenden Rufe in den Wind. Wir lebten im Lärm, gegen den ich mit meiner Dreiviertelgeige nicht ankommen konnte.

Abends kam Antschis Vater zu uns an die Wohnungstür und wollte meinem Vater eine große Geige, eine richtige, erwachsene Geige verkaufen. Ich wagte nicht zu atmen und starrte auf die rotbraune Geige. Hundert Mark solle sie kosten – sie sei dreihundert Jahre alt. Älter als ein Mensch werden kann. Es dauert eine Weile, bis eine Geige eingespielt ist.

Mein Vater nahm die dreihundert Jahre alte Geige unters Kinn, strich einen Flageoletton und sagte über das Griffbrett hinweg: »Nie im Leben ist sie soviel wert!«

»Tausend Mark ist sie in Wirklichkeit wert. Schauen Sie sich nur den Boden und die Schnecke an. Ein Kunstwerk! Ich werde weinen, wenn ich sie verkauft habe.«

Er nahm meinem Vater die Geige aus der Hand, betrachtete versonnen den Brillantring am kleinen Finger seiner rechten Hand, setzte den Bogen an und strich einige wehklagende Doppelgriffe. Wie schön das klang. Wie zwei verliebte Vögelchen. Mein Vater war anderer Meinung. »Sie ist viel zu hoch gestimmt.«

Antschis Vater schien zunächst verärgert, dann lachte er verschämt, stimmte die Geige nach dem A, das mein Vater ihm vorpfiff und seufzte mit einem verzweifelten Blick rollender Augen, in dem das ganze Leid eines Menschen zum Ausdruck kam, der sich vom Liebsten trennen muß: »Es ist keine gute Zeit für Musik. Wissen Sie, ich schenke Ihnen die Geige. Geben Sie sie Ihrem Sohn. Er wird Sie trösten. Unsere Kinder werden uns einmal trösten müssen.«

»Das kann ich nicht annehmen. Ich zahle den reellen Preis.«

»Was ist schon reell in dieser Welt. Die Nachfrage bestimmt den Preis.«

»Man will leben, und man muß leben.« Um es kurz zu machen, mein Vater wollte sich die Geige nicht schenken lassen, und Antschis Vater wollte den reellen Preis nicht annehmen. So seltsam sind die Menschen in ihrem Stolz. Hinterher habe ich Rotz und Wasser geflennt, daß ich weiterhin mit meiner Dreiviertelgeige gegen die kalkigen Wände der Waschküche ankämpfen mußte. Ich wußte, daß Töne allein noch keine Melodie sind. Sie sind nur der Leib der Melodie. Sie muß aber auch eine Seele haben. Und die Seele einer Melodie ist das Gefühl eines Menschen: seine Liebe, sein Zorn, seine Freundlichkeit, Rache, Sehnsucht, Reue, Trauer. Alles, was der Mensch fühlt, kann er der Melodie eingeben, und die Melodie lebt.

»Spiel das, was in den Noten steht!« empfahl mir mein Geigenlehrer, Herr Gstettner, der ganz in Schwarz gekleidet war, einen schwarzen Schlapphut trug und einen schwarz lackierten Stock in der Hand führte, wenn er, den nicht ganz kleinen Geigenkasten unterm Arm, unterwegs war, den Kasten leicht hin- und herschwingend wie ein Tremolo. Der Stock endete in einem elfenbeinernen Griff, der eine Frauenhand darstellte. So ging Herr Gstettner stets Hand in Hand, obwohl er unbeweibt war und allen Frauen, die kennenzulernen er die Ehre hatte, einen Heiratsantrag machte. Meine Tante wollte ihn nicht heiraten. Keine Frau wollte ihm die Hand fürs Leben reichen – und so blieb Herr Gstettner allein seiner Geige verbunden, die er zärtlich seine Geliebte nannte und in leeren Klassenzimmern des Goethe-Gymnasiums an öden Nachmittagen zum Klingen brachte, wenn er das so völlig ungalante Gekratze seiner Schüler nicht mehr aushielt. In der kunstliebenden Öffentlichkeit konnte Herr Gstettner nicht auftreten, weil er dann jedesmal zu zittern begann. So beschränkte er sich auf das kärgliche Publikum seiner Schüler und spielte Sarasate, Fritz Kreisler und Max Reger, von dem er behauptete, er habe sich einmal herabgelassen, mit ihm, Herrn Gstettner, zu musizieren. Mitunter sprach Herr Gstettner von sich als von Herrn Gstettner. Mit meinem Onkel studierte er seit zehn Jahren die Kreutzersonate von Beethoven ein, und mein Onkel erzählte meinem Vater, er habe jedesmal richtige Angst davor, mit Herrn Gstettner Beethoven zu spielen. Vielleicht lag das daran, daß Herr Gstettner mit zunehmendem Alter schwerhöriger wurde und aus seiner Geige schon nachgerade posaunenlaute Töne hervorzauberte. Wer kein Gehör findet, wird leicht schrill. Ich ging gern zu ihm in den Unterricht und übte tapfer in der Waschküche. Wenn er guter Laune war, schwärmte er, bitte schön, von echtem Bohnenkaffee, den es damals nicht gab. Was tut man, wenn man etwas nicht hat? Man spricht davon, und Herr Gstettner sprach von Bohnenkaffee wie vom Paradies, und, wenn ich so indiskret sein kann, von Frauen, von schlanken, graziösen, üppigen, würdevollen, eleganten und mondänen. Er behauptete, sie würden allesamt bei seinem Geigenspiel nur so dahinfließen. Zum Finale klemmte er die Geige unters Kinn und jagte die Arpeggien nur so über die Saiten. Ich hatte damals Angst, einmal so verzweifelt sein zu müssen. Auch haperte es bei mir noch mit den Arpeggien, was ich auf meine Dreiviertelgeige schob. Es war damals eine Zeit, in der man nicht müde wurde, Schuldige zu suchen.

Mit dem Üben war das auch nicht leicht. An Waschtagen, an denen ein fauliger Seifengeruch durch das ganze Haus zog, in dem wir Parterre rechts wohnten, mußte ich pausieren. Sauberkeit ging vor. Frau Pecht wusch, Frau Scheib wusch, Frau Wede wusch. Es gab viel schmutzige Wäsche. Vom Güterbahnhof herüber regnete es Staub, und man wurde, ohne daß man etwas dazu tat, schmutzig, einfach so.

»Das macht der Abfall«, erklärte Rudi, der es wissen mußte, und ich wusch mein Gesicht so gründlich, daß ich als Indianer hätte auftreten können. Es wurde überall schmutzige Wäsche gewaschen, und Deutschland war eine einzige riesige Waschküche, aus der es fürchterlich dampfte. »Sauberkeit ist eine Tugend!« hieß es.

Und wie alles saubergemacht wurde. Erst bewarf man es mit Schmutz, und dann ging man ran. Sauber, sauberer, am saubersten! Frau Wede sah wie eine nordische Göttin aus, wenn sie mit einem riesigen Holzlöffel in dem Waschkessel herumfuhrwerkte, daß ihr der Schweiß nur so aus dem Gesicht spritzte.

»Deutschland muß judenrein sein!« forderte Herr Fleischer

und wischte mit dem Taschentuch über seine Schaftstiefel. Herr Fleischer war Ortsgruppenleiter und liebte Märsche, bei denen er zeigen konnte, wie männlich und tapfer er seine Schritte auf den Asphalt hauen konnte. Ich hatte immer weniger Gelegenheit, mich mit meiner Geige in die Waschküche zu retten.

Der Lärm beherrschte die Straße. Bis zum Bahndamm waren es von unserer Wohnung aus hundert Meter. Das Getöse der rangierenden Güterzüge, das Quietschen, Klappern, Rollen, Schieben, Ächzen, Rasseln, Knirschen, Bremsen und Rammen, durchzog Tage und Nächte mit einem Netz von Klagen und Aufregungen.

»Wenn viel rangiert wird, bahnt sich etwas an«, sagte Herr Windshagen und pißte unternehmungslustig gegen den Zaun seines Gartens, der direkt unter dem Bahndamm lag. Auf dem Teil des Bahndamms, den man durch ein schmales Stück Wald von unserer Straße aus erreichte, stand ein Schild: »BETRETEN FÜR UNBEFUGTE VERBOTEN!«

Ich hatte meine ganze Kindheit über das Gefühl, unbefugt zu sein.

Hinter dem Bahndamm breitete sich das Schienenfeld über einen leicht abschüssigen Hang aus, von dessen höchstem Punkt die Waggons herunterrollten. Wir sprangen auf die fahrenden Wagen. Die Rangierer drohten uns und schwenkten aufgeregt ihre Signale.

Unsere Wohnung lag im Erdgeschoß, und ein neugieriger Passant konnte ohne Recken des Kopfes in unsere Zimmer schauen. Abends schob sich der milchig-bläuliche Strahl einer Gaslaterne durch die Ritzen der Rolläden und zeichnete ein flimmerndes Muster auf meine Bettdecke. Die Schritte nächtlicher Heimkehrer dröhnten unheilvoll auf dem Asphalt. Ihr

Echo verweilte lange zwischen den Häusern. In der Nacht war die Straße eine Mördergrube, mit erhitzter Schlafphantasie bedrohlich ausgestattet und von den vielstimmigen Geräuschen des Güterbahnhofs aufgewühlt.

Mein Vater sagte: »Wir dürfen in dem Lärm nicht verlorengehen.«

Nachts besuchten ihn Freunde, die französisch mit ihm redeten, und ich sah das Licht unter der Tür des Wohnzimmers bis spät in die Nacht von meinem Bett aus.

Im ersten Kriegsjahr erhielt ich endlich eine ganze Geige. Sie klang sehr spröde, und ich lernte: Eine Melodie lebt und eine Melodie stirbt. Und man vergißt eine Melodie ebenso wie einen im Staub Bestatteten. Jung und frisch war einmal die Melodie. Sie schäumte vor jungem Leben. Mit der Zeit wurde sie immer schwächer und verlor allmählich die Kraft. Zerbrechlich und lahm wurde sie, und schließlich stieg ihr letzter Atemzug in die Luft, sie erstickte – und war nicht mehr. Doch eine Melodie kann auch zu einem neuen Leben auferstehen. Ich wartete verzweifelt auf diesen Augenblick. Ich spielte und lauschte.

Auf dem morgendlichen Schulweg zum Goethe-Gymnasium entdeckten wir auf einer Bank vor dem Weiher in der Hohenzollernanlage einen schlafenden Mann. Rudi gab ihm einen Stoß, so daß er langsam von der Bank glitt. In seiner Hand hielt er einen Revolver.

»Ein Mörder!« schrien wir außer uns vor Angst. Einige Männer kamen auf uns zugelaufen und hoben den Mann, der einen grauen Mantel trug sowie eine Baskenmütze, wieder auf die Bank.

»Der ist tot. Der hat sich umgebracht«, sagte einer. Ich trat entsetzt zurück und sah in zwei große Augen, die wie zu einer

Frage aufgerissen waren. An der rechten Schläfe zeigte sich eine fünfmarkstückgroße Wunde.

Ich ging mit dem Tod im Herzen in die Schule und dachte an den Satz, den einer der Männer dem andern zugeflüstert hatte: »Der hat sich vor dem Heldentod gedrückt.«

Durch unser Klassenzimmer jagten die Goten und die Vandalen, die Alemannen und Chatten, die Langobarden und die Franken. Die Völkerwanderung endete wenig glorreich mit einer Geschichtsarbeit.

»Das sind die tapferen Nachfahren der Arier!« verkündete Dr. Wiesenfeld, ein kleines, dürres Männchen mit einem weißen Geierkopf, das durch die Jahrhunderte flatterte, um auf den Schlachtfeldern Nahrung für seine kriegerische Begeisterung zu finden. Ganz aus dem Häuschen geriet er, als eine Gruppe von Ärzten in die Schule kam, um uns auf unsere arischen, nordischen Anlagen hin zu untersuchen. Sie maßen unsere Gestalt von Kopf bis Fuß, klopften uns ab, als ob wir Sparschweine wären, und eine blonde Frau schrieb alles auf.

»Du bist beschnitten«, sagte sie mir mit einem Blick über den Rand ihrer Brille hinweg.

»Das ist erblich«, antwortete ich, wie es mir meine Mutter geraten hatte. Ich fühlte mich sehr unwohl in meiner Haut und litt darunter, daß jetzt alle Maße und Daten von mir in dem Büchlein standen, das die blonde Frau nach der Abfertigung eines jeden an ihre Brust drückte. Ich hatte eine Gänsehaut, als ich wieder in meine Hosen stieg.

Der Lärm nahm zu. Unsere Klasse mußte im Chor kernige Sätze aufsagen und hinterher still darüber nachdenken. Unsere Gesichter hätten Sie sehen müssen. Die ersten Bomben fielen. Sirenen rissen mich aus dem tiefsten Schlaf und nahmen meinen Träumen die Pointe. Herr Gstettner war ein dürres, trocknes Männchen geworden. Sobald er aber auf der Geige zu spielen anfing, wurde er sofort ein anderer Mensch. Die sonst immer gesenkten Augenlider hoben sich langsam, und aus den Augen fiel ein Lichtschein auf sein blasses Gesicht. Manchmal vergaß er sich und begann mitzusingen, und seine Stimme klang so hell wie eine Klarinette. Als meine Mutter ihm einmal ein Tütchen echten Bohnenkaffees schenkte, das uns Verwandte geschickt hatten, die nach Südamerika emigriert waren, küßte er ihre Hand und stammelte: »Gnädige Frau!« und weinte vor Glück. Verzückt schnupperte er an dem Tütchen und verkündete, er werde es zu einer besonderen Gelegenheit leeren. Ich glaube, er hat keine Tasse davon getrunken. Die besonderen Gelegenheiten blieben aus.

Zum Geigenspiel fand ich nur noch wenig Zeit. Caesar wurde in der Schule ermordet, und Vinzenz Fettmilch plünderte und brandschatzte das Judenghetto. Hitler blieb am Leben. In meine Träume drang der Lärm: Führerworte, Sondermeldungen, viel Richard Wagner, Durchhalteparolen, Märsche. Puffer stießen auf Puffer, unsere Fensterscheiben gingen in die Brüche. Die Angst hatte mit einemmal tausend Gründe. Als fünf Sprengbomben das Goethe-Gymnasium trafen, saß meine Klasse im Keller. Mit dem Rauschen der Bomben war Ulli von seinem Horchposten am Kellerfenster hinter der Splittermauer neben mir auf dem Boden gelandet und hatte geschrien: »Heckes, jetzt ist es aus, wir müssen beten!«

Verstaubt krochen wir aus dem Keller. Unser Klassenzimmer lag in Trümmern. Auf der Tafel war noch zu lesen: »In der sechsten Stunde Turnen.«

Angst höhlte mich aus, daß ich vor Mutlosigkeit keinen richtigen Griff mehr auf der Geige zustande brachte. Die Finger rutschen mir aus, der Bogen quietschte. Wie die Welt, so die

Melodien? Ich wollte das nicht glauben und übte, daß die Stahlsaiten tiefe Rillen in meine Fingerkuppen schnitten.

Und dann brannte Frankfurt. Ich lief mit Rudi durch die prasselnden Straßen. Aus den Häusern regnete es Funken. Möbel fielen aus den Fenstern. Menschen jammerten. Wir warfen Sand in das rotgelbe Gezüngel, das sich nach allen Seiten einen Weg suchte und alles Brennbare zerfraß. Wir atmeten den Rauch ein, der streng und bitter und scharf schmeckte. Die Flammen ächzten und dröhnten, und ein heißer Wind biß in unsere Haut. Wir schleppten Stühle aus verrauchten Wohnungen, die auf der Straße, von herumfliegenden Funken angezündet, dann doch in Flammen aufgingen. Decken donnerten herunter. Ein Hund bellte. Die Paulskirche warf einen dunklen Schatten in den Feuerhimmel. Frankfurt brannte, und wir konnten es nicht löschen. Mit versengten Haaren und Brandblasen an den Händen liefen wir nach Hause, und noch in derselben Nacht stürmte ich mit meiner Geige in die Waschküche und spielte, daß es mir fast die Seele zerriß.

War ich Nero?

Eine unbeschreibliche Trauer führte mich zum Tanz. Ich stieß gegen die kalkig-rauhe Wand, die nach Seife roch. Nach Seife, die nichts mehr wegwaschen konnte.

Mein Großvater hatte einmal gesagt: »Über der ganzen Welt liegt Trauer, liegt Schwermut. Alles ist mit Trübsinn durchtränkt und in Trübsinn gehüllt. Die Menschen streiten, verdammen sich, bringen sich um. Worüber soll man sich freuen? Von wo soll die Freude herkommen? Darum harrt jedes Ding seiner Erlösung ... Alles muß von der Schwermut erlöst werden, von der Erstarrung, in die alles verfällt, wenn es aus der Melodie herausbricht, die des Gerechten Atem ist. Alles muß vor der Vernichtung bewahrt werden.«

»Spiel!« sagte ich zu mir. »Spiel, spiel, spiel!« schrie ich, daß meine Stimme von den Waschküchenwänden zurückhallte.

Soll ich noch sagen, daß später auch meine Geige in unserer Wohnung verbrannt ist? Aber die Melodie habe ich nicht vergessen. Oder, frage ich mich manchmal, hat sie vielleicht mich nicht vergessen?

*Ende*

## *Inhaltsverzeichnis*